GUI
NELL'O

GUI
NELL'O

Michael Maloney

GUIDA PER INVESTIRE NELL'ORO E NELL'ARGENTO

Tutto ciò che devi sapere
per trarre profitto adesso
dai metalli preziosi

Presentazione di Robert Kiyosaki

Gribaudi

Titolo originale dell'opera:
Guide to Investing in Gold and Silver
© 2008 by Michael Maloney

Traduzione di Gloria Romagnoli

ISBN 978-88-7152-993-6

Prima edizione: settembre 2009
Seconda edizione: settembre 2011
Terza edizione: settembre 2012

Copertina di Ideaesse
Fotocomposizione e stampa: Grafiche VD – Città di Castello (Pg)

Per mio padre
Jerry Maloney
1923-1986
che ha instillato in me lo spirito imprenditoriale.

A
Robert e Kim Kiyosaki
Grazie perché stimolate tutti a essere
domani più di ciò che sono oggi.

Presentazione

di Robert Kiyosaki

Ormai conosco Mike Maloney da diverso tempo. Sento sempre dire su di lui: "Quel tipo è davvero in gamba". Dico questo perché Mike conosce molti fatti – e intendo dire *molti* fatti!

Molte persone conoscono i fatti. Ciò che distingue Mike dalla massa è la sua capacità fuori del comune di capire. Mike non è semplicemente una persona in gamba. È una persona lungimirante che riesce a prendere una grande quantità di informazioni e a trovare schemi utilizzabili e importanti.

Il libro che hai in mano tratta esaurientemente gran parte della storia. Specificamente tratta la storia del denaro o, come ci ricorderebbe Mike, la storia del denaro *e* della valuta, che sono due cose completamente diverse. Nelle sue pagine scoprirai come l'interazione fra il denaro e la valuta abbia pilotato gli imperi nel corso del tempo. E, sì, pilota anche il grande impero americano oggi. Vedrai inoltre come questo pilotaggio influisce su di te e sul tuo benessere finanziario e imparerai come usarlo a tuo vantaggio.

Però Mike non è soltanto uno storico. È un esperto. Specificamente, è un esperto di oro e argento. La sua focalizzazione sulla storia ha alle spalle un ragionamento molto importante: renderti ricco.

Mike vede la stessa cosa che ormai vedo da un bel po' di tempo: il capitalismo in America è malato, sopravvive grazie all'assistenza ed è vicino alla morte. Il nostro problema è un dollaro tossico che mina la nostra vitalità economica.

Mentre scrivo questo, il prezzo dell'oro sta flirtando con il livello di 1.000 dollari. E sebbene mi elettrizzi vedere che l'oro che ho acquistato per soli 300 dollari alcuni anni fa ora vale il triplo del prezzo a cui l'ho acquistato, sono anche rattristato.

Potresti pensare che sono pazzo a dire una cosa simile. Come potrebbe deludermi il fatto di realizzare rendimenti così alti sul mio denaro? Ciò avviene perché comprendo che quando i prezzi dell'oro e dell'argento aumentano come in questo periodo, significa che il capitalismo sta barcollando. E quando barcolla il capitalismo, giorno dopo giorno, le persone che lavorano sodo perdono. Perdono i risparmi di tutta la vita. La loro casa viene pignorata. Vedono che il loro piano 401(k) pieno di azioni e fondi comuni si disintegra. Nel frattempo, il governo salva alcune grosse società.

Non solo, ma i prezzi al rialzo dell'oro e dell'argento segnalano un aumento dell'inflazione, un argomento che Mike tratta con competenza e in modo dettagliato in questo libro. Per te e per me questo significa che il prezzo di un litro di latte continua a salire. Significa che i prezzi della benzina continueranno a crescere. Significa che le cose basilari di cui abbiamo bisogno per vivere diventano più costose mentre il nostro potere d'acquisto si riduce. Significa che siamo ogni giorno più poveri.

Per queste ragioni, prego perché il prezzo dell'oro non raggiunga i 5.000 dollari all'oncia. Spero piuttosto che il dollaro smetta di ricevere assistenza e trovi un modo per riprendersi e sogno un giorno in cui i nostri funzionari governativi faranno di nuovo parte di un sistema che sia del popolo, per il popolo e fatto dal popolo, non, come Mike sintetizza, "dei banchieri, per i banchieri e fatto dai banchieri".

Ma una volta che avrai letto questo libro, saprai bene quanto me che probabilmente le cose non si risolveranno in questo modo. Per questo è così importante il lavoro di Mike qui. Ha scelto la missione di istruire più persone possibile riguardo a ciò che egli definisce "il più grande trasferimento futuro di ricchezza nella storia". In questo libro non imparerai solo come investire nell'oro e nell'argento, ma anche perché è imperativo per il tuo benessere finanziario che tu lo faccia e che tu lo faccia ora.

Nel mio ultimo libro, *Aumenta il tuo QI finanziario*[1], scrivo com'è importante comprendere l'economia di oggi. Non è il denaro che ti arricchisce, ma piuttosto buone informazioni e un QI finanziario ben sviluppato. Molte persone sono intelligenti, ma poche hanno un buon QI finanziario.

Però Mike ha un QI finanziario stupendo. Faresti molto bene a dare retta alle sue parole e ai suoi avvertimenti sulla prossima tempesta economica e sul trasferimento di ricchezza che realizzerà a vantaggio di coloro che hanno dedicato del tempo a ormeggiare il loro benessere finanziario alle rocce dell'oro e dell'argento.

Come spiega Mike, il più grande trasferimento di ricchezza giungerà presto e in tutto questo l'oro e l'argento saranno gli attori principali. È completamente in tuo potere, e dipende interamente da te, prepararti finanziariamente per questo grandissimo sconvolgimento del nostro sistema finanziario, mettendoti in condizione di arricchirti al di là delle tue fantasie più deliranti.

Hai il privilegio di tenere in mano una bussola fidata per superare la tempesta economica che è alle porte. Leggi attentamente questo libro e prenditelo a cuore. Ti prometto che sarai contento di averlo fatto.

Robert Kiyosaki

---

[1] Titolo originale: *Rich Dad's Increase Your Financial IQ*; trad. it., *Aumenta il tuo QI finanziario*, Gribaudi Editore, Milano 2008 (N.d.T.).

Prefazione

Credo che la più grande opportunità di investimento nella storia stia bussando alla tua porta. Puoi aprirla o no... la scelta è tua.

Negli ultimi duemilaquattrocento anni si è ripetuto continuamente uno schema secondo il quale i governi svalutano e diluiscono la riserva monetaria fino al punto in cui la psiche comune della popolazione e lo spirito collettivo di un paese iniziano a percepire che c'è qualcosa che non va.

Probabilmente è ciò che stai provando ora.

Man mano che la svalutazione va avanti, la popolazione avverte la perdita del proprio potere d'acquisto. Poi succede qualcosa di miracoloso. Attraverso il sistema del mercato libero, la volontà del pubblico spinge l'oro e l'argento a rivalutarsi automaticamente. Facendo ciò, mette al tappeto tutta la valuta che è stata creata a partire dall'ultima rivalutazione.

È automatico ed è naturale; l'oro e l'argento hanno sempre fatto questo e lo faranno sempre. La gente ha un senso innato della rarità dell'oro e dell'argento. Quando la carta moneta diventa troppo abbondante, e quindi perde valore, l'uomo ripiega sempre sui metalli preziosi. Quando le masse tornano verso questi metalli, il valore (potere d'acquisto) dell'oro e dell'argento aumenta in modo esponenziale.

Durante questi eventi c'è sempre un enorme trasferimento di ricchezza, ed è in tuo potere scegliere se debba essere trasferita verso di te o lontano da te. Se scegli che venga trasferita verso di te, allora devi in primo luogo istruire te stesso e in secondo luogo devi agire.

Questo libro riguarda sia l'istruzione sia l'azione. Nelle sue pagine troverai sia una prospettiva storica sia consigli pratici su come approfittare di quello che ritengo il più grosso boom dei metalli preziosi mai avvenuto. In un primo momento potrebbe sorprenderti la quantità di storia che ho esposto qui, ma ti assicuro che tutto questo ha un senso. Poiché solo comprendendo il nostro passato possiamo conoscere davvero il presente. E attualmente siamo dinanzi a un'opportunità molto rara di incrementare la nostra ricchezza in misura esponenziale – se siamo armati della conoscenza giusta.

Questo libro ti doterà di tutto ciò che ti occorre per diventare un investitore di successo nei metalli preziosi, e ti fornirà delle conoscenze di cui hai bisogno per prendere nelle tue mani il tuo futuro finanziario. Goditelo.

Introduzione

Una delle cose che Robert Kiyosaki insegna sempre nelle sue apparizioni dal vivo è la differenza fra "contenuto" e "contesto". Il *contenuto* è costituito dai fatti, i dati, i frammenti di informazioni. Il *contesto* invece è il modo in cui qualcuno guarda le cose, il suo punto di vista, la sensazione che qualcuno prova riguardo a qualcosa e il modo in cui affronta il suo mondo. È il quadro generale o, dovrei dire piuttosto, è la capacità della tua mente di contenere il quadro generale. Cambiare o ampliare il contesto di qualcuno è molto più potente (e difficile) che fornirgli semplicemente un mucchio di fatti.

Questo libro cambierà e amplierà il tuo contesto, se glielo permetterai. Esploreremo alcune storie molto "contestuali" sul modo in cui l'oro e l'argento si sono rivalutati nel corso della storia quando i governi hanno abusato delle loro valute, proprio come stanno facendo oggi gli Stati Uniti. Parleremo delle bolle, delle manie e dei momenti di panico, perché ogni investitore dovrebbe avere una qualche comprensione della psicologia e della dinamica delle masse. Dopotutto, i mercati sono messi in moto dall'avidità e dalla paura.

Dopo avere esplorato le vicende che la storia ci fornisce, mostrerò in quale situazione ci troviamo oggi dal punto di vista economico, ovvero sull'orlo del disastro finanziario, che chiameremo la perfetta tempesta economica. Negli Stati Uniti, l'incoscienza con cui spendiamo e la cattiva pianificazione di cui si avvale il nostro governo hanno creato uno slancio economico insostenibile. Come vedrai, la nostra valuta (il dollaro) si avvia verso il crollo e questo può condurre solo a un valore molto più alto dell'oro e dell'argento. Studieremo insieme lo stato attuale dell'economia statunitense e dell'economia globale e i fondamentali sull'offerta e la domanda di oro e argento rispetto al dollaro statunitense.

Impareremo anche due dei molti cicli economici naturali che si ripetono continuamente nel corso della storia. Uno è il ciclo delle azioni, quando le azioni e gli immobili rendono più dell'oro, dell'argento e delle materie prime; poi il ciclo si inverte e diventa un ciclo delle materie prime, e allora l'oro, l'argento e le materie prime rendono più delle azioni e degli immobili. L'altro ciclo è meno conosciuto, meno regolare e meno frequente: è il ciclo della valuta, quando le società iniziano con denaro di qualità e poi passano a una quantity currency e poi tornano di nuovo indietro.

Questi cicli oscillano come un pendolo nel corso del tempo e rappresentano un barometro economico per l'investitore avveduto.

È possibile accumulare la più grande ricchezza nel più breve periodo di tempo quando l'oro e l'argento si rivalutano. Credo che questo processo sia già iniziato e credo che questa rivalutazione avrà un impatto economico sbalorditivo, poiché la convergenza perfetta dei cicli economici sta preparando la perfetta tempesta economica.

Questi cicli che fluiscono e rifluiscono nel corso della storia sono naturali come l'arrivo delle maree. E mentre puntare in senso contrario ad essi può essere pericoloso per la tua salute finanziaria, investire in direzione dei cicli può procurarti una grande ricchezza.

Questo libro si dividerà in quattro parti:

Prima parte: Ieri

Nella prima parte di questo libro studieremo alcune delle lezioni che la storia ci insegna sui cicli economici, sulla carta moneta e sul loro effetto sull'oro e sull'argento. Ti fornirò alcuni esempi del modo in cui l'oro e l'argento hanno sempre trionfato sulla valuta a corso forzoso (ovvero il denaro che non è garantito da qualcosa di tangibile come l'oro o l'argento). Dimostrerò anche in che modo le manie e i momenti di panico possono cambiare le condizioni economiche in un batter d'occhio. È importante capire la dinamica di ognuno di essi, perché entrambi svolgeranno un ruolo in quello che a mio avviso sarà il più grande trasferimento di ricchezza nella storia.

Seconda parte: Oggi

Nella seconda parte esamineremo la miopia finanziaria del governo statunitense oggi, il gioco pericoloso che gli Stati Uniti e la Cina stanno facendo con i saldi attivi e con i deficit della bilancia commerciale, e i risultati economici potenzialmente disastrosi. Vedremo anche come l'inflazione della riserva di valuta non solo ti sta danneggiando finanziariamente, ma sta inaugurando la fine del dollaro statunitense e della potenza economica degli Stati Uniti così come noi la conosciamo. Poi concluderò questa parte con i fondamentali dell'oro e dell'argento.

Terza parte: Domani

Dopo avere imparato ciò che la storia ci può insegnare e avere acquisito una comprensione delle condizioni economiche che abbiamo dinanzi oggi, esploreremo in che modo queste informazioni influiscono sul nostro domani, sul nostro futuro e sul futuro della nostra famiglia. Ti mostrerò non solo come proteggerti dalla tempesta economica perfetta in arrivo, ma anche come prosperare grazie ad essa applicando le lezioni che abbiamo appreso dal passato e le cose che il presente ci sta insegnando ora. Come probabilmente hai supposto, ciò avrà qualcosa a che fare con la scelta di investire saggiamente nell'oro e nell'argento. Proprio per questo probabilmente hai acquistato questo libro!

Quarta parte: Come investire nei metalli preziosi

Come vedrai, e come spero arriverai a credere, i migliori investimenti possibili, tenuto conto dell'ambiente economico odierno, sono l'oro e l'argento. Nell'ultima parte di questo libro ti fornirò alcuni consigli buoni e solidi sui dettagli degli investimenti nei metalli preziosi.

Per molti, gli investimenti nei metalli preziosi sono un ambiente estraneo che ha la fama di essere popolato da una banda di eccentrici e teorici della cospirazione – ed è così in una certa misura. Ma non permettere che qualche mela marcia rovini tutto il barile. Come vedrai, la storia è dalla parte di questi "eccentrici" che amano il loro oro e argento. La quarta parte chiarirà il concetto degli investimenti nell'oro e nell'argento. Investire in questi metalli non è solo relativamente facile, ma è anche molto sicuro.

Soprattutto, come ho accennato in precedenza, questo libro si occupa del cambiamento del tuo contesto. Gli investimenti nei metalli preziosi sembrano così estranei e lontani perché ci sono società e individui molto potenti e ricchi che hanno un interesse personale a mantenere lo status quo. Vogliono che tu faccia il loro gioco. Intendo dire che traggono un vantaggio finanziario accertandosi che tu tenga i *tuoi* soldi nelle *loro* mani.

Fondamentalmente i metalli preziosi eliminano gli intermediari. Sono gli unici attivi finanziari che non hanno bisogno di essere "nel" sistema finanziario. Nessun consulente finanziario ottiene un premio perché ti ha convinto a investire in essi, come accade quando acquisti azioni e fondi comuni. Uno dei motivi per cui sono fiero di far parte della famiglia Rich Dad è che essa si fa un dovere di rivelare il gioco che il settore finanziario fa con i tuoi soldi. Nel frattempo evidenzia com'è importante aumentare il tuo QI finanziario leggendo libri come questo e altri della serie Rich Dad. Una volta che sei dotato di conoscenze, puoi riconoscere in che modo il sistema ti dirige e poi assumere il controllo del tuo futuro finanziario personale.

Fare il loro gioco va benissimo, se non ti interessa aumentare la tua intelligenza finanziaria o investire saggiamente. Ma quando l'intero sistema crollerà, non dire che non ti avevo avvertito. Dopo avere finito di leggere questo libro, se avrò fatto il mio lavoro nel modo giusto, non sarai più in grado di guardare nello stesso modo le nostre istituzioni finanziarie. Il tuo contesto sarà cambiato e un nuovo orizzonte, luminoso come il sole del mattino, sarà dinanzi a te.

Ti vedrò dall'altra parte.

Parte 1

Ieri

Capitolo 1

La battaglia fra le epoche

In tutto il corso della storia delle civiltà è sempre stata condotta una battaglia epica. È una battaglia invisibile, ignorata dalla maggior parte della gente su cui influisce. Eppure, tutti percepiscono gli effetti di questa battaglia nella loro vita quotidiana. Che sia al supermercato, quando noti che un litro di latte costa più della volta precedente, o quando ricevi la bolletta del riscaldamento ed è aumentata inaspettatamente di 50 dollari, stai percependo gli effetti di questa battaglia nascosta.

Questa battaglia è fra la valuta e il denaro, ed è davvero una battaglia fra le epoche.

Il più delle volte questa battaglia ha luogo fra l'oro e l'argento, e le valute che presumibilmente rappresentano il valore dell'oro e dell'argento. Inevitabilmente le persone pensano sempre che la valuta vincerà. Si fidano ciecamente ogni volta, ma alla fine l'oro e l'argento si rivalutano sempre e vincono sempre.

Per capire in che modo l'oro e l'argento si rivalutano periodicamente, devi innanzitutto conoscere le differenze fra il denaro e la valuta.

Nella storia molte cose sono state utilizzate come valuta. Bestiame, cereali, spezie, conchiglie, perline e carta sono state tutte forme di valuta, ma solo due cose sono state denaro. Hai indovinato: l'oro e l'argento.

La valuta

Molte persone pensano che la valuta sia denaro. Per esempio, quando qualcuno ti dà dei contanti, presumibilmente li ritieni denaro. Non lo sono. Il contante è semplicemente una valuta, un mezzo di scambio che puoi usare per acquistare qualcosa che ha valore, che chiameremo un attivo.

Come spiega Robert Kiyosaki nel libro *Aumenta il tuo QI finanziario*[1], il termine inglese *currency* (valuta) deriva dalla parola "corrente". Una corrente deve continuare a muoversi o altrimenti morirà (pensa all'elettricità). Una valuta non accumula valore in sé e di per sé. Piuttosto, è un mezzo con cui puoi trasferire valore da un attivo all'altro.

Il denaro

Il denaro, a differenza della valuta, ha valore in sé. Il denaro è sempre una valuta, nel senso che può essere usato per acquistare altri articoli che hanno valore, ma come abbiamo appena appreso, la valuta non è sempre denaro, perché non ha valore in sé e di per sé. Se stai facendo fatica a comprendere questo, pensa solo a una banconota da 100 dollari. Pensi che la carta valga 100 dollari?

La risposta naturalmente è no. Quella carta rappresenta semplicemente il valore che è accumulato da qualche altra parte, o che perlomeno soleva essere accumulato da qualche altra parte prima che il nostro denaro diventasse valuta. Più avanti studieremo la storia della nostra valuta e del sistema monetario aureo, ma per ora devi sapere soltanto che il dollaro statunitense è garantito solo da "aria calda", ovvero ciò che si definisce comunemente "la buona fede e credito degli Stati Uniti". In poche parole, il nostro governo ha la capacità di creare denaro (e ha creato denaro) a suo piacimento, senza che nulla lo garantisse. Potresti chiamarla contraffazione; il governo la chiama

---

[1] Titolo originale: *Rich Dad's Increase Your Financial IQ*, trad. it. Gribaudi, Milano 2009.

politica fiscale. Definiamo tutta questa situazione valuta a corso forzoso (*fiat currency*).

La valuta a corso forzoso

Nella lingua inglese un *fiat* è un decreto, ordine o dichiarazione arbitraria da parte di una persona, gruppo od organismo con l'autorità assoluta di farlo osservare. Una valuta che deriva il suo valore da un decreto declaratorio o da un ordine vincolante dello Stato è per definizione una valuta a corso forzoso. Tutte le valute usate oggi sono valute a corso forzoso.

Per il resto di questo libro userò queste specifiche definizioni. Dapprima ti sembrerà strano, ma servirà solo a evidenziare, e a far comprendere meglio, le differenze fra valuta e denaro. Auspicabilmente, entro la fine del libro ti renderai conto che proprio la mancanza di comprensione del pubblico generale circa la differenza fra valuta e denaro ha creato quella che a mio avviso sarà la più grande opportunità di accumulo di ricchezza nella storia. Ciò che imparerai sulla valuta e sul denaro in questo libro rappresenta conoscenze di cui probabilmente il 99% della popolazione non sa nulla, né desidera impararle. Quindi congratulazioni, sarai molto in vantaggio nel gioco.

L'inflazione

Quando parlo di inflazione o deflazione, mi sto riferendo all'espansione o alla contrazione della riserva di valuta. Il sintomo dell'inflazione o della deflazione monetaria è l'aumento o la diminuzione dei prezzi, che talvolta definirò inflazione da prezzi o deflazione da prezzi. Ciononostante, una cosa è certa. Con l'inflazione tutto aumenta di valore tranne la valuta.

Le avventure nella creazione della valuta

Le valute a corso forzoso di solito non iniziano in questo modo e, in quei rari casi in cui hanno avuto un tale inizio, sono durate molto poco. Di solito le società iniziano con mercemoneta di valore elevato come l'oro e l'argento. Gradualmente, il governo raggira la popolazione inducendola ad accettare una valuta a corso forzoso emettendo titoli cartacei pagabili a vista che sono convertibili in metalli preziosi. Questi titoli pagabili a vista (valuta) in realtà sono semplicemente "certificati di deposito", "ricevute", o "buoni di ritiro" sul denaro reale che è nel caveau. Mi arrischierei a dire che molti americani pensano che questo sia il modo in cui funziona il dollaro statunitense oggi.

Una volta che ha introdotto una valuta a corso forzoso, lo Stato espande poi la riserva di valuta attraverso una spesa in disavanzo, stampando una maggiore quantità di valuta per coprire tale spesa, e attraverso la creazione di credito basata sulla *fractional reserve banking*, cioè l'attività bancaria con riserve frazionali (qualcosa che tratteremo più avanti). Poi, di solito a causa di una guerra o di qualche altra emergenza nazionale – come Stati stranieri o la popolazione locale che cercano di riconvertire i loro titoli pagabili a vista (assalti agli sportelli) – il governo sospenderà i diritti di conversione perché non ha abbastanza oro e argento per coprire tutta la carta che ha stampato, e tacchete! Hai una valuta a corso forzoso.

Ecco il piccolo sporco segreto: la valuta a corso forzoso è ideata per perdere valore. Il suo stesso scopo è confiscare la tua ricchezza e trasferirla nelle mani dello Stato. Ogni volta che lo Stato stampa un nuovo dollaro e lo spende, esso ottiene il pieno potere d'acquisto di quel dollaro. Ma da dove è venuto quel potere d'acquisto? È stato rubato segretamente ai dollari che tu possiedi. Entrando in circolazione, ogni nuovo dollaro svaluta tutti gli altri dollari esistenti, perché ora ci sono più dollari che danno la caccia alla stessa quantità di beni e servizi. Questo fa aumentare i prezzi. È l'imposta insidiosa "invisibile ai radar" detta inflazione, che ti deruba la tua ricchezza come un ladro nella notte.

Nel corso dei secoli, l'oro e l'argento hanno combattuto con la valuta a corso forzoso, e i metalli preziosi hanno sempre vinto. L'oro e l'argento si rivalutano automaticamente attraverso il sistema del mercato libero, bilanciando se stessi rispetto alla moneta a corso forzoso nel corso di questo processo. Questo è uno schema che si è ripetuto molte volte a partire dal primo grande crollo della valuta avvenuto ad Atene nel 407 a.C. Ogni volta che un investitore individua l'inizio di una di queste battaglie, le opportunità (secondo la storia) per accumulare una grande ricchezza in un brevissimo periodo di tempo sono enormi.

Pare sempre che questo schema inizi nello stesso modo. Si accumula energia mentre si espande la riserva di valuta; poi, attraverso gli istinti umani naturali, il crollo prossimo è avvertito dalle masse e, improvvisamente, in un movimento subitaneo e in un periodo di tempo relativamente breve, l'oro e l'argento si rivaluteranno per mettere al tappeto la valuta che è stata creata nel frattempo, e più ancora. Se vedi i presagi funesti e poi agisci prima che lo facciano le masse, il tuo potere d'acquisto aumenterà in modo esponenziale mentre l'oro e l'argento aumentano di valore rispetto a una valuta gonfiata. Se non lo fai, ti devi aspettare una sconfitta disastrosa.

Questi scontri pesanti fra la valuta a corso forzoso e l'oro e l'argento possono terminare in uno di questi due modi:

1. Una decisione tecnica, quando la valuta a corso forzoso diventa un attivo garantito di nuovo dall'oro o dall'argento.

Oppure:

2. Un colpo da K.O. che è la morte della valuta a corso forzoso.

Nell'uno e nell'altro caso, l'oro e l'argento sono sempre dichiarati vincitori. Sono sempre i campioni del mondo dei pesi massimi in carica. Ma non devi prendermi sulla parola. Vediamo che cosa ha da dire la storia.

Per me è greco

Winston Churchill una volta disse: "Più indietro riuscirai a guardare, più avanti potrai vedere". Quindi, secondo lo spirito di Churchill, guarderemo all'indietro... fino al tempo dei greci.

L'oro e l'argento sono la valuta dominante da 4.500 anni, ma divennero denaro in Lidia verso il 680 a.C., quando furono coniati in monete di peso uguale per rendere il commercio più agevole e scorrevole. Ma la coniatura prosperò davvero quando apparve per la prima volta ad Atene. Atene fu la prima democrazia del mondo. Ebbe il primo sistema di libero mercato del mondo e il primo sistema fiscale funzionante. Ciò rese possibile edificare opere architettoniche pubbliche stupefacenti, come il Partenone.

Per molti anni la stella di Atene brillò davvero intensamente. Se hai studiato la storia, allora sai che quella greca è considerata una delle più grandi civiltà di tutti i tempi. Saprai anche che crollò molto tempo fa. Che cosa successe dunque? Perché una civiltà così straordinaria e potente come Atene crollò? La risposta risiede nel medesimo schema che vediamo ripetersi nel corso della storia: troppa avidità che ha condotto a troppe guerre.

Atene prosperò con il suo nuovo sistema monetario. Poi fu coinvolta in una guerra che si rivelò molto più lunga e molto più costosa di quanto avesse previsto (suona familiare?). Dopo ventidue anni di guerra, durante i quali le loro risorse erano diminuite ed era stato speso gran parte del loro denaro, gli ateniesi escogitarono un modo molto furbo per continuare a finanziare la guerra. Iniziarono a svilire il loro denaro nel tentativo di tenere duro. Con un lampo di genio, gli ateniesi scoprirono che, se riscuoti 1.000 monete in imposte e mescoli il 50% di rame all'oro e all'argento, allora puoi spendere 2.000 monete! Ti suona familiare? Bisognerebbe chiamarla... è chiamata spesa in disavanzo e il nostro Stato lo fa ogni secondo di ogni giorno.

Questa fu la prima volta nella storia in cui l'oro o l'argento ebbero un prezzo che non corrispondeva al loro valore. Prima della brillante idea degli ateniesi, tutto ciò che potevi comprare veniva prezzato in base al peso dell'oro o dell'argento. Ora, per la prima volta, c'era una valuta statale ufficiale che non era l'oro o l'argento, bensì una mescolanza di oro o argento e rame. Con essa potevi comprare l'oro e l'argento, ma la riserva di valuta non era più l'oro e l'argento in sé e di per sé.

Nei due anni successivi la loro bella moneta non divenne nient'altro che valuta e di conseguenza divenne praticamente priva di valore. Ma ovviamente, una volta che il pubblico divenne consapevole dello svilimento, tutti coloro che si erano tenute strette le vecchie monete d'oro e d'argento puro videro aumentare enormemente il loro potere d'acquisto.

Nel giro di un paio d'anni la guerra che aveva dato avvio a tutto questo processo era stata perduta. Atene non avrebbe mai più goduto della gloria conosciuta un tempo e alla fine non divenne null'altro che una provincia della grande potenza seguente, Roma.

Il primissimo incontro regionale dei pesi massimi fra la valuta e il denaro viene vinto dal "denaro reale", quando l'oro e l'argento sono incoronati "campioni dei pesi massimi di Atene".

Roma sta bruciando

Roma soppiantò l'impero greco come potenza dominante dell'epoca e durante i secoli del suo predominio i romani ebbero un tempo più che sufficiente per perfezionare l'arte dello svilimento della valuta. Proprio come nel caso di tutti gli altri imperi nella storia, Roma non imparò mai dagli errori degli imperi passati e quindi fu destinata a ripeterli.

Nel corso di 750 anni, vari imperatori gonfiarono la riserva di valuta di Roma svilendo la coniatura per pagare la guerra, il che portò a un'inflazione da prezzi sbalorditiva. Si facevano le monete più piccole, oppure si tosava una piccola parte del bordo delle monete d'oro come imposta quando entravano in un edificio statale. Queste tosature venivano poi fuse per produrre più monete. E naturalmente, proprio come facevano i greci, anche i romani mescolavano all'oro e all'argento metalli inferiori come il rame. E, ultimo, ma non da meno, inventarono l'arte non tanto astuta della rivalutazione, ovvero coniavano semplicemente le stesse monete, ma con un valore facciale più alto.

Quando Diocleziano salì al trono nel 284 d.C., le monete romane non erano null'altro che rame e bronzo stagnati e l'inflazione (come anche il popolo) infuriava.

Nel 301 Diocleziano emanò il famigerato Editto dei Prezzi, che imponeva la pena di morte a chiunque vendesse beni a un prezzo superiore rispetto a quello imposto dallo Stato e che congelava inoltre i salari. Diocleziano restò sorpreso, però, perché i prezzi continuavano a crescere. I commercianti non potevano più vendere la merce realizzando un profitto, quindi chiudevano bottega. La gente abbandonava il suo mestiere per cercarne un altro in cui i salari non erano fissi, oppure si arrendeva semplicemente e accettava l'assistenza statale. Proprio così, i romani inventarono la previdenza sociale. Roma aveva una popolazione di circa un milione di persone e in quell'epoca lo Stato distribuiva grano gratuito a circa 200.000 cittadini. Ovvero il 20% della popolazione fruiva della previdenza sociale.

Poiché l'economia era così fiacca, Diocleziano adottò una politica del tipo "burro e cannoni", attribuendo cioè uguale peso alle spese militari e a quelle civili: diede lavoro alla gente ingaggiando migliaia di nuovi soldati e finanziando numerosi progetti di opere pubbliche. In effetti ciò raddoppiò la dimensione dell'amministrazione statale e dell'esercito, e probabilmente incrementò la spesa in disavanzo di molti multipli.

Aggiungendo il costo del pagamento di queste truppe alle masse in aumento dei poveri senza lavoro che ricevevano l'assistenza statale, nonché i costi crescenti dei nuovi progetti di opere pubbliche, si raggiunsero cifre sbalorditive. La spesa in disavanzo mise la quinta. Quando rimase a corto di fondi, Diocleziano coniò semplicemente grandi quantità di nuove monete di rame e bronzo, e ancora una volta iniziò a svilire le monete d'oro e d'argento.

Tutto questo diede luogo alla prima iperinflazione documentata del mondo. Nell'Editto dei Prezzi di Diocleziano (una copia molto ben conservata dell'Editto fu portata alla luce nel 1970), una libbra d'oro valeva 50.000 denari nel 301 d.C., ma a metà del secolo valeva 2, 12 miliardi di denari. Questo significa che il prezzo dell'oro aumentò di 42.400 volte in cinquant'anni circa. Di conseguenza tutto il commercio basato sulla valuta giunse praticamente a un punto morto e il sistema economico tornò a essere nuovamente un sistema basato sul baratto.

Per mettere tutto questo nella giusta prospettiva, cinquant'anni fa il prezzo dell'oro era di 35 dollari all'oncia negli Stati Uniti. Se fosse aumentato 42.400 volte, oggi il prezzo sarebbe appena inferiore a 1,5 milioni di dollari all'oncia. In termini di potere d'acquisto, questo significa che, se un'auto nuova nella media veniva venduta al prezzo di 2.000 dollari cinquant'anni fa (questo è il prezzo reale), l'auto nella media oggi sarebbe venduta a 85 milioni di dollari.

Questo fu il segno della seconda grande vittoria dell'oro e dell'argento sulla valuta a corso forzoso nella storia. A conti fatti, l'oro e l'argento sono 2 a 0.

In definitiva l'impero romano fu abbattuto dallo svilimento della valuta e dalla pura e semplice spesa in disavanzo per finanziare l'esercito, le opere pubbliche, i programmi sociali e la guerra. Proprio come ogni altro impero nel corso della storia, pensava di essere immune dalle leggi dell'economia.

Come vedrai, lo svilimento della valuta per pagare le opere pubbliche, i programmi sociali e la guerra è uno schema che si ripete nel corso della storia. È uno schema che finisce sempre male.

Capitolo 2

La ricchezza delle nazioni

Quando si studia la storia monetaria per identificare i cicli, è necessario esaminare entrambe le facce della medaglia, per così dire. La gente è tentata di dare allo Stato la colpa di tutte le sue disgrazie. Certamente spesso i governi sono colpevoli per quanto concerne l'inflazione derivante dalla politica della valuta a corso forzoso; però non si deve mai dimenticare che in definitiva siamo noi che permettiamo al governo di avere autorità su di noi. La storia è piena di esempi di avidità che conducono un popolo a fare cose incredibilmente stupide. Invero, non abbiamo bisogno che lo Stato rovini la nostra economia. Possiamo cavarcela bene anche da soli.

L'esempio migliore che mi viene in mente è la mania dei tulipani del 1637.

Un tulipano è pur sempre un tulipano...

Per capire l'assurdità di questo momento nella storia di cui sto per parlarti, devi semplicemente chiederti: *Pagherei 1,8 milioni di dollari per un bulbo di tulipano?* Se la risposta a questa domanda è affermativa, allora ti prego di posare questo libro e di procurarti un aiuto professionale. In caso contrario, continua a leggere e osserva a quali livelli di pazzia può arrivare il pubblico.

Tutti pensano ai tulipani quando pensano all'Olanda. Poi pensano alla birra. Ciò che molti non sanno è che i tulipani non sono indigeni dell'Olanda. Furono importati. Nel 1593 i primi bulbi di tulipano furono portati in Olanda dalla Turchia. Divennero rapidamente uno status symbol per i reali e per i ricchi. Questo fenomeno si trasformò in una mania e ben presto fu fondata una Borsa dei tulipani ad Amsterdam.

Molto rapidamente questa mania si mutò in una bolla economica. Può sembrarti comico; nel 1636 un bulbo di tulipano della varietà Viceroy veniva negoziato come segue: 2 laste (una lasta si aggira sui 20 quintali) di grano, 4 laste di segale, 4 buoi grassi, 8 maiali grassi, 12 pecore grasse, 2 barili di vino (barile di legno da 140 galloni), 4 tonnellate di birra, 2 tonnellate di burro, 1.000 libbre di formaggio, un letto, un abito completo e una coppa d'argento.

All'apice della bolla, nel 1637, un bulbo della varietà Semper Augustus fu venduto per 6.000 fiorini. Il salario annuale medio in Olanda all'epoca ammontava a 150 fiorini. Questo significa che i bulbi di tulipano venivano venduti a un prezzo 40 volte superiore rispetto al reddito annuale medio di un olandese. Per mettere questi dati nella giusta prospettiva, presumiamo che lo stipendio statunitense medio ammonti a 45.000 dollari. Questo significa che un bulbo di tulipano, in termini odierni, ti costerebbe 1,8 milioni di dollari.

Ben presto qualcuno iniziò a capire come fosse divenuta assolutamente folle la situazione e gli investitori intelligenti (se puoi definire intelligente chiunque fosse coinvolto in questa mania) iniziarono a vendere. Nel giro di alcune settimane i prezzi dei bulbi di tulipani calarono fino a raggiungere il loro valore reale, ovvero diversi bulbi di tulipani valevano soltanto *un* fiorino.

La devastazione finanziaria che si diffuse da una parte all'altra dell'Europa settentrionale in seguito al crollo di questo mercato durò per decenni.

John Law e l'attività delle banche centrali

Un altro esempio notevole di una società che sostituisce il suo denaro con una riserva di valuta che si inflaziona continuamente è la storia di John Law. La vita di John Law fu una vera corsa sulle montagne russe di proporzioni epiche.

Figlio di un orafo e banchiere scozzese, John Law era un ragazzo brillante ed estremamente portato per la matematica. Crescendo divenne un giocatore d'azzardo con un debole per le donne e perse gran parte del patrimonio familiare nel corso delle sue prodezze. A un certo punto si infilò in una zuffa per una donna e il suo rivale lo sfidò a duello. Egli lo uccise con un colpo d'arma da fuoco, fu arrestato, processato e condannato all'impiccagione. Essendo un farabutto, Law fuggì dal carcere e scappò in Francia.

Nel frattempo Luigi XIV stava indebitando pesantemente la Francia a causa del commercio di armi e del suo stile di vita sfarzoso. John Law, che ora viveva a Parigi, divenne un compagno di gioco del duca di Orléans e fu all'incirca in quel periodo che Law pubblicò un saggio di economia nel quale promuoveva i vantaggi della carta moneta.

Alla morte di Luigi XIV, il suo successore, Luigi XV, aveva solo undici anni. Il duca d'Orléans divenne reggente (re temporaneo) e scoprì con raccapriccio che la Francia era così pesantemente indebitata che le imposte non coprivano nemmeno i pagamenti degli interessi su quel debito. Law, avvertendo l'opportunità, si presentò alla corte reale con due studi per il suo amico, nei quali dava la colpa dei problemi della Francia alla moneta insufficiente ed esponeva le virtù della carta moneta. Il 15 maggio 1716 John Law ricevette una banca (Banque Générale) e il diritto di emettere la carta moneta, ed ebbe luogo quindi l'ingresso dell'Europa nell'epoca della carta moneta.

La riserva di valuta leggermente accresciuta portò una nuova vitalità nell'economia e John Law fu acclamato come un genio finanziario. Come ricompensa, il duca d'Orléans concesse a Law i diritti su tutti i commerci nel territorio francese della Louisiana, in America. Il territorio della Louisiana era un'area enorme che comprendeva circa il 30% degli attuali Stati Uniti, estendendosi dal Canada fino alla foce del fiume Mississippi.

A quell'epoca si credeva che la Louisiana fosse ricca d'oro, e la nuova Mississippi Company di John Law, con i diritti esclusivi di commerciare in quel territorio, divenne rapidamente la società più ricca in Francia. John Law non perse tempo nel mettere a profitto la fiducia del pubblico circa le prospettive della sua società, ed emise 200.000 azioni della società. Poco tempo dopo il prezzo dell'azione esplose, aumentando di oltre 30 volte in qualche mese. Immagina semplicemente che nel giro di pochi anni Law si trasformò da un individuo dedito al gioco d'azzardo e omicida squattrinato in una delle figure finanziarie più potenti in Europa.

Di nuovo, Law fu ricompensato. Questa volta il duca concesse a lui e alle sue società un monopolio sulla vendita del tabacco, il diritto esclusivo di raffinare e coniare l'argento e l'oro, trasformando la banca di Law nella Banque Royale. Ormai Law era alla guida della banca centrale di Francia.

Ora, il fatto che la sua banca fosse la banca reale di Francia voleva dire che lo Stato garantiva le sue nuove banconote cartacee, proprio come il nostro Stato garantisce le banconote cartacee della Federal Reserve. E poiché tutto stava andando così bene, il duca chiese a John Law di emettere ancora più banconote; Law, convenendo che la grazia non è mai troppa, si prestò gentilmente a farlo. Il governo spendeva in modo sciocco e sconsiderato, mentre Law veniva rabbonito con doni, onori e titoli.

Sì, le cose andavano piuttosto bene. Così bene, in realtà, che il duca pensò che se questa quantità di valuta portava tanta prosperità, allora una doppia quantità di valuta sarebbe stata ancora meglio. Appena un paio d'anni prima lo Stato non riusciva nemmeno a pagare gli interessi sul debito, e ora non solo aveva saldato il debito, ma poteva anche spendere la quantità di valuta che voleva. Doveva solo stamparla.

Come ricompensa per il servizio di Law nei confronti della Francia, il duca emanò un editto in cui concedeva alla Mississippi Company il diritto esclusivo di commerciare nelle Indie Orientali, in Cina e nei Mari del Sud. Nell'apprendere questa notizia, Law decise di emettere 50.000 nuove azioni della Mississippi Company. Quando fece la nuova offerta di azioni, vi furono più di 300.000 richieste, avanzate da duchi, marchesi, conti e duchesse, tutti ansiosi di comprare le loro azioni. La soluzione adottata da Law per risolvere il problema consistette nell'emettere 300.000 azioni anziché 50.000 come aveva pianificato originariamente, un aumento del 500% del numero totale di azioni.

Parigi stava crescendo rapidamente a causa della speculazione azionaria dilagante e dell'accresciuta riserva di valuta. Tutti i negozi erano pieni, c'era una grande quantità di nuovi beni di lusso e le strade brulicavano di gente. Come afferma Charles Mackay nel suo libro *Extraordinary Popular Delusions and the Madness of Crowds*[1], "Si costruivano nuove case ovunque e una prosperità illusoria illuminava la terra e abbagliava a tal punto gli occhi dell'intera nazione che nessuno riuscì a vedere la nuvola nera all'orizzonte che annunciava la tempesta in procinto di avvicinarsi troppo rapidamente".

Ben presto, tuttavia, iniziarono ad affiorare i problemi. A causa dell'inflazione della riserva di valuta, i prezzi iniziarono ad andare alle stelle. Il valore degli immobili e gli affitti, per esempio, aumentarono di venti volte.

Law iniziò anche a sentire gli effetti dell'inflazione dilagante che egli aveva contribuito a creare. Con la successiva emissione di azioni della Mississippi Company, Law offese il principe de Conti quando si rifiutò di emettere azioni al prezzo voluto dal membro della famiglia reale. Il principe, infuriato, inviò tre carrozze in banca per convertire in denaro tutta la sua carta moneta e le azioni della Mississippi Company. Fu pagato con tre vagonate di monete d'oro e d'argento. Il duca d'Orléans, tuttavia, ne fu irritato e chiese al principe di restituire le monete alla banca. Temendo di non poter più rimettere piede a Parigi, il principe restituì due dei tre vagoni.

Quello fu un campanello d'allarme per il pubblico e gli "investitori intelligenti" iniziarono a uscire rapidamente. Le persone iniziarono a convertire le banconote in monete e comprarono qualunque cosa di valore che fosse trasportabile. Gioielli, argenteria, gemme e monete vennero comprate e inviate all'estero o accumulate.

[1] Trad. it., *La pazzia delle folle, ovvero le grandi illusioni collettive*, Il Sole 24 ore, Milano 2000.

Per bloccare l'emorragia, nel febbraio del 1720 le banche smisero di rimborsare le banconote con l'oro e l'argento, e l'uso delle monete d'oro o d'argento per i pagamenti fu dichiarato illegale. Si proibì inoltre di acquistare gioielli, pietre preziose o argenteria. Vennero offerte ricompense del 50% su tutto l'oro o l'argento confiscato a coloro che possedevano tali beni (ricompense pagabili in banconote, naturalmente). Si chiusero le frontiere e si perquisirono le carrozze. Si riempirono le prigioni e caddero delle teste, letteralmente.

Infine, la crisi finanziaria maturò. Il 27 maggio le banche furono chiuse e Law fu rimosso dalla carica di ministro. Le banconote furono svalutate del 50% e il 10 giugno le banche riaprirono i battenti e ricominciarono a rimborsare le banconote con l'oro al nuovo valore. Quando l'oro si esaurì, la gente fu pagata con l'argento. Quando l'argento si esaurì, la gente fu pagata col rame. Come puoi immaginare, la smania di riconvertire in monete la carta fu così forte che ne derivarono le condizioni per una nuova sommossa. L'oro e l'argento avevano sferrato un colpo da K.O.

Ormai John Law era l'uomo più vilipeso in Francia. Dopo essere stato probabilmente l'individuo più potente e influente nella società, nel giro di alcuni mesi tornò a essere la nullità che era stato un tempo. Fuggì a Venezia, dove riprese la sua vita di giocatore d'azzardo, rammaricandosi con queste parole: "L'anno scorso ero l'individuo più ricco mai vissuto. Oggi non ho nulla, nemmeno abbastanza per mantenermi in vita". Morì senza un soldo, a Venezia, nel 1729.

Il crollo della Mississippi Company e del sistema di Law basato sulla valuta a corso forzoso fece precipitare la Francia e la maggior parte dell'Europa in una depressione terribile, che durò decenni. Ma ciò che mi sbalordisce maggiormente è che tutto questo accadde in appena quattro brevi anni.

La Repubblica di Weimar – Una lezione dolorosa

Ormai hai appreso il tipo di danno che la valuta a corso forzoso può provocare. Esaminiamo ora un altro esempio e identifichiamo i motivi di speranza e il modo in cui situazioni così estreme in realtà possono presentare opportunità per acquisire una grande ricchezza.

All'inizio della Prima guerra mondiale, la Germania uscì dal sistema monetario aureo e sospese il diritto dei cittadini di convertire la valuta (il marco) in oro e argento. Come tutte le guerre, la Prima guerra mondiale fu una guerra del torchio tipografico, e combattuta per mezzo del torchio tipografico. Il numero di marchi in circolazione in Germania si quadruplicò durante la guerra. Tuttavia i prezzi non erano stati al passo con l'inflazione della riserva di valuta. Quindi non si avvertirono gli effetti di questa inflazione.

Questo strano fenomeno avvenne perché nei periodi di incertezza la gente tende a risparmiare ogni centesimo. La Prima guerra mondiale fu certamente un periodo di incertezza. Quindi, anche se il governo tedesco pompava tonnellate di valuta nel sistema, nessuno la spendeva – ancora. Ma alla fine della guerra la fiducia ritornò insieme alla valuta che era stata "in panchina", e gli effetti devastanti si insinuarono nel paese quando i prezzi salirono per mettersi alla pari con l'inflazione monetaria precedente.

Proprio prima della fine della guerra, il tasso di cambio fra l'oro e il marco era di circa 100 marchi per ogni oncia d'oro. Ma nel 1920 oscillava fra 1.000 e 2.000 marchi all'oncia. In breve i prezzi al dettaglio fecero altrettanto, aumentando da 10 a 20 volte. Chiunque avesse ancora i risparmi accumulati durante la guerra fu sbigottito quando scoprì che poteva comprare solo il 10% o meno di ciò che avrebbe potuto comprare appena uno o due anni prima.

Poi, per tutto il resto del 1920 e nella prima metà del 1921, l'inflazione rallentò e apparentemente il futuro iniziava a sembrare un po' più roseo. L'economia si stava riprendendo, la produzione commerciale e industriale aumentava. Ma ora bisognava pagare i risarcimenti di guerra, quindi il governo non smise mai di stampare valuta. Nell'estate del 1921 i prezzi iniziarono a salire di nuovo ed entro il luglio del 1922 i prezzi erano cresciuti di un altro 700%.

Quello fu il punto di rottura. E ciò che si ruppe fu la fiducia della gente nella sua economia e nella sua valuta. Avendo visto diminuire del 90% il potere d'acquisto dei propri risparmi nel 1919, stavolta sapeva com'era la situazione. Era più intelligente; sapeva come stavano le cose grazie all'esperienza passata.

Improvvisamente l'intero atteggiamento del paese verso la valuta cambiò. La gente capì che se si fosse tenuta stretta la valuta ancora per un po' di tempo sarebbe stata raggirata... I prezzi in aumento avrebbero spazzato via il suo potere d'acquisto. Improvvisamente tutti iniziarono a spendere la valuta non appena la ricevevano. La valuta divenne una patata bollente, e nessuno voleva tenersela stretta per un secondo.

Dopo la guerra, la Germania pagò i primi risarcimenti alla Francia con la maggior parte del suo oro, e integrò il saldo con il ferro, il carbone, il legname e altri materiali, ma non aveva semplicemente le risorse per far fronte al secondo pagamento. La Francia pensò che la Germania stesse solo cercando di sottrarsi ai suoi pagamenti. Quindi, nel gennaio del 1923, la Francia e il Belgio invasero e occuparono la Ruhr (la regione industriale della Germania). Le truppe che effettuarono l'invasione si impadronirono delle fabbriche di ferro e acciaio, delle miniere di carbone e delle ferrovie.

In risposta, il governo tedesco di Weimar adottò una politica di resistenza passiva e di non cooperazione, pagando gli operai delle fabbriche – due milioni di essi – per non lavorare. Fu il colpo di grazia per il marco tedesco.

Nel frattempo il governo fece lavorare freneticamente le sue macchine da stampa. Secondo la prima pagina del «New York Times», il 9 febbraio 1923, la Germania aveva trentatre stabilimenti per la stampa che emettevano 45 miliardi di marchi al giorno! A novembre, erano 500 *quadrilioni* al giorno (sì, è un numero reale).

La fiducia del pubblico tedesco tuttavia diminuiva più rapidamente del ritmo con cui il governo poteva stampare la nuova valuta. Il governo rimase intrappolato in una spirale economica al ribasso. Si era oltrepassato il punto di non ritorno. Per quanti marchi si stampassero, il valore diminuiva più rapidamente del ritmo con cui la nuova valuta poteva entrare in circolazione. Quindi il governo non aveva altra scelta se non continuare a stampare sempre di più.

Tra la fine di ottobre e l'inizio di novembre del 1923, il sistema finanziario tedesco stava crollando. Un paio di scarpe che costava 12 marchi prima della guerra, era arrivato a costare 30 *trilioni* di marchi. Una pagnotta passò da mezzo marco a 200 *miliardi* di marchi. Un solo uovo passò da 0,08 marchi a 80 *miliardi* di marchi. La Borsa tedesca passò da 88 punti alla fine della guerra a 26.890.000.000 punti, ma il suo potere d'acquisto era diminuito di oltre il 97%.

Solo l'oro e l'argento procedevano più velocemente dell'inflazione. Il prezzo dell'oro era salito da circa 100 marchi a 87 trilioni di marchi all'oncia, un aumento di prezzo di 87 trilioni %. Ma non è importante il prezzo, bensì il valore, e il potere d'acquisto dell'oro e dell'argento era cresciuto in misura esponenziale.

Quando l'iperinflazione della Germania terminò infine il 15 novembre 1923, la riserva di valuta era passata da 29,2 miliardi di marchi all'inizio del 1919 a 497 quintilioni di marchi, un aumento della riserva di valuta di oltre 17 miliardi di volte. Il valore totale della riserva di valuta, tuttavia, era calato del 97,7% rispetto all'oro.

I poveri erano già tali prima della crisi, quindi furono colpiti meno degli altri. I ricchi, perlomeno quelli più intelligenti, si arricchirono moltissimo. Ma fu il ceto medio a essere danneggiato maggiormente. In realtà, fu quasi cancellato.

Ci furono però alcune eccezioni. Alcuni avevano le qualità giuste e l'astuzia per approfittare dell'ambiente economico. Furono scaltri, esperti, e svegli, ma soprattutto capaci di adattarsi. Quelli che seppero adattarsi rapidamente a un mondo che non avevano mai visto prima, un mondo capovolto, prosperarono. Non aveva importanza da quale classe sociale provenissero (poveri o ceto medio); se riuscivano ad adattarsi, e ad adattarsi bene, potevano arricchirsi nel giro di qualche mese.

In quel periodo un intero isolato di immobili commerciali nel centro di Berlino poteva essere acquistato con appena 25 once d'oro (500 dollari). Ciò avvenne perché coloro che conservarono la ricchezza sotto forma di valuta divennero sempre più poveri mentre il loro potere d'acquisto veniva distrutto dal governo. D'altra parte, coloro che conservarono la ricchezza sotto forma di oro videro crescere in modo esponenziale il loro potere d'acquisto mentre si arricchivano al confronto.

Ecco la lezione importante. Durante uno sconvolgimento finanziario, lo scoppio di una bolla, un crollo del mercato, una depressione o una crisi valutaria come questa, la ricchezza non viene distrutta. È semplicemente trasferita. Durante l'iperinflazione di Weimar, l'oro e l'argento non vinsero semplicemente, ma atterrarono la loro rivale, sferrando un altro colpo da K.O. devastante alla valuta a corso forzoso. In tal modo, coloro che si erano tenuto stretto il denaro reale, anziché la valuta, conseguirono più volte le ricompense.

Grafico 1. Prezzo di 1 oncia d'oro in marchi tedeschi 1914-1923

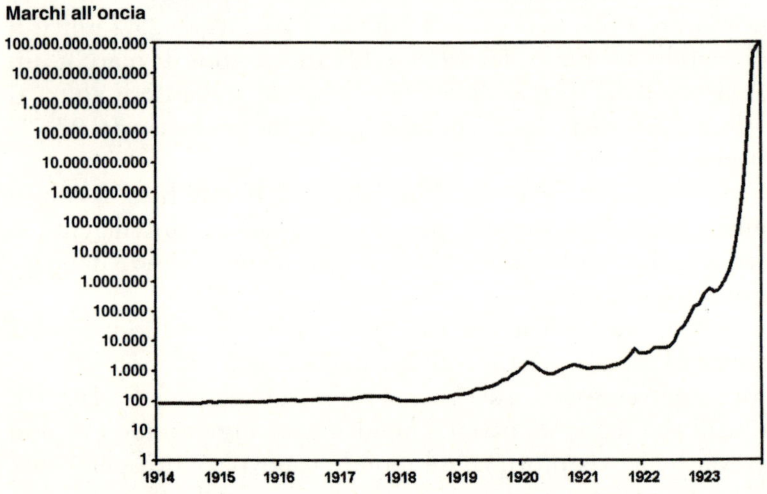

Fonte: Bernd Widdig, *Culture and Inflation in Weimar Germany* (University of Cal- Press, 2001).

Capitolo 3

Antica gloria[1]

Spero che ormai tu stia iniziando a vedere lo sviluppo di uno schema. In tutti gli esempi che ti ho mostrato finora (e ce ne sono molti di più), lo schema è lo stesso:

1. Uno Stato sovrano inizia con denaro buono (cioè denaro che è oro o argento, o interamente garantito dall'oro e dall'argento).
2. Man mano che si sviluppa a livello economico e sociale, comincia ad addossarsi sempre più pesi economici, aggiungendo uno strato dopo l'altro di opere pubbliche e programmi sociali.
3. Man mano che cresce la sua ricchezza economica, cresce anche la sua influenza politica, ed esso aumenta le spese per finanziare un esercito imponente.
4. Alla fine utilizza il suo esercito e le spese esplodono.
5. Per finanziare la guerra, la più costosa delle imprese umane, ruba la ricchezza del popolo sostituendo il denaro con una valuta che può essere creata in quantità illimitate. Fa questo quando scoppia una guerra (come nel caso della Prima guerra mondiale), durante la guerra o le guerre (come nei casi di Atene e Roma), oppure come soluzione apparente alle devastazioni economiche delle guerre precedenti (come nel caso della Francia di John Law).

---

[1] Il titolo del capitolo in inglese è *Old Glory*, un'espressione con cui si indica la bandiera statunitense (N.d.T.).

6. Infine, il trasferimento di ricchezza causato dall'espansione della riserva di valuta è avvertito dalla popolazione come una forte inflazione dei prezzi al consumo, innescando una perdita di fiducia nella valuta.
7. Ha luogo un movimento in massa per abbandonare la valuta e procurarsi metalli preziosi e altri beni reali, la valuta crolla, e un'enorme ricchezza viene trasferita a coloro che hanno avuto abbastanza lungimiranza per accumulare l'oro e l'argento per tempo.

Ma sicuramente qualcosa di questo genere non può accadere agli Stati Uniti, potresti dire. In fondo siamo il più grande paese nella storia del mondo. Oltretutto non siamo un impero. Non conquistiamo le nazioni; diffondiamo la democrazia.

Forse non siamo un impero nel senso tradizionale del termine, ma quando si tratta di questioni economiche, operiamo come un impero per molti versi. Per questo credo che gli Stati Uniti non si limiteranno a declinare e a veder crollare il dollaro; sta già accadendo. Facciamo un viaggio sul filo dei ricordi e vediamo in che modo gli Stati Uniti sono arrivati a questo punto nella storia.

Temi la Federal Reserve, la regola aurea è morta

L'inizio della fine per l'economia degli Stati Uniti cominciò con l'inizio della Federal Reserve. La Fed, come viene chiamata, è una banca privata, distinta dal governo degli Stati Uniti, con il potere di dettare la politica fiscale del nostro paese. A partire dalla formazione della Fed, il dollaro statunitense non è divenuto null'altro che valuta.

All'incirca dal 1871 al 1914, quando iniziò la Prima guerra mondiale, la maggior parte del mondo sviluppato funzionava in base a quello che ho definito il sistema monetario aureo classico, ovvero la maggior parte delle valute del mondo erano ancorate all'oro. Questo significava anche che erano ancorate l'una all'altra. Gli uomini d'affari potevano fare progetti e proiezioni per un futuro lontano, spedire merci, fondare imprese e investire in paesi stranieri, e sapevano sempre esattamente quale sarebbe stato il tasso di cambio.

In media, durante il periodo in cui il mondo sviluppato si basava sul sistema monetario aureo classico, non ci fu *nessuna* inflazione... nulla di nulla, *nada*. Certo, ci furono alcuni boom e stasi, inflazioni e deflazioni. Ma dall'inizio del sistema monetario aureo classico alla sua cessazione, esso risultava pari come un gioco a somma zero. Il motivo? L'oro: il grande equilibratore.

Ecco perché: quando i paesi sperimentavano dei boom economici, importavano più merci. Le merci importate venivano pagate con l'oro, quindi l'oro se ne andava. Quando l'oro se ne andava da questi paesi, le loro riserve di valuta si contraevano (questa è una deflazione monetaria). Ciò provocava il rallentamento di tutte queste economie e la diminuzione della domanda di importazioni. Quando l'economia rallentava, i prezzi calavano, rendendo le merci di questi paesi più attraenti per i compratori esteri. E quando le esportazioni aumentavano per far fronte alla domanda straniera, l'oro affluiva di nuovo in quel paese. Poi il processo ricominciava di nuovo, mentre il valore della valuta – basato sull'oro – aumentava e diminuiva, entro un campo di variabilità ristretto, mantenendo l'equilibrio.

Durante il sistema monetario aureo classico la nostra valuta era denaro reale e verificabile, ovvero il Tesoro possedeva realmente l'oro e l'argento che lo garantivano. La valuta era solo una ricevuta per il denaro. Poi, comparve sulla scena la Federal Reserve, una delle istituzioni più famigerate e capite male nella storia degli Stati Uniti.

Riguardo alla Federal Reserve, la difficoltà è che girano molte informazioni, uno dei motivi per cui è così controversa. Esistono due campi molto polarizzati per quanto concerne la Fed. Da un lato c'è il governo, che fa affidamento su di essa perché regoli l'economia statunitense. Dall'altro, ci sono i teorici della cospirazione, i quali credono, senza ombra di dubbio, che la Fed provocherà alla fine il crollo dell'economia statunitense.

Beh, sono qui per dirti che questi "eccentrici" non sono così pazzi come possono sembrare. In primo luogo, la Federal

Reserve *non è* un ente governativo. È una banca privata che ha azionisti a cui paga dividendi. Ha il potere in realtà di *creare* la valuta dal nulla, ed è protetta nei confronti delle revisioni dei conti e della vigilanza del Congresso. Come ex senatore e contendente presidenziale, Barry Goldwater ha evidenziato quanto segue: "I conti del Sistema della Federal Reserve non sono mai stati verificati. Essa opera al di fuori del controllo del Congresso e manipola il credito degli Stati Uniti".

Inizi non tanto umili

Il celebre economista della scuola austriaca Murray N. Rothbard, vicepresidente del Ludwig von Mises Institute, eminente professore di economia, nonché autore di ventisei libri, inizia il suo libro *The Case Against the Fed* con queste parole:

> L'organismo di gran lunga più segreto e meno tenuto a rendere conto a qualcuno del governo federale non è, come ci si potrebbe aspettare, la CIA, DIA, o qualche altra agenzia supersegreta per i servizi di intelligence. La CIA e altri organismi di intelligence sono sotto il controllo del Congresso. Sono tenuti a rendere conto: un comitato del Congresso supervisiona questi enti, ne controlla i budget ed è informato riguardo alle loro attività nascoste.
>
> La Federal Reserve, però, non rende conto a nessuno; non ha alcun budget; non è soggetta ad alcuna revisione dei conti; e nessuna commissione del Congresso ne conosce le operazioni o può realmente supervisionarle. La Federal Reserve, che praticamente ha il controllo totale del sistema monetario della nazione, non rende conto a nessuno.

Ecco com'è iniziato tutto questo. Si potrebbe dire che non sono inizi tanto umili.

Nel 1907 un periodo di panico colpì il sistema bancario e la Borsa degli Stati Uniti, e fu denominato in modo appropriato il Panico del 1907. Si credette diffusamente che le grosse banche di New York, dette Money Trust, avessero causato crolli e poi ne avessero tratto profitto acquistando le azioni dagli investitori spaventati e vendendole con profitti enormi solo qualche giorno o qualche settimana dopo. Il Panico del 1907 fu particolarmente devastante per l'economia statunitense e il grande pubblico protestò affinché il governo facesse qualcosa.

Nel 1908 il Congresso creò la National Monetary Commission per indagare sulla situazione e per raccomandare riforme del sistema bancario che impedissero situazioni di panico di quel tipo, nonché per fare indagini sul Money Trust. Il senatore Nelson Aldrich fu nominato presidente e partì immediatamente per l'Europa, dedicando due anni e spendendo 300.000 dollari (ovvero 6 milioni di dollari, tenendo conto dell'inflazione) per consultarsi con i banchieri delle banche centrali private di Inghilterra, Francia e Germania.

Al suo ritorno, il senatore Aldrich decise di prendersi un periodo di riposo e organizzò una caccia alle anatre con alcuni amici. Gli amici che invitò ad andare in vacanza con lui erano le personalità del potere economico statunitense, proprio quei banchieri di New York su cui egli presumibilmente doveva indagare: Paul Warburg (Kuhn, Loeb & Company), Abraham Pete Andrew (vicesegretario del Tesoro), Frank Vanderlip (presidente della National City Bank di New York guidata da Rockefeller), Henry P. Davison (socio anziano alla J.P. Morgan), Charles D. Norton (presidente della First National Bank di New York guidata da Morgan) e Benjamin Strong (capo del J.P. Morgan Bankers Trust, il quale doveva diventare il primo capo della Federal Reserve).

Si calcola che questi uomini rappresentassero un quarto della ricchezza del mondo. Il ritiro ebbe luogo in una piccola isola al largo della costa della Georgia che si chiama Jekyll Island. In realtà non si cacciarono molto le anatre; invece Aldrich e i suoi ospiti di riguardo trascorsero nove giorni attorno a un tavolo per elaborare un piano che alla fine portò alla creazione della Federal Reserve.

Ecco ciò che dissero dell'incontro alcuni partecipanti:

Immagina un gruppetto dei più grandi banchieri della nazione che esce alla chetichella da New York su un vagone ferroviario

privato col favore delle tenebre, percorre furtivamente centinaia di chilometri verso sud, si imbarca su una motolancia misteriosa, giunge di soppiatto su un'isola abbandonata da tutti tranne alcuni domestici, ci soggiorna per più di una settimana in una segretezza così rigida che non si menzionò il nome di nessuno di loro neanche una volta per timore che i domestici ne apprendessero l'identità e rivelassero al mondo la spedizione più strana e più segreta nella storia della finanza americana.
Non sto esagerando. Sto raccontando al mondo, per la prima volta, la storia vera del modo in cui fu scritto il famoso rapporto Aldrich sulla valuta, il fondamento del nostro sistema monetario.

B.C. Forbes, rivista «Forbes», 1916

I risultati della conferenza furono completamente segreti. Non si permise che divenisse pubblico neanche il fatto che si fosse tenuto quell'incontro. Sebbene siano trascorsi diciotto anni da allora, non mi sento libero di fornire una descrizione di questa conferenza interessantissima riguardo alla quale il senatore Aldrich chiese a tutti i partecipanti di impegnarsi a mantenere il segreto.

Paul Warburg, The Federal Reserve System:
Its Origin and Growth

In una circostanza, verso la fine del 1910, mi comportai in modo così riservato, anzi furtivo, come qualunque cospiratore. Non ritengo esagerato definire la nostra spedizione segreta sulla Jekyll Island come la circostanza in cui fu realmente progettato quello che infine divenne il Sistema della Federal Reserve. Ci fu detto di dimenticare i nostri cognomi... Ci diedero disposizioni perché giungessimo a uno a uno e nel modo più discreto possibile fino al capolinea ferroviario sulla riva dell'Hudson del New Jersey, dove avremmo trovato pronto il vagone privato del senatore Aldrich... Gli inservienti e l'equipaggio del treno forse conoscevano l'identità di uno o due di noi, ma non conoscevano tutti, e solo i nomi di tutti noi pubblicati insieme avrebbero reso significativo a Washington, a Wall Street, perfino a Londra, il nostro viaggio misterioso. Sapevamo che questa scoperta non doveva semplicemente avvenire, altrimenti tutto il nostro tempo e i nostri sforzi sarebbero andati sprecati. Se fosse stato rivelato pubblicamente che il nostro particolare gruppo si era radunato e aveva scritto un disegno di legge su un'operazione bancaria, quel disegno di legge non avrebbe avuto alcuna possibilità di essere approvato dal Congresso.

Frank Vanderlip, citato su
«The Saturday Evening Post», 9 febbraio 1935

La segretezza era così importante per i partecipanti a questo vertice perché Aldrich, come presidente della National Monetary Commission, era incaricato di svolgere indagini sulle pratiche bancarie e di raccomandare riforme dopo il Panico del 1907, non di cospirare con i banchieri su un'isola remota. Quindi i banchieri sotto inchiesta in vista delle riforme necessarie si riunirono con il presidente della commissione del Congresso incaricata di svolgere le indagini (l'uomo che presumibilmente doveva indagare sugli indiziati) durante un incontro segreto su un'isola lontana, ed escogitarono un disegno di legge, il Piano Aldrich, su una banca centrale privata che sarebbe stata di loro proprietà (ovvero di proprietà degli indiziati). Quando il disegno di legge fu presentato al Congresso, i dibattiti infuriarono.

Nel corso di un dibattimento, secondo quanto fu riferito, il membro del Congresso Charles Lindbergh disse: "Il nostro sistema finanziario è falso ed è un peso enorme sulla gente. Ho asserito che esiste un Money Trust. Il Piano Aldrich è una macchinazione semplicemente nell'interesse del Trust. Perché il Money Trust insiste così fortemente a favore del Piano Aldrich ora, prima che la gente sappia cos'ha fatto il Money Trust?"

Ma il Piano Aldrich non giunse mai a essere votato nel Congresso, perché era un disegno di legge sostenuto dai repubblicani, e i repubblicani persero il controllo della Camera nel 1910, e del Senato nel 1912.

Anziché accettare la sconfitta, fondamentalmente i banchieri presero il Piano Aldrich e cambiarono alcuni dettagli. Nel 1913 fu presentato al Congresso un disegno di legge quasi identico, denominato Federal Reserve Act.

I dibattiti infuriarono di nuovo. Molti considerarono questo disegno di legge per ciò che era: una versione abbellita del Piano

Aldrich. Ma il 22 dicembre 1913, il Congresso rinunciò al suo diritto di coniare il denaro e di regolarne il valore – un diritto attribuitogli dalla Costituzione – e trasmise quel diritto a una società privata, la Federal Reserve.

La Federal Reserve e la morte del dollaro – l'attività bancaria con riserve frazionali

Da quando la Federal Reserve è stata fondata nel 1914, la valuta degli Stati Uniti (il dollaro statunitense) ha iniziato a esistere quando è stata presa in prestito da una banca privata (la Federal Reserve). Ho detto che ha iniziato a esistere quando "è stata presa in prestito" perché ogni singolo dollaro che la Fed abbia mai creato deve essere restituito a quella banca, con gli interessi. La Fed, non il governo statunitense, crea tutta la valuta; e la presta al governo statunitense e alle istituzioni private – con gli interessi. Ora forse ti stai chiedendo: "Se noi ripaghiamo tutta la valuta che ha iniziato a esistere quando è stata presa in prestito, ma siamo ancora debitori degli interessi, dove prendiamo la valuta per pagare gli interessi?" Risposta: dobbiamo far iniziare a esistere la valuta prendendola in prestito. Questo è un motivo per cui il debito pubblico continua ad ampliarsi. Non può mai essere estinto. È matematicamente impossibile.

Ma è ancora più sconcertante il modo in cui la Federal Reserve crea la valuta:

1. Fa prestiti al governo o al sistema bancario compilando un assegno a vuoto.
2. Compra qualcosa con un assegno a vuoto.

Come ha affermato la Federal Reserve stessa in un documento pubblicato nel 1977 e intitolato *Putting It Simply*: "Quando tu o io compiliamo un assegno ci devono essere fondi sufficienti nel nostro conto per coprire l'assegno, ma quando la Federal Reserve compila un assegno non c'è alcun deposito bancario su cui è emesso quell'assegno. Quando la Federal Reserve compila un assegno, sta creando denaro". Naturalmente, come ormai sai, mi permetterei di dissentire. Sta creando valuta, non denaro.

E una volta che quei dollari appena creati vengono depositati nelle banche, le banche riescono ad operare il miracolo dell'attività bancaria con riserve frazionali.

Ecco l'attività bancaria con riserve frazionali in poche parole. Tutte le banche hanno un obbligo di riserva, ovvero devono tenere una certa quantità di valuta a portata di mano per i prelievi e cose del genere. Se l'obbligo di riserva stabilito dalla Federal Reserve è del 10%, la banca deve tenere il 10% della valuta depositata a portata di mano nel caso che qualcuno desideri effettuare un prelievo; tuttavia, può dare in prestito l'altro 90% di quei depositi.

Ecco il tranello. In realtà non dà in prestito la valuta che è nei conti. Crea invece nuovi dollari a corso forzoso dal nulla e poi li dà in prestito, il che significa che anch'essi iniziano a esistere quando "sono presi in prestito". In altri termini, quando depositi 1.000 dollari, la banca può creare 900 dollari a credito nuovi di zecca con un'unica registrazione contabile, e poi darli in prestito con gli interessi.

Poi, se quei dollari dati in prestito nuovi di zecca vengono depositati su un conto corrente, la banca può creare un altro 90% del valore di quei depositi, e quindi un altro 90% di quel valore. In seguito il processo viene ripetuto e non fa altro che riprodursi.

Per combinazione, lo stesso anno in cui fu approvato il Federal Reserve Act si aggiunse anche un emendamento alla Costituzione: il Sedicesimo, che creò la temuta imposta sul reddito.

Prima del 1913 non c'era alcuna imposta sul reddito. L'intera amministrazione statale veniva pagata attraverso dazi (imposte sulle importazioni) e imposte sui consumi (tasse su cose come l'alcool, le sigarette e il gas). Queste imposte, e soltanto queste imposte, generavano abbastanza entrate perché lo Stato potesse funzionare. Tuttavia, poiché non generavano abbastanza entrate per pagare gli interessi dovuti alla Federal Reserve, si creò l'imposta sul reddito.

Riassumendo:

- A partire dal 1914 abbiamo iniziato a far esistere ogni dollaro prendendolo in prestito.
- Paghiamo interessi su ogni dollaro esistente.
- Questi interessi sono pagati a una banca privata, la Federal Reserve.
- Le banche più grandi del mondo possiedono la Federal Reserve, non la possiede lo Stato.
- Gli Stati Uniti non possono estinguere il proprio debito... possono solo prendere in prestito di più per pagare gli interessi.
- Il nostro governo ha creato l'imposta sul reddito cosicché possiamo pagare questi interessi.

Benvenuto nella tana del coniglio. Benvenuto nel tuo nuovo contesto.

Capitolo 4

Avidità, guerra e la fine del dollaro

Con lo scoppio della Prima guerra mondiale, come nel caso di tutti gli esempi storici già trattati in questo libro, i belligeranti misero fine alla conversione in oro, aumentarono le imposte, contrassero prestiti cospicui e crearono valuta supplementare. Tuttavia, poiché gli Stati Uniti non entrarono in guerra per quasi tre anni, divennero il più importante fornitore per il mondo durante quel periodo. L'oro affluì negli Stati Uniti a un ritmo sbalorditivo, aumentandone le scorte aurifere di oltre il 60%. Quando gli alleati europei non poterono più pagare in oro, gli Stati Uniti prorogarono il credito. Una volta che gli Stati Uniti entrarono in guerra, tuttavia, anch'essi spesero a un ritmo molto superiore alle proprie entrate. Il debito pubblico statunitense passò da 1 miliardo di dollari nel 1916 a 25 miliardi di dollari entro la fine della guerra.

La riserva di valuta del mondo stava esplodendo.

Dopo la guerra, il mondo desiderava ardentemente il commercio vigoroso e la stabilità economica del sistema monetario aureo internazionale che avevano funzionato così bene prima della guerra. In tal modo, nel corso di tutti gli anni Venti la maggior parte dei governi mondiali tornò a una forma di sistema aureo. Ma il sistema usato non era il sistema monetario aureo classico del periodo prebellico. Era invece uno pseudo-sistema aureo chiamato sistema monetario a cambio aureo.

A quanto pare gli Stati non imparano mai che non puoi sottrarre l'oro con l'inganno. Durante la guerra, molti paesi gonfiarono enormemente le loro riserve di valuta. Però, quando cercarono di ritornare all'oro, non vollero svalutare la loro valuta rispetto a quell'oro facendo sì che il numero di unità di valuta (certificati auriferi, o buoni di ritiro sull'oro) corrispondesse al numero di unità di oro che garantivano quella valuta. Ecco quindi la loro "soluzione":

Costruire le piramidi

Dopo la guerra, gli Stati Uniti possedevano la maggior parte dell'oro del mondo. Viceversa, molti paesi europei avevano grandi riserve di dollari statunitensi (e riserve aurifere esaurite) a causa dei molti prestiti bellici che gli Stati Uniti avevano fatto agli alleati. Si decise quindi che, nel sistema monetario a cambio aureo, il dollaro e la sterlina inglese, insieme all'oro, fossero usati come riserve di valuta dalle banche centrali del mondo e che il dollaro statunitense e la sterlina fossero convertibili in oro.

Nel frattempo gli Stati Uniti avevano creato una banca centrale (la Federal Reserve) e le avevano dato il potere di creare la valuta dal nulla. Come puoi creare valuta dal nulla e garantirla comunque con l'oro, ti chiedi? Imponi un obbligo di riserva alla banca centrale (la Federal Reserve), limitando la quantità di valuta che essa crea a un certo multiplo delle unità d'oro che possiede nei caveau. Nel Federal Reserve Act del 1913 si specificava che la Fed doveva mantenere una riserva del 40% di "denaro legale" (oro, o valuta che potesse essere convertita in oro) nel Tesoro statunitense.

L'attività bancaria con riserve frazionali è come una piramide rovesciata. Sotto una riserva del 10%, 1 dollaro in fondo alla piramide può essere ampliato, mediante uno strato dopo l'altro di registrazioni contabili, finché non diventa 10 dollari in cima. Aggiungere una banca centrale con riserve frazionali, sotto le banche commerciali con riserve frazionali, era come collocare una piramide rovesciata in cima a una piramide rovesciata.

Prima della Federal Reserve le banche commerciali, in base a una percentuale delle riserve del 10%, potevano tenere una moneta d'oro da 20 dollari nella riserva e creare altri 180 dollari di prestiti, per un totale di 200 dollari. Ma con la Federal Reserve come fondamento sotto la piramide bancaria, e avendo un obbligo di riserva del 40%, la Fed poteva mettere in circolazione 50 dollari per ogni moneta d'oro da 20 dollari che aveva nei caveau. Quindi le banche, come secondo strato nella piramide, potevano creare prestiti di 450 dollari per un totale di 500 dollari.

Con il nuovo sistema monetario a cambio aureo, le banche centrali estere potevano usare i dollari anziché l'oro. Questo significava che, se la Federal Reserve aveva una moneta d'oro da 20 dollari nel caveau ed emetteva 50 dollari, allora una banca centrale poteva tenere quei 50 dollari nella riserva e, con una percentuale delle riserve del 40%, poteva emettere l'equivalente di 125 dollari nella propria valuta. Poi, quando quei 125 dollari giungevano nelle banche, le banche potevano ampliarli fino a 1.250 dollari di buoni di ritiro, tutti garantiti da un'unica e solitaria moneta d'oro da 20 dollari. Questo significa che la vera percentuale delle riserve (la percentuale di denaro reale che poteva essere sborsato in cambio della valuta) ora era solo dell'1,6%.

Ora c'era una piramide rovesciata, in cima a una piramide rovesciata, in cima a una piramide rovesciata. Tutto ciò era estremamente instabile. In definitiva, il sistema monetario a cambio aureo fu un sistema difettoso che gli Stati imposero ai loro cittadini, un sistema che permetteva agli Stati di operare come se le loro valute avessero avuto lo stesso valore dell'epoca prebellica. Era un sistema destinato al fallimento.

La nascita della cultura del credito

Ma ogni schema piramidale prospera nella sua fase iniziale e quindi anche il sistema monetario a cambio aureo conobbe la sua era di prosperità. Con tutta la nuova valuta a disposizione proveniente dalle banche centrali, le banche commerciali generarono molti nuovi prestiti. Questa abbondanza di valuta portò alla più grande espansione del credito al consumo conosciuta fino ad allora nella storia americana, la quale a sua volta condusse al più grosso boom economico che l'America abbia mai sperimentato. In un senso molto reale, il credito costituì il "ruggito" dei ruggenti anni Venti.

Prima del 1913 la stragrande maggioranza dei prestiti erano stati commerciali. I prestiti su immobili non agricoli e il credito rateale al consumo, come i prestiti per le automobili, erano quasi inesistenti, e i tassi di interesse erano molto elevati. Ma con l'avvento della Federal Reserve il credito per le automobili, le case e le azioni era ora a buon mercato e accessibile. L'effetto dei tassi di interesse bassi unito a questi nuovi tipi di prestiti fu immediato; spuntarono bolle ovunque. Ci fu la bolla immobiliare della Florida del 1925, e poi naturalmente la tristemente nota bolla della Borsa alla fine degli anni Venti.

Durante gli anni Venti, molti americani smisero di risparmiare e iniziarono a investire, trattando il loro conto di brokeraggio come un conto di risparmio, in modo molto simile a come gli americani hanno trattato le proprie case nella più recente bolla immobiliare. Ma un conto di brokeraggio non è un conto di risparmio, così come non lo è una casa. Il valore di un conto di risparmio dipende da quanti dollari ci depositi. Ma il valore di un conto di brokeraggio o di una casa dipende esclusivamente dalla percezione altrui. Se qualcuno pensa che i tuoi attivi abbiano valore, allora ce l'hanno, ma se non pensa che abbiano valore, allora non ce l'hanno.

In un'economia basata sul credito, il fatto che l'economia vada bene o vada male si basa largamente sulla percezione della gente. Se le persone credono che la situazione sia fantastica, allora prendono in prestito e spendono la valuta, e l'economia prospera. Ma se le persone hanno la minima ansietà, se hanno dubbi sul domani, allora stai in guardia!

Nel 1929 la Borsa crollò, la bolla del credito scoppiò, e l'economia statunitense scivolò nella depressione.

La meccanica di una depressione

Lo scoppio di una bolla creditizia è un evento deflazionistico e nel caso della Grande Depressione fu enormemente deflazionistico. Per capire come si verifica una deflazione, devi sapere com'è nata la nostra valuta e come essa può unirsi alle file di quanti sono morti prematuramente.

Quando prendiamo un prestito da una banca, in realtà la banca non ci presta la valuta che era in deposito nella banca. Invece, nell'istante in cui la penna inizia a scrivere sul contratto di quel mutuo, sul documento di prestito o sulla ricevuta della carta di credito che stiamo firmando, la banca può creare quei dollari come registrazione contabile. In altri termini, *noi* creiamo la valuta. La banca non ha il permesso di farlo senza la nostra firma. Noi creiamo la valuta e allora la banca comincia a farci pagare gli interessi per la valuta che abbiamo creato. Questa valuta nuova di zecca che abbiamo appena creato entra poi a far parte della riserva di valuta. Gran parte della nostra riserva di valuta viene creata in questo modo.

Ma quando una casa viene pignorata, quando non si rispetta il pagamento di un prestito, oppure quando qualcuno presenta istanza di fallimento, quella valuta scompare semplicemente di nuovo nel cielo valutario da cui è giunta. Quindi, quando il credito va male, la riserva di valuta si contrae e ha inizio la deflazione.

Questo è ciò che accadde nel 1930-1933 e fu disastroso. Quando un'ondata di pignoramenti e fallimenti dilagò nella nazione, un terzo della riserva di valuta degli Stati Uniti si dissolse nel nulla. Nei tre anni successivi, i salari e i prezzi diminuirono di un terzo.

Corri, Baby, corri

Anche gli assalti agli sportelli sono eventi enormemente deflazionistici, perché, quando depositi un dollaro in banca, la banca riporta quel dollaro come un passivo sui suoi libri contabili. Prima o poi ti deve restituire quel dollaro. Tuttavia, in un sistema bancario con riserve frazionali la banca può poi creare valuta sotto forma di credito (prestiti), in quantità molte volte superiore rispetto al deposito originario, riportandola sui libri contabili come un attivo. Come abbiamo esaminato, in base a una riserva del 10%, un passivo di 1 dollaro può creare altri 9 dollari di attivi per la banca.

Normalmente questo non è un problema, finché la banca non ha esaurito la capacità di concedere credito in quanto ha raggiunto la massima quantità consentita. Con appena una piccola quantità di riserve "in eccedenza", la banca può coprire le fluttuazioni quotidiane perché il più delle volte i depositi e i prelievi sono quasi in pareggio. Ma può sorgere un problema grave quando troppe persone si presentano a fare prelievi contemporaneamente senza l'effetto controbilanciante di una quantità relativamente uguale di persone che effettuano depositi. Se i prelievi superano i depositi, la banca attingerà da quelle riserve "in eccedenza". Una volta che quelle riserve "in eccedenza" sono state esaurite, tuttavia, l'attività bancaria con riserve frazionali è costretta allora a funzionare in senso pericolosamente contrario. Da quel momento in poi, per essere in grado di sborsare 1 dollaro sui depositi, la banca deve liquidare 9 dollari di prestiti. Questo è ciò che accadde nel 1931 e fu uno dei fattori principali che contribuirono al crollo della riserva di valuta statunitense.

Inoltre, prima dell'avvento della Federal Reserve, il pubblico aveva circa 1 dollaro in banca per ogni dollaro in tasca, e le banche tenevano 1 dollaro di riserve a disposizione per effettuare pagamenti su ogni 3 dollari di depositi. Ma grazie alla Federal Reserve, nel 1929 il pubblico aveva 11 dollari di depositi bancari per ogni dollaro in tasca, e le banche avevano solo 1 dollaro a portata di mano per effettuare pagamenti su ogni 13 dollari di depositi. Questa era una situazione molto pericolosa. Il pubblico aveva molti depositi e pochissimo contante e anche le banche avevano pochissimo contante per garantire quei depositi.

Nel novembre del 1930, i fallimenti di banche furono più che doppi rispetto al livello mensile più alto mai registrato. Oltre 250 banche con più di 180 milioni di dollari di depositi fallirono quel mese. Ma questo fu solo l'inizio.

Il più grande fallimento bancario nella storia statunitense si verificò l'11 dicembre 1930. Crollò la Bank of the United States, che aveva sessantadue filiali. Questo fallimento ebbe un effetto a cascata, provocando solo in quel mese il fallimento di oltre 352 banche con più di 370 milioni di dollari di depositi. Quel che è peggio, ciò avvenne prima dell'assicurazione sui depositi. La gente perse i risparmi di un'intera vita in un batter d'occhio.

Poi, in aggiunta a tutto questo, il 21 settembre 1931 la Gran Bretagna si ritirò dal sistema monetario a cambio aureo, gettando il mondo nel caos monetario. I governi esteri, insieme alle imprese e agli investitori privati degli Stati Uniti e di tutto il mondo, iniziarono a temere che gli Stati Uniti potessero fare lo stesso. Improvvisamente ci fu una corsa al contante.

All'interno degli Stati Uniti, le banche stavano esaurendo la moneta d'oro, e allo stesso tempo deflussi enormi di oro iniziarono ad abbandonare il caveau della Federal Reserve, diretti verso terre lontane. Lo schema piramidale costituito dal sistema monetario a cambio aureo iniziò a sgretolarsi. Per mettere fine all'emorragia, la Federal Reserve raddoppiò abbondantemente il costo della valuta negli Stati Uniti, alzando i tassi da 1,5 a 3,5% in una settimana.

Di conseguenza, fra l'agosto 1931 e il gennaio 1932, 1.860 banche con 1,4 milioni di dollari di depositi sospesero le operazioni.

Tuttavia, il 1932 era un anno di elezioni. Dopo tre lunghi anni di Depressione la gente aveva un disperato bisogno di cambiamento e a novembre fu eletto presidente Franklyn Delano Roosevelt. Anche se il suo insediamento avrebbe avuto luogo solo a marzo, cominciò a spargersi la voce che avrebbe svalutato il dollaro. L'oro se ne andò di nuovo dai caveau, mentre gli Stati esteri, gli investitori esteri e il pubblico americano persero ancora più fiducia nel dollaro, ed ebbe inizio l'assalto agli sportelli più devastante della storia americana. Ma stavolta il pubblico americano non aveva intenzione di farsi raggirare.

Come affermò «Barron's» nel suo numero del 27 marzo 1933: "Si è osservato in modo appropriato che le fasi della deflazione a partire dal 1929 sono state: la fuga dai beni di proprietà (principalmente titoli) verso i depositi bancari, poi una fuga dai depositi bancari verso la valuta, e infine una fuga dalla valuta all'oro".

Incredibilmente, la riserva di valuta degli Stati Uniti diminuiva così rapidamente che, se avesse continuato a quel ritmo per un anno, ne sarebbe rimasto solo il 22%. Le prospettive economiche statunitensi erano disastrose, e parve che il dollaro dovesse quasi cadere nell'oblio.

Un decreto-legge

Il 4 marzo 1933 ebbe luogo la cerimonia di insediamento di Roosevelt e nel giro di pochi giorni egli firmò alcuni proclami esecutivi mediante i quali chiudeva tutte le banche per un "giorno di chiusura delle banche", congelando il cambio estero e vietando alle banche di pagare monete d'oro quando avessero riaperto. Un mese dopo firmò un decreto-legge in cui chiedeva ai cittadini statunitensi di consegnare la loro proprietà privata (l'oro) alla Federal Reserve, in cambio di banconote della Federal Reserve.

Il 20 aprile firmò un altro decreto-legge, mettendo fine al diritto dei cittadini statunitensi di acquistare o negoziare valute estere, e/o trasferire valuta in conti al di fuori degli Stati Uniti. Lo stesso giorno fu inviato al congresso l'Emendamento Thomas che autorizzava il presidente, a sua discrezione, a ridurre il contenuto in oro del dollaro fino al 50% del suo peso precedente in oro. Fu promulgato come legge il 12 maggio e poi fu emendato per conferire alle banconote della Federal Reserve il pieno status di "denaro legale".

Ma c'era ancora da superare un ostacolo molto grande prima che Roosevelt potesse svalutare il dollaro: la famigerata *gold clause* (clausola che prevede il pagamento in oro).

Durante la guerra civile, il presidente Abraham Lincoln aveva dovuto escogitare un modo per pagare le truppe e aveva introdotto una seconda valuta totalmente a corso forzoso nel paese, il dollaro cartaceo. Quando comparve per la prima volta, il dollaro di carta valeva quanto le banconote garantite dall'oro. Ma entro la fine della guerra civile il loro valore era sceso a circa un terzo del valore del dollaro con garanzia aurea. Molte persone che avevano stipulato contratti o ottenuto prestiti prima della guerra in banconote garantite dall'oro li rimborsarono con dollari di carta deprezzati. Naturalmente questo significava truffare i creditori e furono intentate molte azioni legali.

Dopo la fine della guerra civile la maggior parte dei contratti conteneva una *"gold clause"* (clausola dell'oro) per proteggere i prestatori e altri dalla svalutazione della valuta. Questa clausola richiedeva il pagamento in oro oppure con una quantità di valuta uguale al valore del "peso dell'oro" quando era stato stipulato il contratto. Il grosso problema per Roosevelt era che anche la maggior parte dei contratti e delle obbligazioni statali conteneva questa clausola. Quindi la svalutazione del dollaro avrebbe incrementato anche il costo delle obbligazioni statali per il medesimo importo.

Perciò, per ordine del presidente Roosevelt, il 5 giugno il Congresso approvò una risoluzione comune che prevedeva il mancato rispetto della *gold clause* in tutti i contratti, pubblici e privati, passati, presenti e futuri. In sostanza, il governo diceva semplicemente ai cittadini e alle imprese americane: "Non dobbiamo pagarvi". Indignato da quella che egli considerò come la lampante inosservanza dei diritti degli americani da parte dello Stato, il senatore Carter Glass, presidente della Commissione Finanze del Senato, si lamentò in questi termini: "È un'infamia, signore. Questo grande Stato, forte per il suo oro, sta violando la sua promessa di pagare oro alle vedove e agli orfani a cui ha venduto obbligazioni statali con l'impegno di pagare monete d'oro dell'attuale valore legale. È un'infamia, signore". Ma il senatore Thomas Gore dell'Oklahoma espresse il concetto in modo ancora più conciso quando disse: "Che diamine, questo è solo un furto evidente, non è vero, signor presidente?"

Ma queste proteste rimasero inascoltate. Il 28 agosto 1933 Roosevelt firmò il decreto-legge 6260 (Executive Order 6260), che dichiarava illegale il diritto costituzionale dei cittadini statunitensi di possedere l'oro. Per evitare di dover venir meno ai suoi impegni (dichiarare bancarotta), e per tenere nascosta la frode dell'attività bancaria con riserve frazionali, l'unica alternativa del sistema bancario consisteva nel persuadere il governo a rendere illegale il possesso dell'oro (la moneta legale della nostra Costituzione, un elemento inerte e inanimato) da parte dei cittadini statunitensi. Roosevelt fu lieto di fare questo favore.

Prima sotto la minaccia di pubblicare i nomi degli "accaparratori d'oro" sui giornali, e poi sotto la minaccia di multe e carcere, gli Stati Uniti d'America, terra degli uomini *liberi* e patria degli uomini intrepidi, ordinarono ai cittadini di consegnare la loro proprietà privata (il denaro che avevano in tasca) a qualunque banca della Federal Reserve. Per quanto ne so io, a quanto pare nessuno sa esattamente il nome di colui che scrisse questi proclami e decreti-legge. Ma ormai una cosa era chiara. Il governo non era più un governo del popolo, fatto dal popolo e per il popolo. Era invece un governo dei banchieri, fatto dai banchieri e per i banchieri.

Ma c'era ancora un'altra azione ignobile da compiere.

I sorveglianti del peso

Il 31 gennaio 1934 Roosevelt firmò un proclama esecutivo in cui svalutava di fatto il dollaro. Prima di questo proclama occorrevano 20,67 dollari per comprare un'oncia troy di oro. Ma ora, dato che improvvisamente il dollaro aveva il 40,09% in meno di potere d'acquisto, occorrevano 35 dollari per acquistare la medesima quantità di oro. Questo significava anche che, per quanto concerne il commercio internazionale, il governo aveva appena rubato il 40,09% del potere d'acquisto dell'intera riserva di valuta del popolo degli Stati Uniti – tutto con un tratto di penna. Questo è il potere della valuta a corso forzoso.

La parte peggiore di tutta questa situazione è che le persone che osservarono le regole e consegnarono l'oro come era stato decretato furono quelle che soffrirono maggiormente, perché chi si tenne stretto illegalmente l'oro realizzò un profitto del 69,33% a causa delle pressioni che le politiche di Roosevelt esercitarono sul dollaro. Meno del 22% dell'oro in circolazione venne consegnato, tuttavia, e a quanto pare neanche una persona fu arrestata o perseguita legalmente per avere fatto incetta d'oro.

Ma nonostante gli sforzi del governo statunitense, alla fine l'oro vinse. L'oro e la volontà del pubblico forzarono la mano al governo. Proibendo alla popolazione statunitense di rivendicare un diritto sul proprio oro, e svalutando i dollari statunitensi, gli Stati Uniti riuscirono a scongiurare gli assalti internazionali al dollaro e poterono continuare il commercio internazionale in base al sistema monetario aureo. Dichiarando privi di valore legale i buoni di ritiro sull'oro posseduti dai cittadini statunitensi, e richiedendo più buoni di ritiro alle banche centrali estere per acquistare ogni unità d'oro, ora c'era un multiplo molto più basso di buoni di ritiro sull'oro, e il sistema con riserve frazionali era di nuovo gestibile.

Grafico 2. **La base monetaria statunitense rispetto alle riserve aurifere, 1918-1935**

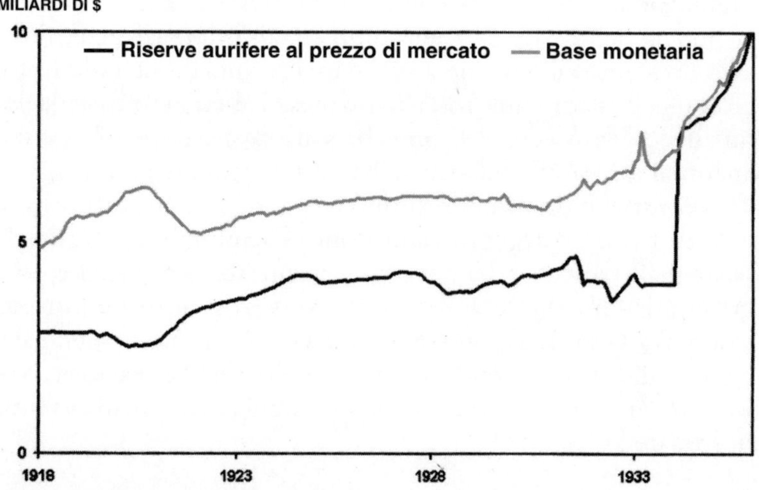

Fonte: St. Louis Federal Reserve Bank

Il grafico 2 mostra come l'oro costrinse alla resa dei conti il dollaro statunitense. La linea grigia è la valuta base statunitense (dollari in circolazione più i dollari cartacei conservati nella Federal Reserve e nel sistema bancario che sono usati come base per i dollari a credito delle riserve frazionali). La linea nera

57

è il valore totale della riserva aurifera statunitense (il numero di once conservate dal Tesoro moltiplicato per il prezzo all'oncia). Svalutando il dollaro da un ventesimo di un'oncia d'oro a un trentacinquesimo di un'oncia, il valore dell'oro conservato dal Tesoro statunitense corrispondeva ora esattamente al valore della base monetaria. Questo voleva dire che il dollaro era di nuovo totalmente garantito dall'oro. Voleva dire anche che non c'era alcun motivo per cui l'oro continuasse a essere illegale, dato che ora c'era abbastanza oro per effettuare pagamenti su ogni dollaro cartaceo esistente, e il dollaro avrebbe potuto essere pienamente convertibile in oro ancora una volta.

L'oro aveva rivalutato se stesso ancora una volta, non con il colpo da K.O. e con la morte della valuta come nei capitoli precedenti, ma stavolta con un K.O. tecnico. Per fermare l'implosione del sistema bancario statunitense e riguadagnare la fiducia dei nostri partner commerciali internazionali, l'oro aveva costretto il governo a svalutare la valuta derubando i suoi cittadini, e ancora una volta aveva messo al tappeto tutta la valuta in eccedenza che il sistema bancario aveva creato. L'oro era ancora il campione imbattuto dei pesi massimi del mondo.

Ma tutto il dolore e la sofferenza avrebbero potuto essere evitati. L'oro e l'argento richiedono disciplina e controllo da parte delle banche e dei governi; per questo sia le banche, sia i governi hanno antipatia per l'oro. Numerosi fattori contribuirono alla Grande Depressione, ma ci fu una causa principale. I governi di tutto il mondo, insieme alla Federal Reserve, alle banche centrali estere e alle banche commerciali cercarono tutti di frodare l'oro.

Capitolo 5

Dal profondo dei boschi il toro d'oro venne caricando

Bretton Woods

Non uscimmo dalla Grande Depressione grazie alle spese del governo e ai programmi di lavoro dell'amministrazione Roosevelt, e nemmeno grazie alla Seconda guerra mondiale, come molti pensano. No. Ciò che ci fece uscire dalla Grande Depressione fu l'enorme afflusso di oro dall'Europa. Quando gli Stati Uniti aumentarono il prezzo dell'oro di circa il 70% fino a raggiungere i 35 dollari all'oncia, i prezzi delle merci e dei servizi negli Stati Uniti non salirono immediatamente del medesimo 70%. Ricorda, grazie all'amministrazione Roosevelt il dollaro fu svalutato di oltre il 40%. Quindi, il suo potere d'acquisto all'estero diminuì nella stessa misura, rallentando enormemente le nostre importazioni. Ma i paesi che acquistavano dagli Stati Uniti scoprirono allora che la loro valuta comprava il 70% in più di merce statunitense rispetto al passato.

Inoltre, quando un paese lega il fixing della sua valuta all'oro, deve comprare o vendere tanto oro quanto ne viene offerto o richiesto per mantenere il prezzo di quella valuta. Improvvisamente, tutte le società minerarie aurifere del mondo vendevano l'oro a un unico acquirente, il governo statunitense. Quindi questo fatto, unito a un enorme saldo attivo della bilancia commerciale, spiegò gran parte degli afflussi d'oro dal 1934 fino a tutto il 1937.

Ma nel 1938 venne aggiunta una nuova dimensione. Quando Hitler annetté l'Austria, il resto dell'Europa fu colto dal panico, temendo la minaccia incombente della guerra. E ci fu un trasferimento di ricchezza dagli investimenti europei agli investimenti statunitensi, mentre l'Europa si preparava per le devastazioni belliche. Le fabbriche europee che producevano i beni di consumo furono usate per produrre armi da fuoco, munizioni, aeroplani e carri armati. Quindi molti europei dovevano procurarsi gli oggetti di uso quotidiano dagli Stati Uniti. Così, in realtà, furono gli afflussi d'oro, gli investimenti esteri e gli arricchimenti bellici indebiti, non i programmi sociali, a risollevare gli Stati Uniti dalla Depressione.

A quel punto, gli Stati Uniti possedevano approssimativamente due terzi delle riserve aurifere monetarie mondiali e avevano un'economia fiorente. Gli Stati Uniti producevano più della metà del carbone e due terzi dell'energia elettrica del mondo. Strutturalmente, gli Stati Uniti non furono toccati dalla Seconda guerra mondiale, mentre la loro base manifatturiera si era rimpinguata vendendo armamenti all'Europa in modo che i paesi europei potessero distruggersi reciprocamente le fabbriche, e l'Europa aveva pagato quegli armamenti con la maggior parte del suo oro. Ben presto i leader del mondo si resero conto della situazione economica spaventosa in cui si trovavano. Questo enorme squilibrio commerciale voleva dire che alla fine della guerra il sistema monetario mondiale sarebbe finito nel caos.

Circa un anno prima della fine della guerra, i rappresentanti di quarantaquattro paesi si incontrarono nel luglio del 1944 a Bretton Woods, nel New Hampshire, per capire come potevano far funzionare di nuovo il mondo del commercio e della finanza internazionali. Avevano bisogno di un sistema di pagamenti internazionali che permettesse il commercio senza le fluttuazioni selvagge dei tassi di cambio delle valute o la paura di un deprezzamento improvviso delle valute – elementi, questi, che avevano danneggiato il commercio internazionale durante la Grande Depressione.

Si decise che tutti i paesi avrebbero ancorato le loro valute al dollaro statunitense e che gli Stati Uniti avrebbero reso il dollaro convertibile in oro, solo per le banche centrali estere, a un tasso di 35 dollari all'oncia. Questo significò che a partire dalla Seconda guerra mondiale in poi tutte le banche centrali estere *dovevano* tenere in deposito i dollari invece di ciò che restava delle loro riserve aurifere (o in aggiunta alle loro riserve aurifere).

Ma c'erano due grosse falle nel sistema di Bretton Woods. In realtà queste falle erano più simili a grossi buchi profondi.

In primo luogo non si stabilì alcuna percentuale delle riserve per quanto concerne la quantità di dollari che poteva essere creata per ogni unità di oro, permettendo agli Stati Uniti di avere un deficit della bilancia commerciale e un deficit di bilancio e di stampare i dollari per coprire questi deficit.

In secondo luogo, anche se i cittadini americani non potevano possedere l'oro, c'era ancora un mercato libero dell'oro nel resto del mondo, che operava in parallelo con il mercato dell'oro di Bretton Woods.

La guerra in disavanzo

La guerra del Vietnam fu la prima grande guerra durante la quale al pubblico americano non venne chiesto di fare sacrifici finanziari all'infuori del pagamento delle imposte. Non ci fu chiesto di acquistare obbligazioni di guerra. Non ci fu chiesto di trasformare la nostra economia di consumo in un'economia di guerra. In realtà, il presidente Lyndon Johnson si rifiutò di pagare la guerra attraverso la tassazione e, poiché il sistema di Bretton Woods non richiedeva una percentuale delle riserve, egli poté finanziare tutta la guerra del Vietnam attraverso una spesa in disavanzo. Quella fu realmente una guerra in disavanzo. Inoltre aggiunse i suoi programmi da Grande Società, mettendo in atto una politica del tipo "burro e cannoni" (attribuendo cioè uguale peso alle spese militari e a quelle civili) che ricorreva al prestito in misura cospicua per finanziare le guerre all'estero e i programmi sociali in patria.

Ma mentre combattevamo una guerra finanziata dal disavanzo, Charles de Gaulle, il presidente della Francia, usava le scappatoie nel sistema di Bretton Woods per lanciare tranquillamente un'offensiva in piena regola contro il dollaro statunitense.

De Gaulle contro il dollaro
Rivista «Time», venerdì 12 febbraio 1965

Forse un capo di Stato non aveva mai lanciato prima d'ora un'offensiva così chiara contro la potenza monetaria di una nazione amica. Né qualcuno di una tale levatura aveva fatto una critica di così ampia portata del sistema monetario internazionale dopo la sua istituzione nel 1944... [come] Charles de Gaulle la settimana scorsa [che ha richiesto] un ritorno finale al sistema monetario aureo... Proprio prima che de Gaulle parlasse, il ministro del Tesoro Douglas Dillon ha ammesso pubblicamente per la prima volta che il deficit statunitense della bilancia dei pagamenti nel 1964 è cresciuto più di quanto chiunque si fosse aspettato. Ha raggiunto un totale di circa 3 miliardi di dollari, e gli Stati Uniti sono impegnati legalmente a cambiarli in oro statunitense a vista. La Federal Reserve ha annunciato che la riserva aurifera statunitense è diminuita la scorsa settimana di 100 milioni di dollari, fino a raggiungere il livello minimo di 15,1 miliardi di dollari in 26 anni [nota che il disavanzo per il 1964 equivale al 20% delle scorte aurifere statunitensi]... La Francia ha convertito 150 milioni di dollari in oro lo scorso mese, e pianifica un'altra conversione da 150 milioni di dollari presto.

La Francia si ritirò dal London Gold Pool (Pool dell'Oro di Londra), un piano regolatore destinato all'insuccesso, mediante il quale le banche centrali avrebbero venduto tonnellate d'oro nei mercati per mantenere il prezzo dell'oro a 35 dollari statunitensi, e riprese la conversione dei dollari in oro. Poi la Gran Bretagna svalutò la sterlina nel novembre 1967, provocando un assalto all'oro.

Il Pool fu messo a dura prova avvicinandosi al punto di rottura e il deflusso di oro aumentò di venti volte. Entro la fine dell'anno avevano lasciato i caveau più di 1.000 tonnellate d'oro. Da anni le vendite del Pool dell'Oro si aggiravano su una media di 5 tonnellate al giorno. Nel marzo del 1968 le vendite superarono le 200 tonnellate al giorno!

Dai un'occhiata al grafico 3. È come il grafico 2, ma sono stati aggiunti ventuno anni. Puoi vedere chiaramente la creazione di valuta dilagante dalla metà degli anni Sessanta alla fine del decennio. Vedrai anche che dal 1959 al 1971 più del 50% dell'oro statunitense abbandonò i caveau del Tesoro dirigendosi verso terre lontane.

Grafico 3. La base monetaria statunitense rispetto alle riserve aurifere, 1918-1971

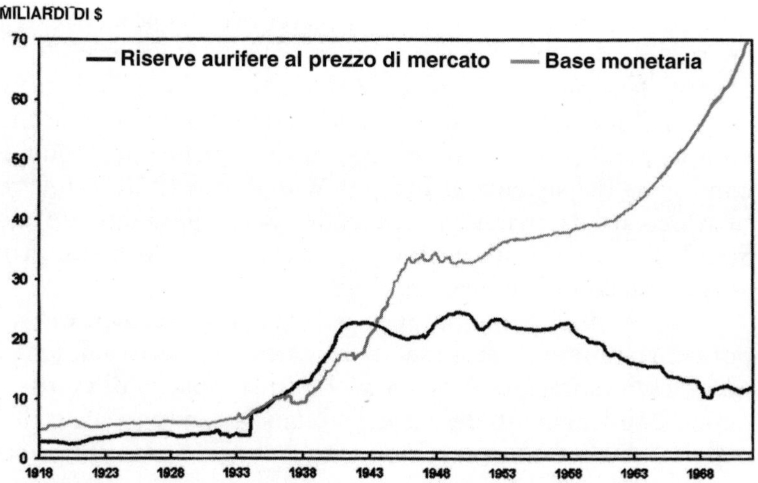

Fonte: St. Louis Federal Reserve Bank

Il Pool dell'Oro venne chiuso e si permise al mercato libero parallelo dell'oro di trovare il suo prezzo. Nel frattempo il prezzo ufficiale della Banca centrale rimase a 35 dollari. L'oro aveva messo il dollaro alle corde e gli sferrò un uno-due! L'oro aveva vinto questo round, ma il combattimento non era ancora terminato.

Il crollo del sistema di Bretton Woods

Nel 1971 il sistema di Bretton Woods era stato completamente travolto dalla volontà del pubblico e dei mercati liberi. Ancora una volta l'oro aveva forzato la mano del governo e il 15 agosto 1971 il presidente Richard Nixon fu costretto a chiudere lo sportello dell'oro. Il dollaro statunitense non era più convertibile in oro e tutte le valute divennero non vincolate. Per la prima volta nella storia statunitense, la riserva di valuta era interamente a corso forzoso. E poiché il sistema di Bretton Woods aveva ancorato tutte le valute del mondo all'oro attraverso il dollaro, tutte le valute del pianeta divennero simultaneamente valute a corso forzoso. Questo equivaleva a una dichiarazione di bancarotta da parte degli Stati Uniti. L'oro aveva vinto questa partita e ora era libero di stabilire il suo valore nel mercato aperto.

A questo punto la maggior parte dei paesi e delle banche centrali aveva un regime monetario basato sul dollaro e usavano i dollari per il commercio internazionale anziché l'oro. Quindi con la fine del sistema di Bretton Woods, nel 1971, il dollaro fu svincolato da qualunque controllo fiscale, permettendo agli Stati Uniti di stampare tutto l'"oro" cartaceo che volevano. Un potere che detengono ancora oggi.

Nessun altro paese ha questo vantaggio nascosto e ora i politici statunitensi sembrano considerarlo un diritto di nascita. Questo vantaggio dà agli Stati Uniti la capacità di avere un deficit di bilancio, un deficit nella bilancia commerciale e altri deficit e sbilanci ben superiori a quelli che il mondo abbia mai visto.

Esso dà inoltre agli Stati Uniti la capacità di tassare non solo la sua popolazione, ma anche la popolazione di tutto il mondo attraverso l'inflazione causata dalla sua spesa in disavanzo. L'inflazione di una riserva di valuta non rispetta alcun confine. Quindi, ogni nuovo dollaro stampato svaluta tutti gli altri dollari ovunque nel mondo.

Sì, il dollaro era libero dai vincoli fiscali dell'oro, ma anche l'oro si era affrancato rispetto al dollaro. Il 15 agosto 1971 l'oro divenne denaro internazionale non vincolato, non essendo più legato ad alcun paese.

Il Golden Bull-Il toro d'oro

Dopo il crollo del sistema di Bretton Woods, tutto il debito che venne creato negli anni Sessanta (inflazione monetaria) per finanziare la guerra del Vietnam e la Grande Società tornò con grande forza sotto forma di un'inflazione da prezzi negli anni Settanta. Per combinazione, il 15 agosto 1971, lo stesso giorno in cui Nixon fece uscire gli Stati Uniti dal sistema monetario aureo, egli ribaltò la sua posizione di fedele sostenitore del sistema del libero mercato e istituì controlli sui salari e sui prezzi, congelando prezzi e salari per novanta giorni. La storia si ripeteva ancora una volta: Diocleziano aveva commesso la stessa follia molti secoli prima quando l'economia romana crollò. Ma dato che la disoccupazione aumentò vertiginosamente, i novanta giorni programmati da Nixon si trasformarono in mille giorni.

Ricordo di avere visto i produttori di pesche che protestavano al telegiornale della sera scaricando le pesche sui bordi della strada e lasciandole marcire, perché il prezzo a cui potevano venderle legalmente era molto inferiore al costo di produzione. Ricordo di avere ascoltato i commenti amari di Walter Cronkite sulle immagini dei produttori di latte e latticini che versavano migliaia di litri di latte nei campi vuoti e degli allevatori di polli che gettavano via migliaia di pulcini vivi nei cassonetti finché non erano pieni. Ciò provocò una scarsità di merci e gli scaffali dei negozi erano vuoti. Ancora una volta si dimostrò senza ombra di dubbio che i mercati gestiti dal governo non funzionano. Il tentativo di Nixon fu abbandonato e il ministro del Tesoro George Shultz disse al presidente: "Perlomeno ora abbiamo convinto tutti gli altri della giustezza della nostra posizione originaria, secondo la quale i controlli dei salari e dei prezzi non sono la risposta".

Nell'ottobre del 1973 scoppiò la guerra di Yom Kippur (conosciuta anche come la quarta guerra arabo-israeliana). Quando gran parte dell'Occidente sostenne la posizione israeliana, l'organizzazione dei paesi arabi esportatori di petrolio (OPEC) tagliò la produzione e mise un embargo sulle spedizioni verso gli Stati Uniti come sanzione per il sostegno dato a Israele. Molti pensano che questo fu un fattore chiave che provocò l'inflazione degli anni Settanta. Di nuovo, si sbagliano.

Anche se gli Stati arabi stavano infliggendo una punizione all'Occidente per il sostegno dato a Israele, il quadro più generale era che il potere d'acquisto del dollaro diminuiva da quando gli Stati Uniti avevano iniziato a inondare il mondo di dollari a metà degli anni Sessanta; e gli aumenti dei prezzi del petrolio servirono solo a riportare il valore che l'OPEC riceveva per un barile di petrolio ai livelli che aveva ricevuto quando vigeva il sistema monetario di Bretton Woods.

Nel 1973, lo scià dell'Iran, uno degli alleati più stretti degli Stati Uniti nella regione, disse al «New York Times»: "Naturalmente il [costo del] petrolio aumenterà. Voi avete aumentato del 300% il prezzo del grano che ci vendete e avete fatto la stessa cosa con lo zucchero e il cemento – comprate il nostro petrolio greggio e ce lo rivendete, raffinato sotto forma di prodotti petrolchimici, a un prezzo cento volte superiore a quello che ci avete pagato... È semplicemente equo che da ora in poi paghiate di più il petrolio. Diciamo dieci volte di più".

Anche se il prezzo del petrolio misurato in dollari aumentò enormemente, il prezzo misurato in oro in realtà era diminuito. Il prezzo crescente del petrolio in dollari, a quell'epoca, proprio come oggi, serviva solo per permettere ai produttori di petrolio di recuperare il potere d'acquisto perduto del dollaro.

Ma era comunque illegale per gli americani possedere l'oro. Poi infine nel 1971 emerse un importante movimento per ripristinare il diritto degli americani di possederlo di nuovo, un movimento guidato da un uomo di nome James Ulysses Blanchard III, che fu il cofondatore della National Committee to Legalize Gold (Comitato nazionale per legalizzare l'oro). Egli teneva conferenze stampa mentre brandiva lingotti d'oro illegali, sfidando pubblicamente le autorità federali a gettarlo in carcere. Nel 1973 noleggiò un biplano per trascinare uno striscione con la scritta "Legalizzate l'oro" al di sopra della cerimonia di inaugurazione del presidente Nixon. Lavorò instancabilmente facendo pressioni sul Congresso per presentare disegni di legge e la sua ricompensa giunse il 31 dicembre 1974, quando il presidente Gerald Ford firmò il disegno di legge che rese legale ancora una volta il possesso dell'oro per i cittadini statunitensi.

Anche se ora l'oro era negoziato liberamente, non era negoziato come moneta, bensì come merce... perlomeno inizialmente. La gente usava la valuta cartacea da così tanto tempo che i più avevano perso interesse per l'oro e davano fiducia alla carta.

Il prezzo dell'oro aveva iniziato ad aumentare rispetto ai 35 dollari all'oncia quasi subito dopo avere abbandonato il dollaro. Ma, nel 1971, chiunque dicesse che poteva raggiungere i 50 dollari all'oncia era considerato pazzo. E chiunque dicesse che poteva raggiungere i 100 dollari veniva legato e trascinato via. Ma nel 1974 l'oro aveva raggiunto quasi i 200 dollari all'oncia. Poi, verso la fine del 1978, superò la barriera dei 200 dollari e qualcosa cambiò nel modo in cui l'oro veniva negoziato e nel modo in cui il pubblico lo considerava. Si stava comportando di nuovo come una moneta.

Nel giugno del 1979, la rivista «Time» pubblicò un articolo intitolato *"Ingot we Trust"* (*Confidiamo nel lingotto*) che diceva: "Gli speculatori che vogliono fare soldi rapidamente, gli investitori a lungo termine e i semplici risparmiatori impauriti dall'inflazione hanno investito così tanto denaro nell'oro che la scorsa settimana esso è aumentato smisuratamente fino a raggiungere un record di 277,15 dollari all'oncia... Le predizioni secondo cui l'oro potrebbe raggiungere 300 dollari all'oncia entro il pieno dell'estate... si stanno realizzando". La gente cominciò a fare la fila davanti ai negozi di monete, e i telefoni squillavano in continuazione nelle Borse merci. L'America aveva la febbre dell'oro. Ma quando l'oro oltrepassò il livello dei 300 dollari, i professionisti e i media che seguivano la tendenza dominante iniziarono ad avvisare che l'apice era vicino e che gli investitori potevano subire perdite enormi se continuavano a comprare l'oro.

Ma la tendenza dominante si sbagliava. La febbre dell'oro si stava trasformando ora in una corsa all'oro del Ventesimo secolo. Guarda semplicemente che cosa disse la rivista «Time» nell'articolo *"Stampede for Precious Metals"* (*Assalto per acquistare i metalli preziosi*) del gennaio 1980: "È stato uno degli aumenti folgoranti più rapidi della storia e ha evidenziato la durevole attrazione psicologica del metallo giallo come il bene ricercato più costantemente in periodi di conflitto e incertezza... Nelle città di tutti gli Stati Uniti e d'Europa, migliaia di persone si sono messe in fila dinanzi alle gioiellerie e ai negozi di monete, allettate dai titoli dei giornali sui nuovi prezzi dell'oro e dell'argento che attirano l'attenzione, e anche dai giornali radio trasmessi ogni ora".

Ricordo di aver guardato i telegiornali locali all'epoca e di aver visto le fotografie scattate dagli elicotteri di file di persone che aspettavano per entrare nel negozio del commerciante locale di monete. Questo commerciante si trovava nel centro dell'isolato, su una strada cittadina importante, e la fila di persone usciva dalla porta, era allineata lungo l'isolato, girava l'angolo, e proseguiva nella strada laterale. Le file venivano paragonate a quelle della gente in attesa di vedere *Guerre stellari* e *Apocalypse Now*!

All'epoca non comprai l'oro. Avevo ventiquattro anni e badavo solo all'azienda che avevo appena fondato. Ma mio padre lo comprò, come pure i padri di tutti i miei amici. Facevano parte delle masse di investitori non sofisticati che compravano con il branco... e il branco compra sempre nel momento sbagliato. Dal gennaio 1975 fino alla fine del 1978 ci furono molte opportunità per acquistare l'oro a un prezzo fra 100 e 200 dollari, ma pochissime persone lo comprarono. Solo quando l'oro superò i 400 dollari o più il pubblico capì qualcosa.

La strategia è semplice: compra a prezzo basso e vendi a prezzo alto. Se compri a basso prezzo, non hai bisogno di cercare di scegliere il momento esatto in cui il rialzo del prezzo di una merce raggiunge il culmine. Negli anni Settanta, un investitore che avesse acquistato l'oro al di sotto dei 200 dollari all'oncia avrebbe ottenuto risultati straordinariamente buoni in appena un paio d'anni e avrebbe avuto un sacco di tempo per venderlo al di sopra dei 600 dollari. Quanti anni occorrono all'indice Dow per triplicarsi? Con l'oro, avresti potuto ottenere questo risultato in poco più di un anno. Se avessi comprato al prezzo minimo e avessi venduto al prezzo massimo avresti fatto fruttare otto volte e mezzo il tuo investimento in meno di tre anni e mezzo. E se tu avessi comprato l'oro al di fuori degli Stati Uniti, nel 1971, alla fine di Bretton Woods, avresti guadagnato un importo equivalente a ventiquattro volte il tuo investimento.

Nel corso di tutta la storia, gli Stati e il sistema bancario iniziano con una certa quantità d'oro e argento. Poi rendono le cose "più facili" per la popolazione mettendo in deposito per noi l'oro e l'argento pesanti e stampando ricevute che possiamo usare come valuta. Ma il problema è che non smettono mai di stampare. Producono sempre più ricevute finché un giorno il pubblico si rende conto dello svilimento e improvvisamente, con una mossa subitanea, il valore dell'oro e dell'argento raggiunge quello di tutte le ricevute.

Il grafico 4 è di nuovo come il grafico 2 e 3, ma questa volta con una piccola variazione. Dura più a lungo, fino al 1985. E la linea nera rappresenta ancora il valore delle riserve statunitensi (numero di once conservate dal Tesoro, moltiplicato per il prezzo dell'oro all'epoca), ma la grossa differenza è che, a partire dalla metà degli anni Sessanta in poi, ci sono due linee grigie. La linea grigia inferiore è la stessa valuta base statunitense degli ultimi due grafici, ma la linea grigia superiore è la valuta base statunitense più il credito rotativo insoluto (saldi delle carte di credito non pagati). Sosterrei che il credito in essere accresce la riserva di valuta. Anche se i dollari delle carte di credito sono dollari fantasma, che hanno iniziato a esistere con una firma, e sono dovuti alla banca, essi hanno acquistato un bene o un servizio quando hanno iniziato a esistere. Una volta che il venditore del bene o servizio ha quel dollaro, esso diventa un dollaro regolare che non è dovuto a una banca. Esso può dunque continuare ad acquistare altri beni e servizi e quindi diventa uno degli elementi che fanno aumentare l'inflazione da prezzi. Questo dollaro fantasma circola nella riserva di valuta finché qualcuno non lo riguadagna e non salda il debito della carta di credito con esso. Finché il credito in essere cresce, allo stesso modo cresce la riserva di valuta.

In questo grafico sbalorditivo puoi vedere che ancora una volta l'oro ha costretto alla resa dei conti la valuta come fa da oltre 2400 anni, da quando l'ha costretta alla resa dei conti per la prima volta ad Atene nel 407 a.C. Anche se gli Stati Uniti hanno perso la metà del proprio oro dal 1959 al 1971, i mercati liberi e la volontà del pubblico hanno spinto il prezzo dell'oro a crescere finché esso non ha messo completamente al tappeto la valuta. È cresciuto finché il valore della scorta del Tesoro non ha sorpassato il valore della base monetaria a 135 miliardi di dollari. Ha continuato a crescere finché non è sfrecciato al di là del valore della base monetaria più il credito rotativo insoluto a 195 miliardi di dollari, e ha continuato a crescere finché non ha raggiunto il livello più alto a 225 miliardi di dollari.

Sì, l'oro ha fatto quello che ha sempre fatto. Con una mossa che l'ha visto crescere più di ventiquattro volte (2.328,5%)

Grafico 4. **La base monetaria e il credito rotativo rispetto alle riserve aurifere, 1918-1985**

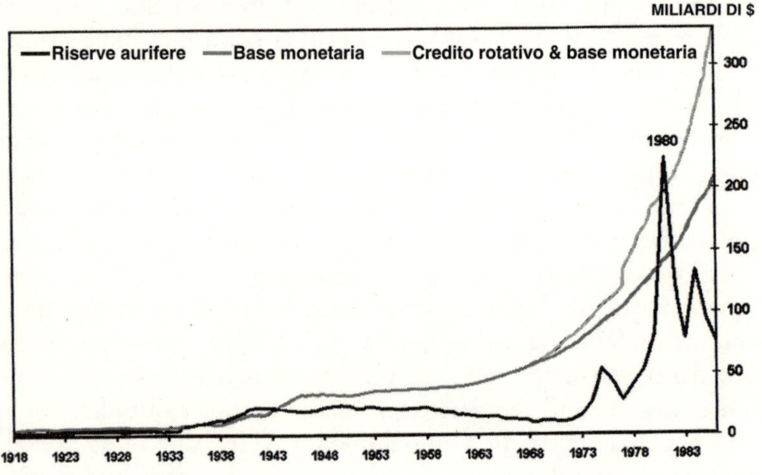

Fonte: St. Louis Federal Reserve Bank

rispetto al prezzo di Bretton Woods di 35 dollari all'oncia, si è rivalutato e ha messo al tappeto tutti i dollari cartacei che erano stati stampati dall'ultima volta in cui si era rivalutato, nel gennaio del 1934, nonché tutto il debito delle carte di credito. Ma la cosa più sorprendente è che, ancora una volta, per un breve periodo di tempo, gli Stati Uniti d'America hanno avuto l'opportunità di tornare al sistema monetario aureo.

Tuttavia, per gli investitori è positivo che la Federal Reserve e il governo statunitense abbiano scelto di non tornare al sistema aureo. Perché se lo avessero fatto, non si starebbe verificando il più grande trasferimento di ricchezza nella storia dell'umanità, e così non esisterebbe neanche l'opportunità di veder trasferire la ricchezza verso di te. Ma si sta verificando, e la ricchezza può essere trasferita verso di te. Continua a leggere.

Capitolo 6

Boom e crolli

"È stato giustamente detto che gli uomini pensano seguendo il branco; si vedrà che impazziscono seguendo il branco, mentre rinsaviscono lentamente, e uno alla volta".
Charles Mackay, *Extraordinary Popular Delusions and the Madness of Crowds*, 1841

Il crollo della Borsa del 1987 è detto Lunedì Nero, ma io lo chiamo Lunedì Misterioso, perché a quanto pare nessuno sa esattamente perché si sia verificato. Una cosa è sicura; il crollo del 1987 è stato il più grosso crollo in un unico giorno nella storia. La spiegazione più diffusa è stata la vendita on-line da parte di *computer traders*[1] che avevano attivato ordini di vendita in automatico; altri dicono che è stato un adeguamento dovuto alla sopravvalutazione, oppure danno la colpa a una mancanza di liquidità. Una delle spiegazioni migliori che ho sentito è che il rialzo che lo ha preceduto è stato stranamente simile al rialzo anteriore al crollo del 1929. Si è diffusa la voce, e la dinamica del branco e della psicologia di massa ha preso il sopravvento.

La vera causa del crollo probabilmente risale alla fine degli anni Settanta e all'inizio degli anni Ottanta. Paul Vocker subentrò come presidente della Federal Reserve nell'agosto del 1979 e si rese conto del bisogno di aumentare i tassi reali (i tassi di

---

[1] Investitori che effettuano transazioni di Borsa su computer in base a programmi prestabiliti (N.d.T.).

interesse meno l'inflazione) rendendoli positivi per mettere sotto controllo l'inflazione galoppante e il prezzo dell'oro.

I tassi più alti servirono solo a peggiorare una recessione davvero brutta e, quando Ronald Reagan giunse alla Casa Bianca nel 1981, l'economia era in pessime condizioni. Quindi, nel marzo del 1983 la Federal Reserve spronò l'economia eliminando l'obbligo di riserva sui depositi a termine di trenta mesi o più e a settembre lo modificò portandolo a diciotto mesi. Nel periodo biennale dal gennaio del 1983 al gennaio del 1985, la riserva di valuta aumentò enormemente, ovvero del 21%. In aggiunta a questa riserva di valuta ampiamente accresciuta, la Federal Reserve ridusse i tassi da oltre l'11% alla fine del 1984 al 6,25% circa entro la fine del 1986.

Tutta quella valuta doveva andare da qualche parte. L'economia decollò come un razzo e l'indice S&P 500 più che triplicò, passando da 100 a 338 punti. In un brevissimo periodo di tempo, l'indice passò da un'estrema sottovalutazione a un'estrema sopravvalutazione in termini di guadagni.

Il pubblico degli investitori fu coinvolto da un'euforia contagiosa simile a quella di qualunque altra bolla e crollo del mercato nella storia. Questa euforia portò la gente a credere, ancora una volta, che il mercato sarebbe sempre cresciuto. Tuttavia, a causa di una crescita economica estremamente forte, l'inflazione stava diventando una preoccupazione. La Federal Reserve aumentò i tassi di interesse a breve termine per attenuare l'inflazione. Questo ebbe un effetto negativo sui mercati.

Mercoledì 14 ottobre iniziò il crollo dei prezzi dei titoli. Entro venerdì il Dow era precipitato di oltre il 10%. Poi, lunedì 19 ottobre 1987, la maggior parte degli azionisti statunitensi cercò di vendere contemporaneamente. Il mercato non riuscì a gestire così tanti ordini nello stesso tempo e i più non riuscirono a vendere perché non c'erano acquirenti. Il Dow perse il 22,6%, e in un solo giorno fu trasferita una ricchezza pari a 500 miliardi di dollari. La crisi non fu circoscritta solo agli Stati Uniti. I mercati in Australia, in Canada, a Hong Kong e nel Regno Unito crollarono del 41,8%, del 22,5%, del 45,8% e del 26,4%, rispettivamente.

Temendo che il crollo potesse causare una depressione a livello mondiale, una crisi del sistema bancario, o entrambe le cose, la Federal Reserve intervenne aumentando la riserva di valuta; ciò ebbe l'effetto collaterale di trasformare in mini-bolle i boom immobiliari che si stavano verificando in diverse sacche del paese.

Le montagne russe immobiliari

Durante questo periodo, i prezzi delle case andarono alle stelle. Una mia cara amica possedeva una casa a Los Angeles acquistata nel 1970 per 64.000 dollari. Nel gennaio del 1986 era stimata 425.000 dollari. Entro il 1988, tutta quella nuova valuta creata dopo lo scoppio della bolla della Borsa appena un anno prima stava facendo balzare alle stelle i prezzi delle case. Alla fine del 1989 la mia amica si fece valutare di nuovo la casa, ma stavolta le dissero che valeva 1,3 milioni di dollari... un aumento colossale del 200% in appena quattro anni! La gente nel suo quartiere faceva moltissime operazioni di compravendita immobiliare. C'erano cartelli "Vendesi" lungo tutti gli isolati, e pareva che tutti parlassero di immobili, acquistassero immobili o diventassero agenti immobiliari.

Per tutto il 1988 e nel primo trimestre del 1989 la Federal Reserve aumentò i tassi da appena oltre il 6,5% a circa il 10% per cercare di fermare la frenesia speculativa. La Federal Reserve raggiunse il suo obiettivo, il boom immobiliare andò in malora ed ebbe inizio una recessione sulla costa orientale, dilagata poi verso l'ovest per tutto il paese. Poi, il 2 agosto 1990, l'Iraq invase il Kuwait, e il 17 gennaio 1991 gli Stati Uniti iniziarono l'operazione Tempesta del Deserto. Ancora una volta eravamo in una guerra che non potevamo permetterci, finanziata dalla spesa in disavanzo.

I prezzi delle case diminuirono ulteriormente e il paese entrò in una fase di recessione. In risposta, la Federal Reserve ridusse l'obbligo di riserva sui depositi a termine dal 3 allo 0% e nel 1992 ridusse l'obbligo di riserva sui depositi finalizzati a transazioni dal 12 al 10%. Nello stesso periodo di tempo, i tassi di interesse furono abbattuti drasticamente dall'8% a meno del 3%. Ma questa volta i provvedimenti ebbero uno scarso effetto immediato e l'economia continuò a trascinarsi. Ironicamente, nel momento in cui scrivo questo libro (quasi vent'anni dopo) abbiamo avuto di nuovo un Bush come presidente (George W.), siamo in una guerra in Medio Oriente, i prezzi delle case stanno calando enormemente, si parla di una drastica riduzione dei tassi di interesse fino al 2% (o meno) e l'economia ristagna.

Ricordi la mia amica con la casa da 1,3 milioni di dollari nel 1989? I prezzi degli immobili nel suo quartiere sono diminuiti marcatamente. Un suo vicino era un imprenditore edile che stava costruendo quattordici case nel quartiere. Quando la vendita delle case è cessata e i prezzi hanno iniziato a diminuire, è stato costretto a dichiarare bancarotta e tutte le quattordici case sono state pignorate. Le banche non vogliono essere proprietarie di case, vogliono avere ipoteche sulle case. Quindi, la sua banca le ha immesse sul mercato contemporaneamente, a un prezzo abbastanza inferiore a proprietà immobiliari paragonabili nel quartiere per assicurarsi una vendita rapida. Eppure non sono state vendute comunque. Poi, nei due mesi successivi, altre due banche hanno avuto un'ondata di pignoramenti che ha investito il mercato. Non si vendeva nulla e tutti cercavano di stabilire per la propria casa un prezzo leggermente inferiore rispetto al tipo della casa accanto per accertarsi di effettuare la vendita immobiliare successiva.

Infine, nell'autunno del 1992 gli immobili hanno toccato il fondo nel quartiere della mia amica. Il suo vicino, che viveva proprio dirimpetto, ha venduto la casa alla fine del 1992 al prezzo di 425.000 dollari. La sua casa aveva un lotto di terreno più ampio e una bella vista, tuttavia valeva meno di mezzo milione di dollari. Il valore percepito della sua casa era passato da 1,3 milioni di dollari a meno di mezzo milione di dollari in appena tre anni. I prezzi delle case nel suo quartiere erano crollati del 60%.

Proprio all'apice, nel 1989, una casa nell'isolato della mia amica era stata venduta a 1 milione di dollari. Ora quella casa era quasi considerata un immobile da demolire. L'avevo vista: l'imbiancatura si scrostava, il prato era morto e non era mai stata ristrutturata da quando era stata costruita all'inizio degli anni Cinquanta. Il nuovo proprietario aveva versato in acconto il 20% (200.000 dollari) e doveva ancora pagare 800.000 dollari. Purtroppo per lui, i prezzi delle case sono diminuiti in modo marcato e rapido. Alla fine il valore di quella casa ha toccato il fondo a 400.000 dollari. Questo significava che lui era "sotto" per un importo di 400.000 dollari, il doppio del suo capitale proprio iniziale.

Per coronare il tutto, il tasso dei fondi della Federal Reserve era crollato da circa il 10% quando aveva acquistato la casa nel 1989 ad appena il 3% nel 1993, ma la banca non era disposta a rifinanziare un mutuo da 800.000 dollari su una casa valutata solo 400.000 dollari. Quindi, dopo aver pagato un acconto di 200.000 dollari, quel povero tipo era intrappolato in un mutuo da 800.000 dollari, a un tasso di interesse attorno al 12% e anche se i tassi dei mutui erano diminuiti fino al 6% o meno non poteva ottenere un rifinanziamento. È stato *underwater*, "sott'acqua" (ovvero ha avuto una casa quotata al di sotto del prezzo di acquisto), per dieci anni, finché infine nel 1999 la casa non ha superato il prezzo di acquisto del 1989.

Chiunque abbia comprato una proprietà da reddito all'inizio degli anni Novanta, tuttavia, ha potuto acquistare facilmente una proprietà che produceva un buon cashflow, e poco dopo i valori degli immobili sono aumentati più che in qualunque altro periodo del passato.

Tutte quelle manipolazioni che la Federal Reserve ha fatto con gli obblighi di riserva e con i tassi di interesse nel 1991 e nel 1992 alla fine hanno avuto effetto abbondantemente nel 1995. Nel 1995 la riserva di valuta è esplosa e non si è mai fermata. Nel decennio dal 1995 al 2005 la riserva di valuta è aumentata di circa il 120%. Questo significa che in quei dieci anni è stata creata più valuta che in tutti gli ottantatre anni precedenti. In realtà, è stata creata più valuta che in tutta la storia precedente degli Stati Uniti, e ne è derivato il più grosso boom immobiliare della storia, come pure un'intera serie di bolle nelle obbligazioni, nei prodotti finanziari derivati, nel consumo, nel debito, e ancora una volta, nelle azioni.

La "Dot Bomb"

Ma la bolla di tutte le bolle – forse con l'eccezione della recente bolla immobiliare – è stata la bolla tecnologica della fine degli Novanta.

Non presenterò molti fatti, perché sono certo che ricordi la storia.

È una storia che inizia lentamente con società oneste che hanno tirato fuori prodotti buoni al momento giusto. Il loro rapido successo e i loro enormi profitti hanno attirato altre società inducendole a saltare a bordo del treno tecnologico. Quando il treno ha accelerato, le masse hanno perso il lume della ragione e hanno buttato soldi in società prive di sostanza. Quindi, fondamentalmente, chiunque avesse un'idea poteva mettersi insieme ad altri, registrarsi come società, aprirsi a pubblica sottoscrizione, acquistare Ferrari, installare un campo da golf nel cortile con i proventi ed emettere azioni come carta igienica.

Infine, per impedire una catastrofe del mercato dovuta al bug dell'anno Duemila, la Federal Reserve, guidata da Alan Greenspan, ha pompato così tanta liquidità nei mercati che essi hanno iniziato a crescere a un ritmo strabiliante.

La speculazione delirante ha attirato così tanto capitale che alla fine è divenuta uno schema piramidale, richiedendo una montagna sempre crescente di valuta per mantenere la traiettoria in rialzo.

Fondamentalmente, le "dot com" (ovvero le aziende presenti commercialmente su Internet) si sono trasformate in "dot bomb". La conseguenza finanziaria ha incluso lo scoppio della bolla "punto com", e il crollo di società come Enron, WorldCom e Global Crossing. Molti investitori hanno perso i fondi pensionistici, le case e i risparmi.

Quindi, come forse avrai ormai indovinato, ecco la lezione: se salti in un mercato quando tutti gli altri stanno facendo la stessa cosa, probabilmente sei troppo in ritardo. D'altra parte, se entri in un mercato presto, quando fondamentalmente è sottovalutato, e poi aspetti che diventi estremamente sopravvalutato e vendi una volta che è stato raggiunto un vero picco, dovresti conseguire ottimi risultati.

Nel caso del Nasdaq, avresti potuto comprare le azioni tecnologiche per quattordici anni mentre l'indice era al di sotto di 1.000 punti, e poi hai avuto circa un anno per vendere le azioni al di sopra di 3.500 punti. Se hai scelto davvero bene il momento opportuno e sei riuscito a vendere le tue azioni tecnologiche a 4.000 o 4.500 punti, buon per te. Purtroppo quello è stato il momento in cui i più hanno iniziato ad acquistare, non a vendere. Alla fine la bolla è scoppiata, rovinando la vita di molte persone.

Occorrono molta formazione e molte ricerche per trovare una classe di attivi sottovalutati all'inizio di un nuovo mercato al rialzo. Queste opportunità sono colte solo dalle pochissime persone che svolgono il lavoro necessario e da coloro che sono in grado di pensare con la propria testa. La maggior parte degli investitori si fa consigliare esattamente da chi consiglia tutti gli altri. Fanno le cose in maniera comoda e aspettano di ricevere consigli attraverso la televisione, le grosse società finanziarie e i loro amici e vicini che si stanno già arricchendo... perlomeno sulla carta.

Durante la corsa "punto com", molti investitori che hanno accettato per veri i consigli dei mass media hanno accettato per vero anche l'imbonimento. Hanno creduto al "nuovo paradigma" e alla convinzione che "la tecnologia crescerà sempre". Inoltre hanno comprato le azioni tecnologiche *dopo* che il Nasdaq aveva superato i 3.000 punti e hanno tenuto duro, sperando in un'inversione di tendenza mentre l'indice sprofondava al di sotto dei 2.000 punti.

Ma ricorda, in periodi di sconvolgimento finanziario, la ricchezza non viene distrutta, viene semplicemente trasferita. Le opportunità che questo crea per l'investitore istruito sono enormi. L'angoscia e la sofferenza provocati dallo scoppio della bolla del Nasdaq avrebbero potuto non solo essere evitate, ma anche volte a proprio profitto da investitori con il coraggio di cambiare direzione quando le cose apparentemente non andavano molto bene (come quando il Nasdaq è sceso in picchiata verticalmente alla fine del 1999). Sto parlando di investitori che sono abbastanza istruiti da distinguere la differenza fra *prezzo* e *valore*. Il prezzo non significa niente... il valore è tutto.

Parte 2

Oggi

Capitolo 7

Che cos'è il valore?

Dalla fine del sistema di Bretton Woods negli anni Settanta il dollaro è stato un bugiardo sleale, falso e capace di pugnalare alle spalle, e lo è ancora oggi.

Mentre scrivo questo capitolo, il Dow è a 13.000 punti e sta ancora cercando di salire verso i suoi livelli massimi appena oltre i 14.000 punti. Sembra anche che abbiamo appena assistito alla fine della più grossa bolla immobiliare di tutti i tempi. Il prezzo della casa della mia amica a Los Angeles è di nuovo in diminuzione e i prezzi delle altre case nel suo quartiere sono già calati del 15%.

Mentre stai leggendo queste righe, forse il Dow sta oltre-passando come un razzo i 15.000 o i 20.000 punti e tu stai pensando: "14.000? Diamine, è stato molto tempo fa". Oppure, potrebbe essere inferiore a 10.000 e stai pensando: "14.000? Accidenti, quelli erano i bei tempi andati". Ma non ha importanza se il Dow o gli immobili sono aumentati o diminuiti di prezzo. Indipendentemente dal prezzo in termini di dollari, sia il Dow che gli immobili stanno crollando da anni in termini di valore.

Il Dow sta crollando!

Il 4 ottobre 2006, il Dow ha battuto il suo vecchio livello massimo, stabilito nel 2000, di 11.750 punti, e la stampa finanziaria ha strombazzato: "Il Dow stabilisce il nuovo record di tutti i tempi!" Tuttavia, il *valore* del Dow in realtà ha raggiunto il punto massimo nel 1999-2001 e sta crollando da allora. Ma se non hai ancora istruito te stesso riguardo alle devastazioni insidiose che l'inflazione può produrre sul tuo portafoglio, non riesci a vederlo. Questo è un punto cieco a cui gli investitori devono stare attenti, e da cui si devono guardare, se vogliono prosperare.

Ogni volta che tutto sembra aumentare, che si tratti di azioni, obbligazioni, immobili, merci e praticamente ogni genere di investimento che riesci a immaginare, devi fermarti e chiederti: "Perché?" Se le azioni e gli immobili stanno andando alle stelle, non dovrebbero succhiare valuta da altri settori? L'unico motivo per cui apparentemente il Dow è in aumento è che la Federal Reserve ha pompato così tanti dollari supplementari nella riserva di valuta che tutte le categorie di attivi stanno aumentando... tranne il dollaro! Se tutto sta aumentando (diventando più costoso), questo significa che il dollaro sta calando.

In queste condizioni, l'unico modo per vedere dove risiede il vero valore è eliminare il dollaro dall'equazione. Devi misurare ogni classe di attivi non rispetto al dollaro, ma rispetto a un'altra classe di attivi.

Per avere un quadro di ciò che sta accadendo con le azioni, ho considerato il Dow come una rappresentazione delle azioni (questo in realtà dà alle azioni un vantaggio ingiusto, in quanto il Dow è l'indice che offre la migliore performance; ma combatterò questa battaglia con una mano sola) e poi l'ha misurato di nuovo rispetto a tutte le altre cose che riuscivo a immaginare. Per fare questo ho preso il Dow e l'ho diviso per il prezzo dell'altro attivo con cui lo sto mettendo a confronto.

Ogni grafico sarà il prezzo del Dow misurato in "cose"... per esempio, quanti barili di petrolio, od once d'oro, costa il Dow? Il risultato? Misurando il Dow in termini di potere d'acquisto è chiaro che le azioni fanno fiasco da parecchio tempo, anche mentre il loro prezzo è aumentato in relazione al dollaro. Tutte le informazioni seguenti risalgono all'aprile 2008.

Dal gennaio 2002 il dollaro è caduto a picco del 31,25% rispetto ad altre valute. Questo ha spinto il denaro (l'oro) ad aumentare misurato in valuta (dollari), dal momento che un numero sempre maggiore di investitori abbandona la valuta e acquisisce denaro reale.

Grafico 5. Dollaro statunitense

Grafico 6. Oro

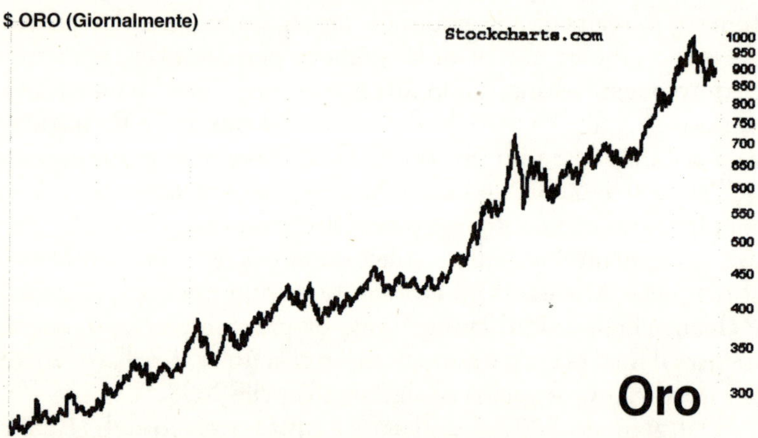

Nel grafico 7, misuro il Dow nel modo in cui sei abituato a vederlo, in dollari. Ma nel grafico 8 lo misuro con il denaro reale, non con la valuta. Ci sono volute circa 45 once d'oro per comprare un'azione del Dow nel 1999. Mentre scrivo questo, ne occorrono meno di 15. Ecco un altro modo per esprimere lo stesso concetto: se tu avessi venduto un'azione del Dow nel 1999, avresti potuto acquistare 45 once d'oro. Nel momento in cui scrivo questo libro, i ricavi ti permetterebbero di acquistarne soltanto 15. Quindi, misurato in termini di denaro reale, il Dow ha perso due terzi del suo valore ed è crollato del 67%.

Adoro i grafici 9 e 10, perché ti mostrano proprio quante cose reali (in media) il Dow ti farà acquistare. Essi sono il Dow diviso per l'Indice delle Materie Prime e l'Indice dei Prezzi Agricoli. Le materie prime sono le cose che acquisti, oppure le cose che compongono le cose che acquisti, mentre l'Indice Agricolo propende più per le cose che mangi e indossi. Questi grafici includono di tutto, dal rame all'acciaio, al gas naturale e al gasolio, bestiame, cereali, cotone, zucchero e succo d'arancia. Questi grafici ti stanno dicendo che avresti potuto comprare il triplo di cose, se avessi venduto il tuo pacchetto azionario uscendo dal Dow nel 1999, rispetto a ciò che lo stesso numero di azioni ti permetterà di acquistare mentre scrivo queste parole.

Ecco probabilmente il grafico più importante. Il grafico 11 ti mostra quanti barili di greggio (è la nostra variabile rappresentativa per l'energia) puoi comprare con i ricavi che ottieni dal Dow. Se tu avessi venduto una sola azione del Dow all'inizio del 1999 avresti potuto acquistare 800 barili di petrolio. Mentre scrivo questo, la medesima azione te ne fa acquistare solo 100. Dopo il 1999 il valore del Dow è precipitato dell'87,5%, messo a confronto con il petrolio. Ma ricordatelo, il petrolio non equivale semplicemente alla benzina. È la materia prima più utile che esista. È usata per fabbricare medicinali, fertilizzanti, sostanze plastiche, catrame per le nostre strade e le gomme della tua auto.

A proposito di auto, insieme alle materie plastiche le auto sono fatte di metalli come l'acciaio, lo zinco, il rame e il piombo. Il grafico 12 mostra che, messo a raffronto con l'Indice

Grafico 7. Dow in dollari

Grafico 8. Dow in oro

Dow Jones dei prezzi del pronto dei metalli industriali (Dow Jones Industrial Metals Spot Price Index), il Dow è crollato del 75%. E, che tu ci creda o no, questo è uno dei motivi per cui le società automobilistiche statunitensi vanno così male. Dai semplicemente un'occhiata alle azioni della General Motors e della Ford nel corso dello stesso quadro temporale. Sono crollate all'incirca della stessa percentuale, perché i costi dei fabbricanti di automobili aumentano e i profitti sono scomparsi.

Nel grafico 13 mostro la performance relativa del Dow (linea inferiore), dell'oro (linea mediana), e dell'argento (linea superiore). Come punto di partenza, ho scelto l'inizio del mercato al rialzo dei metalli preziosi nel 2001. Tutte e tre le linee iniziano sul lato sinistro del grafico raggruppate insieme sulla linea zero. Il grafico mostra la performance relativa in guadagni percentuali. Come puoi vedere, misurato a partire dal 2001, il Dow è cresciuto solo del 15%, mentre l'oro è aumentato vertiginosamente del 250% e l'argento è andato alle stelle del 300%!

Grafico 9. Dow in materie prime

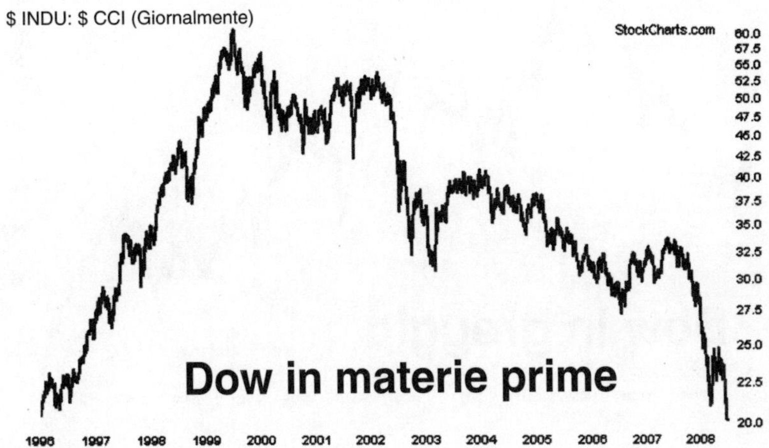

Grafico 10. Dow in generi alimentari

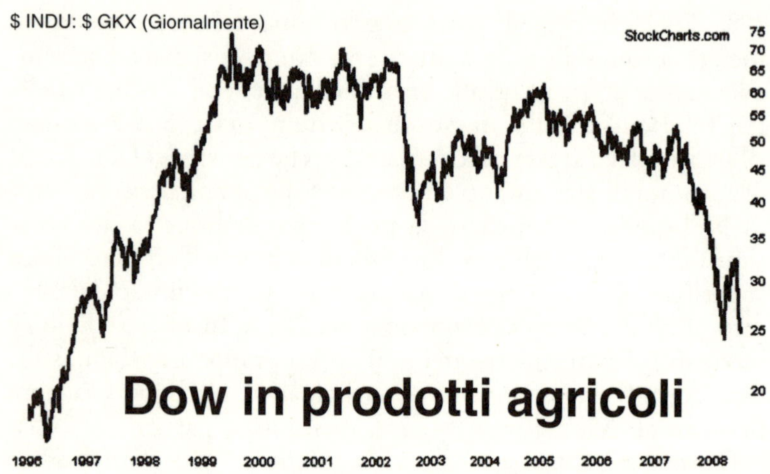

Grafico 11. Dow in greggio

Grafico 12. Dow in metalli industriali

Grafico 13. Performance relativa del Dow, dell'oro e dell'argento

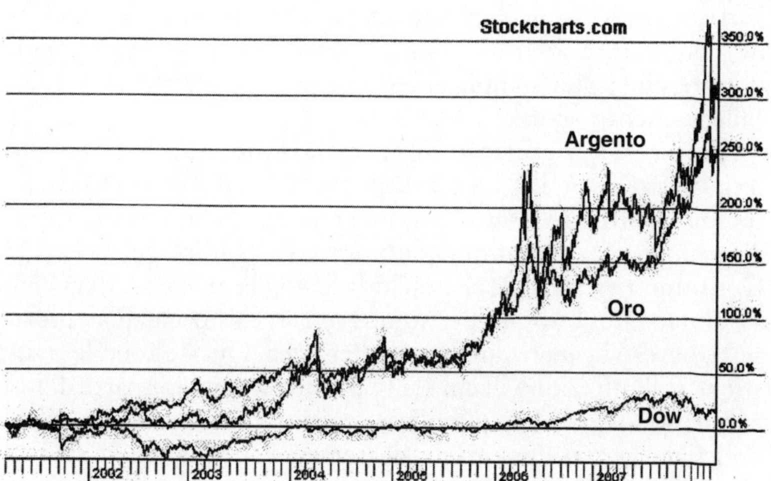

Chiama la polizia... Siamo stati derubati!

Perché sta accadendo questo? Perché tutti pensano che il Dow e gli immobili stiano aumentando di valore, quando in realtà stanno diminuendo di valore? La risposta è inflazione.

Secondo la Federal Reserve di Minneapolis, l'inflazione totale dal 2000 al 2008, usando l'Indice dei Prezzi al Consumo (Consumer Price Index, CPI), è stata di circa il 22%, ma purtroppo l'Indice dei Prezzi al Consumo è uno strumento di misurazione inaffidabile. Ecco perché.

Nel calcolare l'inflazione, il Bureau of Labor Statistics (BLS) (Dipartimento di Statistica del Lavoro) prende un paniere di beni e servizi e ne controlla i prezzi nel corso degli anni. Questo funzionava benissimo quando si controllava il prezzo effettivo dei medesimi articoli anno dopo anno. Il problema è che il BLS non usa più il prezzo effettivo e non controlla più i medesimi articoli da un anno all'altro. Per esempio, se il prezzo di un articolo è cambiato marcatamente da un anno a quello successivo (un fatto, questo, che come puoi immaginare farebbe fare una brutta figura a chiunque si trovi alla Casa Bianca), l'articolo può essere eliminato dal paniere dei beni (cancellazione), può essere sostituito con un altro articolo (sostituzione), oppure gli si può semplicemente assegnare un nuovo prezzo (adeguamento edonico).

Per avere un esempio di cancellazione, non hai bisogno di guardare oltre il BLS e i mass media tradizionali. Qualche tempo fa il BLS ha tirato fuori una misura dell'inflazione "nuova e migliorata", denominata Core-CPI (Indice dei Prezzi al Consumo Essenziale), che esclude le uniche due cose di cui hai assolutamente bisogno per sopravvivere, e senza le quali moriresti, ovvero i generi alimentari e l'energia. Queste sono le statistiche sull'inflazione di cui sente parlare la maggior parte di noi perché sono quelle più pubblicate dalla stampa. L'assunto è che i prezzi dei generi alimentari e dell'energia sono volatili e stagionali, e la loro eliminazione produce una misura dell'inflazione più costante. Secondo l'Energy Information Administration, per esempio, il prezzo medio della benzina all'inizio di questo secolo era di 1,29 dollari. Quindi, secondo il dato sull'inflazione totale fornito dal governo ed equivalente al 22% dal 2000 al 2008, la benzina dovrebbe costare 1,57 dollari nel 2008.

Per quanto concerne la sostituzione, ti fornirò una citazione tratta direttamente dal sito Web del BLS. L'inflazione da prezzi imperversava durante l'amministrazione Reagan, e quello fu il periodo in cui l'Indice dei Prezzi al Consumo fu trasformato in quella che chiamo la Bugia dei Prezzi al Consumo. Le case stavano diventando più costose di quanto si desiderava, quindi il BLS decise che in verità non siamo proprietari delle nostre case, ma le prendiamo in affitto da noi stessi: "Il 25 febbraio 1983, il Bureau of Labour Statistics (BLS) ha introdotto un'importante modifica tecnica nell'Indice dei Prezzi al Consumo per Tutti i Consumatori Urbani (Consumer Price Index for All Urban Consumers, CPI-U). Questo ha modificato il trattamento dei costi dell'alloggio trasferendo i costi per i proprietari di case su una base equivalente locativa. Il nuovo trattamento dei costi dell'alloggio è stato incorporato nell'Indice dei Prezzi al Consumo per i Lavoratori Dipendenti Urbani e gli Impiegati (Consumer Price Index for Urban Wage Earners and Clerical Workers, CPI-W), usato per indicizzare le indennità della Previdenza Sociale, nel 1985". Questo cambiamento fa sembrare più bassa l'inflazione ogni volta che i prezzi degli immobili aumentano più rapidamente degli affitti.

Ma non pensare che stia criticando solo i repubblicani, perché entrambi i partiti amano la Bugia dei Prezzi al Consumo... fa fare loro una bella figura. Il modo di fare le cose dei democratici è supporre quanto segue: "Beh, se il manzo diventerà troppo costoso, vorrà dire che la gente mangerà pollo". E questo è proprio ciò che ha fatto il BLS sotto l'amministrazione del presidente Bill Clinton. Ha eliminato l'ottimo taglio di filetto di manzo di prima scelta che controllava dal 1959 e lo ha sostituito con il petto di pollo perché era più economico, e questo fa sembrare più basso l'indice denominato Bugia dei Prezzi al Consumo.

Riguardo all'adeguamento edonico, nessuno lo spiega meglio di Adam Hamilton di zealllc.com, nel suo articolo "Lies,

Damn Lies, and the CPI" ("Bugie, maledette bugie, e il CPI"): "Usando l'equivalente matematico delle foglie di tè e delle ossa di capra, gli statistici del BLS hanno creato una nuova realtà surreale dove si può calcolare il prezzo 'adeguato alla vera qualità' di beni diversi". Si ritiene che l'adeguamento edonico compensi i miglioramenti a livello di qualità. In altri termini, se l'automobile che hai comprato quest'anno ti costa il 5% in più rispetto all'auto che avevi lo scorso anno, ma la nuova auto ha il controllo di stabilità, allora essi immaginano che l'aumento di prezzo sia stato controbilanciato dal miglioramento della qualità, quindi in realtà le auto costano il medesimo prezzo, secondo il BLS.

Qualcuno potrebbe chiedere: perché il Bureau of "Labour" Statistics fa questi calcoli? In realtà il lavoro (*labour*) non ha nulla a che fare con esso. In effetti, sarebbe molto più appropriato che queste statistiche provenissero dal Bureau of Statistics (o, come mi piace chiamarlo, BS).

Come sarebbe dunque l'inflazione da prezzi se usassero l'Indice dei Prezzi al Consumo originario anziché la Bugia dei Prezzi al Consumo? John Williams della Shadow Government Statistics (Shadow-Stats.com) e Bart su Nowandfutures.com si sono dati il compito di assillare il nostro governo e mostrarne i trucchi finanziari. Hanno ricostruito scrupolosamente la versione pre-propagandistica dell'Indice dei Prezzi al Consumo. Dai un'occhiata al tuo portafoglio e saprai che hanno ragione.

Ecco uno dei grafici dell'Indice dei Prezzi al Consumo di John Williams dopo avere tolto le faccine (grafico 14). La linea nera superiore è l'Indice dei Prezzi al Consumo ri-creato, e la linea grigia in fondo è la Bugia dei Prezzi al Consumo ufficiale.

La mia definizione di inflazione è un'espansione della riserva di valuta (denominata in modo inesatto massa *monetaria*). I prezzi in aumento non sono l'inflazione, ma il sintomo dell'inflazione. Ogni unità di valuta creata da poco tempo diluisce il pool di valuta già in circolazione, riducendone pertanto il valore. Questo accade perché la quantità accresciuta di valuta dà comunque la caccia allo stesso numero di beni e servizi, facendo quindi aumentare i prezzi. Il valore intrinseco di un bene di

Grafico 14. CPI rispetto a quella calcolata da ShadowStats.com

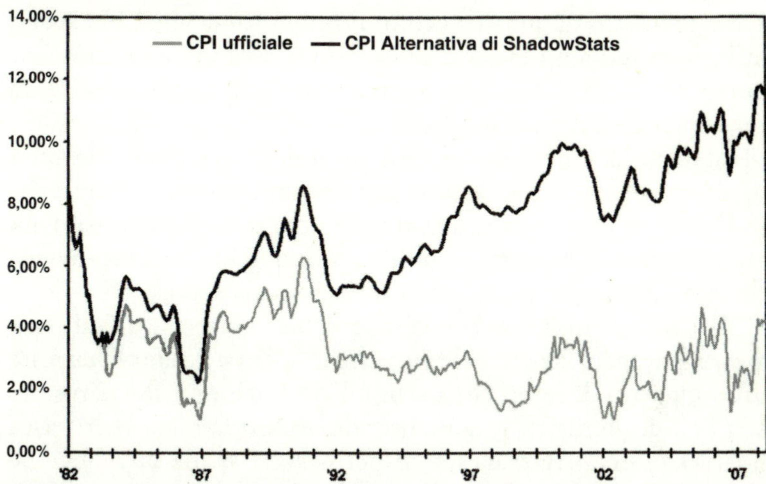

Fonte: ShadowStats.com

consumo rimane lo stesso; è la quantità di valuta necessaria per acquistare il bene che aumenta.

La Federal Reserve ha modi diversi per misurare la riserva di valuta. Quello più ampio, ovvero quello che conta il maggior numero di dollari, viene chiamato M3, e la Federal Reserve ha reso noto l'M3 ogni mese a partire dal gennaio 1959. Ma il 23 marzo 2006, la Fed ha deciso di nasconderci l'M3 e ha smesso di pubblicare i dati. Perché? Pensi che potrebbe essere dovuto al fatto che intende gonfiare in misura significativa la riserva di valuta?

Quando questo libro giungerà sugli scaffali, la riserva di valuta degli Stati Uniti secondo l'M3 sarà approssimativamente di 14 trilioni di dollari. Orbene, tieniti forte perché questo dato farà male: dal 2000 la Fed ha aumentato la riserva di valuta di un enorme 112%! In tal modo, qualunque investimento che abbia reso meno del 112% in questo periodo di tempo è *underwater*, "sott'acqua" (al di sotto del valore che aveva quando è stato effettuato). Questo significa che il Dow dovrebbe essere oltre i 25.000 punti, non a 14.000 punti, per avere lo stesso valore che aveva all'inizio di questo secolo. E ora si stima che l'M3 si stia inflazionando a un tasso di circa il 18% all'anno e stia aumentando. Prevedo che i prezzi potrebbero comportarsi allo stesso modo nel giro di un paio d'anni.

Osserva che nel grafico 15 il tasso della creazione di valuta oggi ha già superato il tasso della creazione di valuta che ha dato l'avvio al grande mercato al rialzo dei metalli preziosi degli anni Settanta. Questo è solo l'inizio di quello che a mio avviso risulterà il più grande mercato al rialzo nella storia.

Il fine di tutto questo discorso sulla riserva di valuta è aprirti gli occhi dinanzi al fatto che il dollaro è semplicemente uno schermo di fumo che oscura il vero valore e che permette alla Fed di derubarti legalmente infilandoti le mani nella tasca posteriore mentre ti dà un colpetto sulla spalla e ti dice che sistemerà tutto.

Ecco ora un grafico sorprendente (grafico 16). Mostra l'inflazione cumulativa negli Stati Uniti dal 1774 al 2007. Nota che all'epoca in cui usavamo il denaro reale l'inflazione netta equivaleva a zero. Come puoi vedere, con la nascita della Federal Reserve il tasso di inflazione ufficiale è divenuto notevolmente più basso rispetto al tasso di inflazione reale. Il punto in cui le due linee divergono è il momento in cui hanno iniziato a modificare l'Indice dei Prezzi al Consumo. La linea in fondo è la Curva dei Prezzi al Consumo manipolata e non veritiera. La linea scura in cima, che ha la traiettoria di un raggio diretto verso la luna, è l'Indice dei Prezzi al Consumo reale.

L'imposta nascosta e il crollo invisibile

Fondamentalmente ci sono due tipi di imposta, il tipo che le masse possono vedere e il tipo che non possono vedere. L'imposta da inflazione fa parte del secondo tipo. Ogni volta che un politico ti promette più cose gratis rispetto al tizio contro cui sta correndo, ogni volta che le masse pensano di ricevere

Grafico 15. Crescita dell'M3 con la continuazione di ShadowStats. com

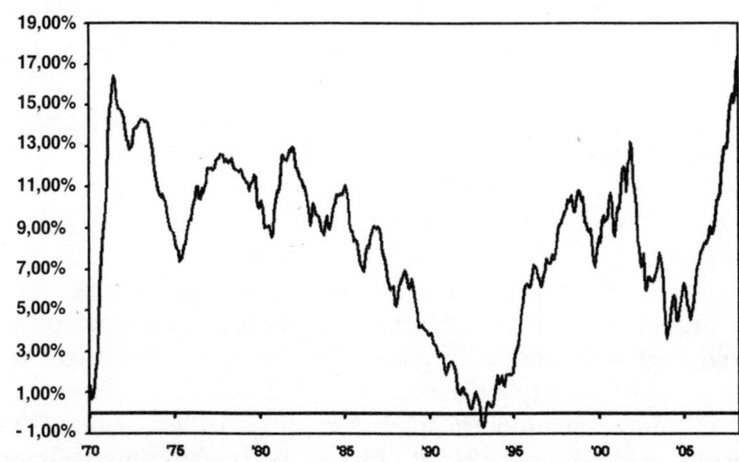

Fonte: ShadowStats.com

Grafico 16. Inflazione 1774-2007

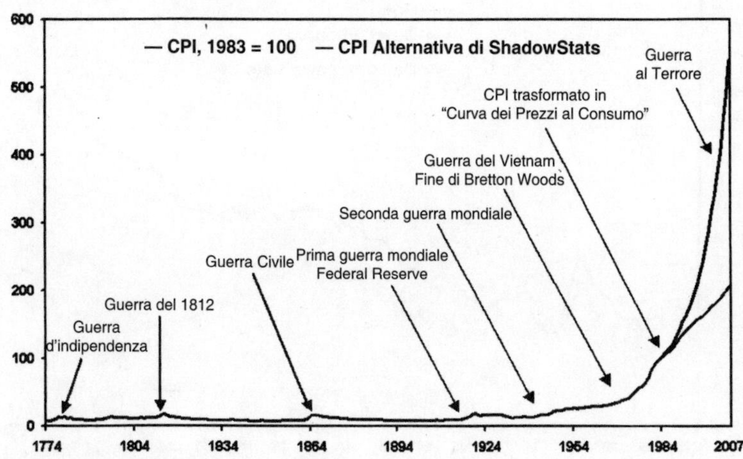

Fonte: Robert Sahr, ShadowStats.com

qualcosa in cambio di niente, ogni volta che il nostro governo si dedica alla spesa in disavanzo, ogni volta che prendiamo in prestito la prosperità di domani per spendere oggi, tutto questo torna ad assillarci sotto forma di un'imposta da inflazione che in modo insidioso e invisibile confisca la nostra ricchezza. Il più grande vantaggio che un investitore possa avere è comprendere questo fatto e sfruttarlo.

Giusto per far capire il concetto, ecco un grafico (grafico 17) del Dow (linea nera) a partire dall'anno 1914, quando la Fed ha aperto i battenti: esso mostra il crollo del 1929 e la spettacolare tendenza al rialzo dal 1932 fino a oggi. "Ma aspetta un istante", potresti chiedere, "che cosa ci fa quell'altra linea?" Quella, amico, rappresenta il valore del Dow adeguato in base all'inflazione usando la Curva dei Prezzi al Consumo (linea grigio scuro) e l'Indice dei Prezzi al Consumo (CPI) originario ri-creato (linea grigio chiaro).

Nota che quando consideri l'imposta dell'inflazione, "invisibile ai radar", nel 1966 il Dow ha iniziato un lungo e lento

Grafico 17. Dow rispetto a Dow adeguato a inflazione

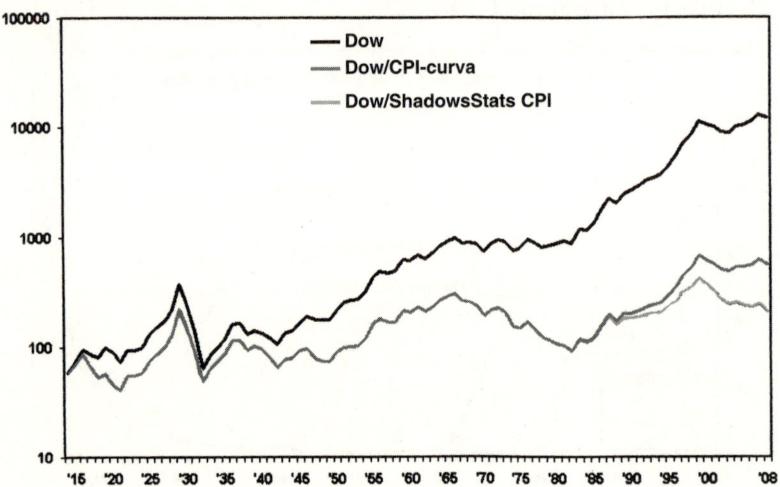

Fonte: Minneapolis Federal Reserve Bank

crollo che avrebbe portato alla sua perdita di valore nei successivi sedici anni. È probabile che tu non abbia mai sentito parlare del crollo del 1966, ma ti assicuro che si è verificato e ha dato luogo alla fortissima inflazione da prezzi degli anni Settanta che ha corroso i profitti degli investitori. Gli economisti lo definiscono il "Crollo Invisibile" perché gli investitori non hanno mai saputo che cosa li abbia colpiti.

Il Dow non è stato in grado di superare in modo sostenibile i 1.000 punti dal 1966 al 1982. Se tu avessi investito 100.000 dollari nel Dow nel 1966, nel 1982 i tuoi 100.000 dollari sarebbero stati ancora dollari 100.000, ma a causa dell'inflazione ti avrebbero permesso di comprare solo 34.000 dollari di beni e servizi in base alla misurazione dell'Indice dei Prezzi al Consumo del 1966. Ciò rappresenta una perdita di valore del 66%. Questo è il modo in cui l'imposta da inflazione può causare un crollo invisibile.

Molti fra coloro che investirono nel Dow fra il 1966 e il 1982 pensarono di prendere una decisione sicura e prudente riguardo ai loro investimenti. Avevano creduto alla pubblicità sensazionale dei "cervelloni", secondo la quale gli investimenti in azioni producono buoni risultati nel corso di lunghi periodi di tempo. Nel frattempo la loro valuta stava perdendo il suo valore a un tasso medio del 6,52% all'anno (una perdita del 66% distribuita su sedici anni). Come vedremo più avanti nel libro, un investitore intelligente avrebbe riconosciuto gli effetti devastanti che l'inflazione stava producendo sul suo portafoglio e avrebbe trasferito i soldi in investimenti che sfruttavano la debolezza della valuta statunitense. Qualche idea su quali avrebbero potuto essere quegli investimenti? Ti darò un indizio. Sono l'argomento di questo libro.

Senza ombra di dubbio, i mercati dei titoli azionari generici (alias le Borse) stanno crollando e questo crollo ha avuto luogo a partire dall'inizio del 1999 oppure dal 2001, a seconda di come lo misuri. Anche se il *prezzo* del Dow sta aumentando, il suo *valore* sta crollando. Se tutto il resto aumenta di prezzo più velocemente del Dow, allora è chiaro che il Dow sta crollando in termini relativi. In realtà, non riesco a pensare a nessun modo per misurare il Dow che non ne mostri il crollo... tranne, naturalmente, i dollari. Così come c'è stato un crollo invisibile dal 1966 al 1982, c'è un crollo invisibile che sta avvenendo ora, mentre scrivo, e proprio come nel caso dell'ultima volta, l'imposta nascosta dell'inflazione è la causa.

Un crollo invisibile è un prodotto di un sistema basato sulla valuta a corso forzoso e/o su una creazione di credito dilagante. Richiede una riserva di valuta in rapida espansione per occultare il fatto che una classe di attivi sopravvalutata si sta rettificando e sta tornando al valore equo, o meno. Non può accadere in un sistema monetario aureo con pratiche bancarie conservatrici basate su riserve frazionali. Quindi non è accaduto negli Stati Uniti finché Johnson non ha iniziato a imbrogliare il sistema di Bretton Woods per finanziare la guerra del Vietnam, e si è accelerato quando Nixon ha messo fine a Bretton Woods, facendo uscire gli Stati Uniti dal sistema monetario aureo nel 1971. Ma è accaduto molte volte nel corso della storia mondiale, quando un paese abbandona una valuta garantita da un attivo e la sostituisce con una valuta a corso forzoso. Lo abbiamo già visto nei nostri esempi riguardo alla Francia di John Law e all'iperinflazione della Repubblica di Weimar in Germania. Sono solo due dei molti esempi nel corso della storia. Lo schema è sempre lo stesso. Non cambia mai. Quindi, se comprendi lo schema, puoi usarlo a tuo vantaggio.

Valore contro prezzo

Questa discussione suscita domande come: un investitore può prosperare in condizioni simili? Esiste un modo per sconfiggere l'inflazione?

Certamente! In realtà, un investitore intelligente può conseguire risultati superiori in queste condizioni. Come? Perché ogni volta che ti ritrovi in una situazione in cui sei l'investitore informato e le masse non sanno ancora cosa sta succedendo, sei in vantaggio. Una volta che il ciclo è cambiato, e una volta che hai verificato che le condizioni sono mutate, puoi prosperare. Qualsiasi investitore che usi la debita e ragionevole diligenza, che acquisisca una posizione precocemente, che aspetti che le masse si sveglino, e che tenga duro durante il giro, ha una possibilità estremamente buona di guadagnare barcate di denaro.

Domanda: come vedo dunque qual è realmente il valore di qualcosa? Come vedo al di là della bugia del dollaro?

Risposta: devi smettere di misurare il valore con il dollaro. Il dollaro non può dirti qual è il vero valore perché *non può* dire la verità. Prendendo in prestito le parole di Al Franken, il dollaro è un "bugiardo mentitore".

La gente mi chiede sempre: "Quale livello massimo raggiungerà l'oro?" La risposta che si aspettano da me è un prezzo in dollari. Smetti di pensare in questo modo! Non ha importanza qual è il prezzo dell'oro, bensì quante cose comprerà. Se ti dicessi: "L'oro arriverà fino a un milione di dollari all'oncia", i più direbbero: "Fantastico!" e correrebbero a comprare tutto l'oro che potrebbero acquistare. Ma poi se dicessi: "Però una tazza di caffè costerà un miliardo di dollari", allora direbbero: "Vediamo... questo significa che il caffè costa mille once d'oro a tazza. Non è così fantastico". In queste condizioni le persone venderebbero tutto il loro oro mentre vale ancora qualcosa e non aspetterebbero che arrivi a un milione di dollari all'oncia e non valga effettivamente nulla.

Domanda: perché continuo a parlare con insistenza del "valore vero"?

Risposta: perché è l'unico modo per dire se una classe di attivi è sopravvalutata o sottovalutata, e non c'è nulla di più importante per un investitore.

Come misuro dunque il valore vero? Come ho già accennato, il primo passo è smettere di fare affidamento sul dollaro e iniziare a usare cose con un valore intrinseco per misurare altre cose con un valore intrinseco.

Per fare un esempio, ti potrei chiedere: qual è il valore della tua casa? Probabilmente conosci il prezzo, ma qual è il valore?

Ecco come scoprirlo. I più sanno a quale prezzo vengono vendute le altre case nel loro quartiere, quindi fai semplicemente un'ipotesi ragionata circa il prezzo della tua casa. Poi dividi il prezzo della casa per i punti attuali del Dow e saprai quante quote del Dow vale la tua casa. Ora prendi il prezzo della casa e dividilo per il prezzo dell'oro e saprai quante once d'oro vale la tua casa. Poi prendi il prezzo della tua casa e dividilo per il prezzo di un barile di greggio e saprai quanti barili di greggio vale la tua casa.

Queste informazioni potrebbero sembrare senza valore, ma una volta che le analizzi in un sistema di riferimento storico, usando qualcosa oltre la valuta per misurare il tuo valore attuale, scoprirai che nel corso del tempo non aumenta quasi nulla. Sul serio. Misurate in valuta, le cose apparentemente aumentano di valore, ma stanno solo aumentando di prezzo. Misurato in valore, tutto si limita semplicemente a zigzagare orizzontalmente nel corso del tempo. Se riproduci questo fenomeno in un grafico, vedrai che quasi tutto in termini di valore passa dalla sottovalutazione alla sopravvalutazione, alla sottovalutazione e di nuovo a ritroso, ripetutamente. Una volta che impari a riconoscere gli schemi dei cicli del valore, allora le informazioni hanno il massimo valore.

Potresti pensare: *cosa spinge le cose a passare dalla sopravvalutazione alla sottovalutazione?*

Il valore si sposta quando il pubblico si precipita da una classe di attivi a un'altra classe di attivi. In genere il pubblico dà la caccia a qualunque classe di attivi vada più a ruba, o compaia sulla copertina di «Time» e «Newsweek», o sia presentata nei lungometraggi pubblicitari informativi trasmessi in tarda serata come modo migliore per arricchirsi, e sia la classe di attivi su cui si gettano tutti. Quelle sono le classi di attivi che stanno succhiando capitale da altre classi di attivi. E facendo ciò, quella che va a ruba diventa sopravvalutata. Quella che non va a ruba diventa sottovalutata. È così semplice in realtà.

Dalla fine della Seconda guerra mondiale al 1966, gli attivi che sono andati a ruba sono stati i titoli azionari e gli immobili. Dal 1966 al 1980 sono state le materie prime (e l'oro, una volta che non era più la nostra valuta). Dal 1980 al 2000 sono state le azioni e gli immobili. E, in questa svolta del secolo, la classe di attivi più richiesta è divenuta ancora una volta quella costituita dall'oro e dalle materie prime. Gli individui che sono davvero finanziariamente intelligenti sono in grado non solo di riconoscere questi cicli, ma anche di usare le informazioni per trarne vantaggio.

Ora che comprendi il valore vero e la storia del modo in cui l'oro e l'argento si rivalutano nel corso dei secoli, diamo un'occhiata al carburante che propellerà la performance stellare dell'oro e dell'argento nel futuro pronosticabile.

Capitolo 8

La nuvola scura

"Si costruivano nuove case in ogni direzione e un'illusoria prosperità apparve nel paese, e abbagliava talmente gli occhi di tutta la nazione che nessuno riusciva a vedere la nuvola scura all'orizzonte che annunciava la tempesta che si stava avvicinando troppo rapidamente".

CHARLES MACKAY, *EXTRAORDINARY POPULAR DELUSIONS AND THE MADNESS OF CROWDS*, 1841[1]

All'inizio di questo libro abbiamo parlato della futura tempesta economica perfetta. In questo capitolo esamineremo le nuvole scure che si stanno apprestando a confluire in questa tempesta. Che tu ci creda o no, desidererei poter semplicemente saltare questo capitolo. Ci sono molti libri da "fine dei tempi" in circolazione, e volevo far sì che questo libro restasse ottimistico. Ma sarebbe stato irresponsabile da parte mia, perché le tendenze trattate in questo capitolo e in quelli successivi saranno i motori principali del futuro aumento strabiliante del valore vero (potere d'acquisto) dei metalli preziosi.

Devo ammettere che quando ho iniziato per la prima volta a fare ricerche per questo capitolo mi sono spaventato e ho assunto una mentalità "da bunker". Poi ho incontrato Robert Kiyosaki ed egli ha cambiato il mio atteggiamento nel giro di pochi minuti, evidenziando che le crisi più grosse conducono alle più grosse occasioni. Potevo nascondermi nel mio bunker ed emergere dopo la distruzione a venire oppure potevo trarre profitto dalla tempesta imminente. Per questo ho così tanta stima per Robert e per ciò che fa. Anziché usare la sua conoscenza e saggezza per trarne profitto personalmente, crede nella

[1] Vedi nota 1 a p. 31.

necessità di istruire tutti quelli che può istruire. Egli desidera veder cambiare in meglio l'esistenza delle persone grazie al suo messaggio di istruzione e intelligenza finanziaria. E, caspita, questo è un messaggio a cui posso dare il mio sostegno.

Sì, sta arrivando una tempesta

Nei vecchi film talvolta vedi il saggio e anziano agricoltore, con addosso una salopette e una camicia scozzese, forse anche intento a masticare un po' di grano, mentre guarda verso l'orizzonte e osserva: "Pare che stia arrivando una tempesta". Come lo sa? Beh, vive su quella terra e la coltiva da molti anni e ha imparato a riconoscere i segni. Se il nostro agricoltore idealizzato dovesse guardare il nostro orizzonte finanziario oggi, certamente direbbe che sta arrivando una tempesta. Ti potrebbe suggerire di trasferire il bestiame in un luogo più sicuro, chiudere a chiave le porte della stalla e le finestre del fienile. Questa tempesta finanziaria sarà buia e spaventosa, ma ti prometto che, se darai retta agli avvertimenti e trasferirai le tue risorse in aree più sicure, specificamente i metalli preziosi, ci sarà sole e luce per te una volta che la tempesta sarà passata.

Come ho detto vorrei davvero poter saltare questo capitolo, ma in realtà è uno dei più importanti del libro, perché questi problemi futuri sono la piattaforma di lancio dell'astronave dell'oro e dell'argento diretta verso la luna. Questi problemi costituiscono anche la morte potenziale del dollaro. Forse non sono il chiodo finale nella bara, ma certamente sono le tavole e le assi.

I problemi di cui sto parlando sono gli squilibri globali della bilancia commerciale, i deficit di bilancio e la creazione dilagante di valuta, ma soprattutto il "killer" davvero grosso, ovvero il debito totale statunitense e le sue passività fluttuanti.

Una montagna di debito

Il 16 marzo 2007 il Congresso ha approvato un disegno di legge per aumentare il limite del debito pubblico da 8,2 trilioni di dollari a 9 trilioni di dollari. Ma mentre sto scrivendo questo, appena alcuni mesi dopo, il debito ammonta già a 8,98 trilioni di dollari, e il Congresso ha appena approvato il quinto aumento del limite di indebitamento negli ultimi sei mesi, innalzandolo a 9,8 trilioni di dollari. Questo aumento di 850 miliardi di dollari dovrebbe durare qualche altro mese ed è del tutto possibile che il debito pubblico superi i 10 trilioni di dollari entro la fine del 2008. Questo significa che un bambino nato come cittadino statunitense nel 2007 viene al mondo con un debito approssimativo di 30.000 dollari. Ma questo è solo ciò di cui il bebè è debitore a causa della nostra spesa in disavanzo sconsiderata nel passato (indebitamento). E per quanto concerne tutta la spesa in disavanzo sconsiderata promessa alle generazioni future, come la Previdenza Sociale e Medicare?

Passività fluttuanti

Programmi come la Previdenza Sociale e Medicare sono passività fluttuanti. Sono promesse fatte ai nostri cittadini che dovranno essere pagate un giorno in futuro. Fluttuante significa semplicemente che quando il nostro governo ha fatto le promesse, non ha capito (e in certi casi non ha neppure pensato) come le avrebbe pagate in futuro.

L'ex Controllore Generale statunitense David Walker dice che le passività fluttuanti statunitensi sono aumentate da 20 trilioni di dollari nel 2000 a 50 trilioni di dollari nel 2006. Nel 2000 il prodotto interno lordo statunitense, una misura del valore di tutti i beni e servizi prodotti nel paese in un anno (una misura della dimensione dell'economia), è stato di circa 10 trilioni di dollari, e nel 2006 è stato di circa 12,5 trilioni di dollari. Questo significa che le nostre passività fluttuanti sono state il doppio del prodotto interno lordo nel 2000, ma il quadruplo del prodotto interno lordo appena sei anni dopo. Quindi l'economia è cresciuta del 25% nel corso di questo periodo, ma le passività fluttuanti sono cresciute del 150%. Il mostro delle passività fluttuanti sta crescendo sei volte più velocemente dell'economia statunitense.

Ora ammonta a più del 95% dell'intero patrimonio netto dei nuclei familiari degli Stati Uniti e si prevede che superi il patrimonio netto delle famiglie nel giro di pochi anni.

Michael Hodges, un padre e nonno preoccupato, pubblica il "Grandfather Economic Report". Ti invito a esaminare attentamente questo rapporto. È fantastico. Hodges è andato ancora oltre nell'analisi dell'indebitamento e non si è limitato alle passività fluttuanti. Ha considerato invece tutto l'indebitamento dell'amministrazione statale e locale, il debito dei nuclei familiari, l'indebitamento del settore commerciale, più l'indebitamento del settore finanziario, il debito federale statunitense (denominato debito pubblico) e lo ha aggiunto alle passività fluttuanti. Il debito totale statunitense in essere che egli presenta è impressionante.

Quanto è grande il problema secondo Hodges? Ora è un problema da 117 trilioni di dollari e sta crescendo a un tasso quotidiano di gran lunga superiore alla crescita dell'economia statunitense. Si tratta di oltre un milione di dollari per famiglia. Ciò significa che ogni uomo, donna e bambino negli Stati Uniti è debitore di 370.000 dollari... anche un bebè appena nato. "Benvenuto al mondo, figliolo. Ecco il conto!"

117 trilioni di dollari sono una cifra allarmante. Tanto per darti un'idea di quanto è grande, se tu spendessi un dollaro ogni secondo, ventiquattro ore al giorno, trecentosessantacinque giorni all'anno, ti occorrerebbe più di diciotto volte l'intera esistenza dell'uomo moderno per spendere 100 trilioni di dollari. Se tu prendessi sedici banconote da un dollaro, le disponessi sul terreno, a fianco a fianco, e poi continuassi ad ammucchiare più banconote sopra di esse, dopo avere accatastato 100 trilioni di dollari tutti i sedici mucchi raggiungerebbero la luna. E ti resterebbero ancora abbastanza banconote per seppellire Los Angeles. Chi ha bisogno di terremoti quando hai il debito pubblico?

I nostri politici a Washington sono impazziti? Siamo diventati tutti matti? A forza di spendere stiamo finendo in una fossa da cui non riusciremo mai ad arrampicarci fuori? Le risposte sono: sì, sì e SÌ!

Una voce della ragione

Ormai da diversi anni David Walker, che non è stato solo il Controllore Generale statunitense, ma anche il capo del Government Accountability Office (GAO), di fatto l'ispettore e il ragioniere capo della più grande economia del mondo, fa una tournée aggressiva, parlando dei pericoli della bisboccia sconsiderata degli Stati Uniti nella spesa a chiunque sia disposto ad ascoltarlo.

Egli crede che la politica fiscale statunitense sia la più grande minaccia al nostro benessere come nazione. Ecco che cosa ha detto in proposito in *60 Minutes*: "Sosterrei che la minaccia più grave per gli Stati Uniti non è qualcuno che si nasconde in una caverna in Afghanistan o in Pakistan, ma la nostra irresponsabilità fiscale".

Di fatto, Walker era divenuto così disilluso riguardo alla sconsideratezza fiscale del governo federale da dare le dimissioni il 12 marzo 2008.

Walker dice questo a proposito del mostro della passività fluttuante d'America:

> Il problema è che nei prossimi decenni non ci saranno semplicemente abbastanza lavoratori a tempo pieno per promuovere una forte crescita economica o per sostenere i programmi di assistenza di diritto esistenti. Come la maggior parte delle nazioni industrializzate, gli Stati Uniti avranno meno lavoratori a tempo pieno che pagheranno le imposte e contribuiranno ai programmi federali della Previdenza Sociale. Allo stesso tempo, una quantità crescente di pensionati reclamerà le indennità della Previdenza Sociale, di Medicare[2] e Medicaid[3].
>
> Se non riformeremo la Previdenza Sociale, Medicare e Medicaid, alla fine questi programmi escluderanno tutte le altre spese federali. Altrimenti, entro il 2040 il nostro governo potrebbe fare poco più che inviare gli assegni della Previdenza Sociale e pagare gli interessi sul nostro debito pubblico enorme.

I problemi di cui sta parlando sono trattati tutti nel rendiconto annuale consolidato degli Stati Uniti. Chiunque può andare sul sito Web del Government Accountability Office e

---

[2] Assistenza medica gratuita agli anziani (N.d.T.).
[3] Servizio sanitario pubblico per i non abbienti (N.d.T.).

scaricarne una copia su www.gao.gov, o presso il sito Web del Tesoro, www.fms.treas.gov. Ne stampo una copia ogni anno e la tengo sulla scrivania per consultarla.

I grafici seguenti sono tratti direttamente dalla relazione. Ecco Medicare misurato come percentuale del prodotto interno lordo (grafico 18). La linea continua rappresenta la quantità di entrate che il governo si aspetta di percepire per pagarlo e la linea tratteggiata rappresenta il suo costo in base alle previsioni del governo.

Grafico 18. Premio della Parte B e della Parte D di Medicare e Reddito e Spese Statali derivanti da Trasferimenti di denaro della comunità (State Transfer Income and Expenditures) come percentuale del PIL 1970-2081

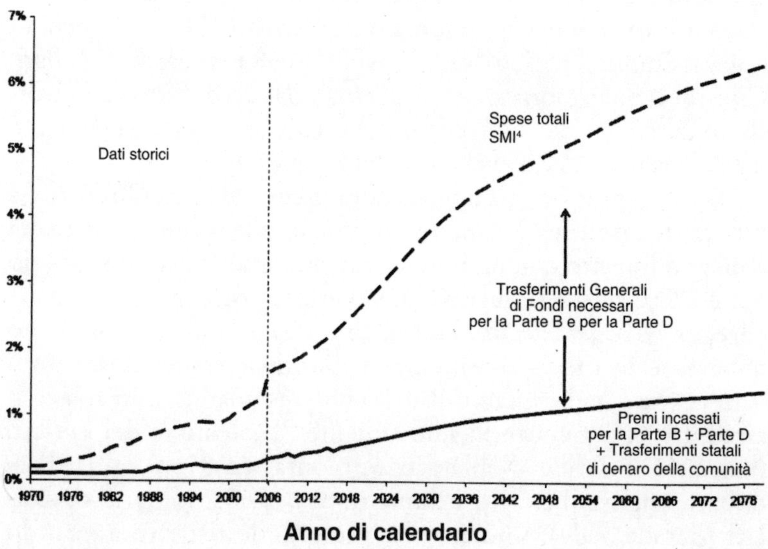

Fonte: Centri per i Servizi Medicare e Medicaid

[4] Supplementary Medical Insurance (N.d.T.).

La grossa impennata nelle spese (linea tratteggiata) è il disegno di legge "di riferimento" del 2006 sui medicinali prescritti da Medicare (*Prescription Drug Bill*) di cui parla spesso David Walker nei suoi discorsi.

Il prossimo grafico (grafico 19) mostra le proiezioni per la proposta dell'amministrazione di George W. Bush per un bilancio in equilibrio entro il 2012 (linea continua), con le proiezioni più realistiche di David Walker. Mi sorprende, tuttavia, il fatto che Walker abbia usato questo grafico come punto di partenza, perché il punto di partenza si basa su numeri irreali in primo luogo.

Nota che il grafico inizia nel 2000 con un surplus. L'idea che ci fosse un surplus alla fine degli anni di Clinton è un'altra bugia. Non c'è stato nessun surplus reale perché il governo federale usa una contabilità basata sugli incassi che dà un qualche adito alla magia monetaria. L'ultimo anno in cui Clinton è stato in carica, il debito pubblico è cresciuto di 68,6 miliardi di dollari, quindi il deficit "reale" è stato di 68,6 miliardi di dollari. Clinton ci ha ingannato, ma non sto parlando di Monica Lewinsky o di quale sia il significato del verbo "è". In verità c'è stato un deficit nel 2000, perché il debito è aumentato.

Tuttavia non ho intenzione di prendermela con Clinton. La mia critica politica è totalmente imparziale. Quindi, in realtà abbiamo iniziato con un budget che non era affatto in pareggio nel 2000. Questo significa che nel grafico della proiezione del pareggio budgetario devi immaginare che le proiezioni siano abbassate in modo da iniziare nella linea zero. Allora puoi vedere che i tagli fiscali di Bush ci hanno mandato in rosso di circa il 9%, provocando nuovamente l'esplosione del deficit. Nel 2005 il deficit dichiarato ammontava a 318,6 miliardi di dollari, eppure il debito è aumentato di 760,2 miliardi di dollari (deficit reale), undici volte più grande rispetto a quando Bush è entrato in carica. Poi, oltre a questo, Bush ha aggiunto il pacchetto di indennità sui medicinali prescritti da Medicare da 8 trilioni di dollari. Con un tratto di penna, il Congresso e George W. Bush hanno aumentato gli obblighi esistenti di Medicare di circa il 40%.

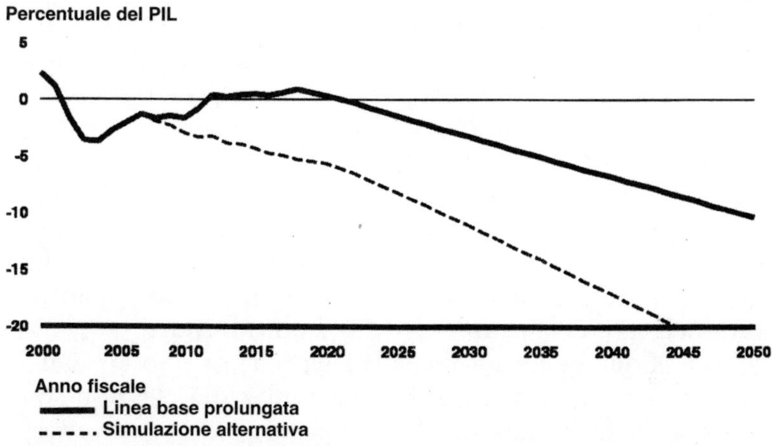

Fonte: St. Louis Federal Reserve Bank

Entrambi i partiti forniscono quantità abbondanti di stupide politiche fiscali. In realtà, questo fantasma contabile è iniziato sotto Ronald Reagan (grafico 20).

Nel 1981 Reagan firmò il taglio fiscale Kemp-Roth, aumentando il deficit di più di due volte e mezzo in appena due anni, da 79 miliardi di dollari a 208 miliardi di dollari. Poi, nel 1982, furono fatte delle proiezioni in cui si mostrava che il Fondo Fiduciario della Previdenza Sociale sarebbe stato insolvente l'anno successivo. (La cosa strana era che il 1982 registrò un surplus di 598 milioni di dollari nella Previdenza Sociale). Quindi fu nominata una commissione per studiare il problema dell'insolvenza, e nel 1983 Ronald Reagan firmò un emendamento per "salvare" la Previdenza Sociale. Poi, nel 1984, le spese della Previdenza Sociale aumentarono lentamente in modo strisciante al loro ritmo normale, mentre le entrate iniziarono ad andare alle stelle.

Ora che il Fondo Fiduciario della Previdenza Sociale aveva attivi "in eccedenza", il Tesoro statunitense iniziò a prendere in prestito gli attivi e a sostituirli con obbligazioni ("pagherò"). Gli attivi presi in prestito furono aggiunti poi al fondo generale e furono spesi. Fondamentalmente, si è attinto da un barattolo di biscotti per riempirne un altro.

Nel giro di alcuni anni ci sono stati da 20 a 30 miliardi di dollari supplementari all'anno che il governo poteva depredare. Quindi i maestri illusionisti federali hanno tagliato la nostra imposta sul reddito, hanno aumentato l'imposta per la Previdenza Sociale, e poi hanno rubato gli attivi per contribuire a compensare il deficit causato dal taglio fiscale. E lo chiamano un fondo *fiduciario*? Ma non preoccuparti; il governo dice che questo debito non conta perché lo dobbiamo a noi stessi. In realtà i governanti sono piuttosto sicuri che questo debito ci manterrà tutti nell'epoca del pensionamento. Buona fortuna!

Oh sì, questa è stata anche la legge che ha reso tassabili le indennità della Previdenza Sociale (indennità che non sono nient'altro che un'imposta che hai pagato e che ti viene resti-

Grafico 20. Attivi del Fondo Fiduciario della Previdenza Sociale

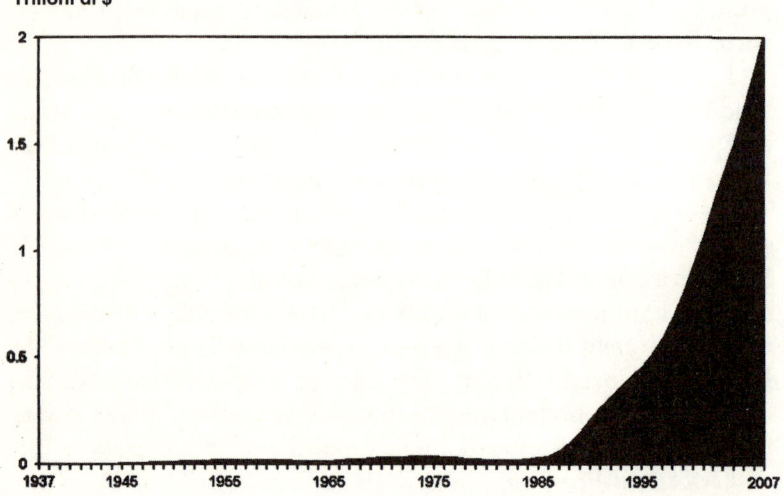

Fonte: Amministrazione della Previdenza Sociale (Social Security Administration)

tuita). Questa, amico mio, è chiamata doppia tassazione, ed è entrata in vigore con la firma di un'icona dei conservatori.

Ma la Previdenza sociale non è l'unico ente federale che è stato saccheggiato. Nel rendiconto annuale statunitense c'è una pagina intitolata "Intragovernmental Debt Holdings" (titoli del debito intergovernativo). Essa inizia così: "Questi titoli del debito intergovernativo sono eliminati nel consolidamento di questi rendiconti annuali". Nel 2006, la somma dovuta a questi enti ammontava a 3,66 trilioni di dollari.

Per scoprire qual è il vero deficit, considera solo il debito pubblico dell'anno corrente e sottrai il debito pubblico dell'anno precedente. Poi aggiungi l'aumento del debito intergovernativo e l'aumento delle passività future che si è opportunamente dimenticato di finanziare ed ecco... il deficit reale. Questo è quello che dovrebbe essere reso noto al pubblico. Purtroppo non è così.

Quando calcolerai il deficit scoprendo effettivamente quanto sprofondiamo nel debito ogni anno, scoprirai che di solito è da due a tre volte più alto rispetto a ciò che riferisce il governo. Quando usi i principi contabili generalmente accettati (Generally Accepted Accounting Principles, GAAP), lo standard che tutte le società per azioni sono tenute a rispettare, i quali includono le passività future, il nostro debito pubblico è circa venti volte più alto rispetto a ciò che ci dice il governo. Usando questa formula, il vero deficit per la fine dell'anno finanziario 2007 si aggira attorno ai 4 trilioni di dollari.

Ascolta i profeti e trai profitti

Robert Kiyosaki sottolinea il fatto che quando la Previdenza Sociale fu creata nel 1935 c'erano 42 lavoratori per ogni pensionato, mentre oggi ce ne sono 3,3 ed entro il 2030 ce ne saranno soltanto 2. Questo è un effetto collaterale dell'invecchiamento della generazione del boom delle nascite. Un altro effetto che esso avrà sulle tue finanze è che la medesima legge che ha creato il Conto Pensionamento Individuale (Individual Retirement Account, IRA) impone anche che il più grosso crollo della Borsa nella storia debba ancora arrivare; difatti, quando i figli del boom – i Baby Boomers – inizieranno ad andare in pensione, dovranno ritirare il denaro dai conti pensionamento individuali: ciò provocherà volumi elevati di vendite di azioni e una domanda insufficiente per le azioni che vengono vendute. Questo produce il fenomeno più fondamentale in campo economico: un'offerta elevata e una domanda scarsa equivalgono a prezzi in diminuzione. Ogni investitore dovrebbe leggere *Rich Dad's Prophecy* di Robert Kiyosaki e Sharon Lechter, perché fornisce una comprensione preziosa riguardo al modo in cui i Baby Boomers prossimi al pensionamento influiranno sul tuo futuro finanziario in misura significativa. Te lo raccomando fortemente; di fatto, se vuoi sopravvivere a ciò che sta per giungere, è imperativo.

Un'altra persona che ha una profonda comprensione dell'argomento è il membro del Congresso Ron Paul. È al suo decimo mandato con la passione per la politica monetaria. Dal 1976 è stato in quasi tutti i comitati bancari e commissioni monetarie.

Ho avuto l'onore di intervistare questo membro del Congresso a lungo (puoi vederlo sul sito GoldSilver.com). Gli ho fatto alcune domande molto difficili sull'economia ed egli ha risposto con un'onestà e una schiettezza sbalorditive. Ecco ciò che ha detto sulle passività fluttuanti degli Stati Uniti:

> Sono così enormi che nessuno può comprenderle del tutto. Si tratta di molti, molti trilioni di dollari. Tutto ciò che sappiamo con certezza è che la situazione non funzionerà e si sfascerà.
> Dico sempre agli anziani: "Riceverete sempre un assegno. Vi manderemo sempre un assegno per la Previdenza Sociale e aumenterà sempre. Ma imbroglieremo sempre riguardo al vero tasso di inflazione... quindi il vostro reddito reale rimarrà fisso o diminuirà. Riceverete sempre un assegno, ma la domanda è: che cosa vi permetterà di acquistare? Se l'elettricità raddoppia e il vostro assegno non raddoppia, ne risentirete".
> Penso che questo paese diventerà molto, molto più povero e che infine i diritti acquisiti dovranno terminare, perché il semplice fatto di stampare il denaro e accumulare il deficit o aspettarsi che gli stranieri continuino a prestarci denaro non durerà. È soltanto un sogno, ed è molto, molto grave.

Caspita! Questo è parlare chiaro.

I negozi cinesi

Molti pensano che gli Stati Uniti stiano prendendo in prestito la maggior parte dei risparmi del mondo per finanziare il deficit. Ben Bernanke, capo della Fed, che vigila sui tassi d'inflazione sempre più alti, nel 2005 ha fatto perfino un discorso intitolato: *"The Global Saving Glut and the U.S. Current Account Deficit"* ("L'eccesso globale di risparmi e il deficit in conto corrente statunitense"). In base a questo discorso sembra che il resto del mondo abbia fin troppi risparmi, così tanti da non sapere cosa farne se non prestarli agli Stati Uniti.

La gente pensa che i dollari in eccedenza che vanno all'estero a causa del deficit della bilancia commerciale statunitense ci vengano prestati di nuovo. Questo non è del tutto vero. In effetti, molti investimenti esteri reali hanno luogo negli Stati Uniti, ma non corrispondono affatto all'ampiezza resa nota. Da dove viene quindi tutta quella valuta supplementare che acquista tutti quei buoni del tesoro statunitensi per finanziare un'ampia parte del deficit? La creano i paesi che sono i principali partner commerciali degli Stati Uniti.

La Cina è l'esempio migliore, quindi inizieremo da qui. Quando qualcuno, negli Stati Uniti, compra qualcosa che è stato fabbricato in Cina, quel venditore ha acquistato quel prodotto da un uomo d'affari cinese e lo ha pagato in dollari statunitensi. L'uomo d'affari cinese deposita poi quei dollari sul suo conto corrente nella banca cinese locale. La banca converte poi i dollari in yuan. Ora la banca locale ha un eccesso di dollari e una scarsità di yuan, quindi vende i dollari extra alla Banca Popolare Cinese (BPC) e compra più yuan.

Finché il commercio fra i due paesi è in equilibrio non c'è nessun problema. Ma quando un paese ha continui deficit della bilancia commerciale e l'altro dei surplus continui, come accade attualmente agli Stati Uniti e alla Cina, sorge un problema.

Nel caso della Cina, poiché c'è più valuta che affluisce in Cina rispetto a quella che ne fuoriesce, la BPC finisce con l'avere un enorme eccesso di dollari statunitensi. Secondo le regole del gioco del commercio internazionale e del cambio valutario, la

Cina dovrebbe vendere quei dollari in eccesso nel mercato del Forex (Foreign Exchange), ovvero dei cambi esteri, e acquistare yuan. Ma questo significherebbe che ci sarebbe un eccesso di dollari e una scarsità di yuan, e ciò farebbe diminuire il dollaro e aumentare lo yuan. Allora le merci cinesi diventerebbero molto costose negli Stati Uniti, rallentando le esportazioni della Cina, e questa è l'ultima cosa che la Cina vuole.

Quindi, per eludere il gioco del commercio internazionale e del cambio valutario, la Cina distorce le regole. La BPC prende i dollari e li neutralizza acquistando un attivo denominato in dollari, il più delle volte qualche genere di strumento di investimento fruttifero, come i buoni del tesoro statunitensi. Questo impedisce allo yuan di aumentare e al dollaro di diminuire. Si parla dunque di "neutralizzare" o "sterilizzare" gli afflussi di valuta eccedentaria. La cosa buffa è che gli Stati Uniti facevano la stessa cosa sterilizzando gli afflussi di oro eccedentari nel corso di tutti gli anni Venti per mantenere artificialmente basso il dollaro e mantenere a un alto livello le esportazioni; ed è stato uno dei fattori principali che hanno contribuito alla Grande Depressione.

Quindi, se la BPC ha usato i dollari in eccedenza per comprare buoni del tesoro statunitensi e non ha comprato lo yuan nel mercato dei cambi esteri per venderlo alla banca locale dell'uomo d'affari, dove si è procurato lo yuan la BPC? Richard Duncan, nel suo ottimo libro *The Dollar Crisis*, lo spiega in questo modo:

Esiste un'idea sbagliata e diffusa secondo la quale gli Stati Uniti facciano affidamento sui risparmi di altri paesi per finanziare il proprio deficit di bilancio. Questo è inesatto. Durante gli ultimi anni, perlomeno, il deficit di bilancio corrente statunitense è stato finanziato principalmente dal denaro creato dalle banche centrali di altri paesi.
Quindi, la questione non è che gli Stati Uniti esauriscono i risparmi di tutto il resto del mondo per finanziare il proprio deficit. La questione è che quel deficit viene finanziato dalle banche centrali dei partner commerciali degli Stati Uniti. E, da parte loro, le banche centrali asiatiche, in particolare, han-

no dimostrato costantemente la loro abilità e disponibilità a creare denaro al fine di finanziare l'attuale deficit di bilancio statunitense.

Come ho detto, gli Stati Uniti sterilizzavano gli afflussi di denaro in eccedenza negli anni Venti, proprio come la Cina sterilizza gli afflussi di valuta in eccedenza oggi, quindi la storia si ripete. È lo stesso gioco, ma con una piccola variazione. Beh, in realtà è una grande variazione. Quando l'Europa pagava gli Stati Uniti in oro, la Federal Reserve sottraeva con frode l'oro mettendolo via anziché espandere la riserva di valuta in misura corrispondente, impedendo in tal modo l'inflazione proporzionata che avrebbe causato, mantenendo basso il prezzo delle merci statunitensi e garantendo una continua eccedenza della bilancia commerciale. Questo era enormemente deflazionistico. Mentre il resto del mondo acquistava merci americane a buon mercato, l'oro scompariva semplicemente nel buco nero della Federal Reserve e la riserva monetaria mondiale si contraeva.

Quando la Cina sterilizza gli afflussi di valuta in eccedenza, però, questo è estremamente inflazionistico. Per ogni dollaro in eccedenza che la Cina neutralizza acquistando buoni del tesoro statunitensi, la BPC deve produrre una quantità proporzionata di yuan dal nulla. Questa è valuta nuova di zecca, denominata comunemente "moneta a elevato potenziale" perché quando raggiunge le banche commerciali viene usata come attivo di riserva per l'attività bancaria con riserve frazionali. Se ricordi il capitolo sulla Federal Reserve, attività bancaria con riserve frazionali significa che quando qualcuno deposita un dollaro in banca, la banca può tenere quel dollaro nella riserva per effettuare pagamenti sui depositi e (con una riserva del 10%) può creare 9 dollari di prestiti. Mi piace chiamarlo "denaro coniglietto" perché si moltiplica come i conigli.

Da oltre due decenni l'inflazione della riserva di valuta della Cina ha gonfiato il suo settore finanziario, quello della Borsa e quello manifatturiero, ma ora è scesa al livello dei consumi. L'inflazione da prezzi sta aumentando molto e i lavoratori si lamentano del costo della vita; questo spinge Pechino a chiedere ai governi locali di aumentare i salari minimi – un costo che le imprese dovranno trasmettere ai consumatori sotto forma di prezzi più alti; ciò indurrà i lavoratori a lamentarsi del costo della vita, e così via. Ma l'aumento dei prezzi causato dall'inflazione della riserva di valuta non è solo un problema locale all'interno della Cina. Ben presto, secondo le previsioni, una delle esportazioni principali della Cina verso il mondo sarà l'inflazione stessa da prezzi.

Di recente ho avuto un colloquio con una candidata per un posto di lavoro che, insieme a suo marito, era proprietaria di un'impresa di importazioni affermata dal 1983, un'azienda che importava le merci principalmente dalla Cina. Ma ultimamente hanno avuto numerosi aumenti di prezzo, e il più recente è arrivato così presto, subito dopo l'ultimo, che non erano stati nemmeno stampati i nuovi cartellini dei prezzi con gli importi indicati in precedenza. A causa dei nuovi prezzi più alti, le loro merci non sono così competitive, quindi ora lei sta cercando un posto di lavoro. Come asserisce Ben Simpfendorfer, stratega della Cina per la Royal Bank of Scotland: "Là dove la Cina ha avuto un influsso deflazionistico negli ultimi dieci anni, avrà un influsso inflazionistico nei prossimi dieci anni".

Questi sono i mercati liberi, che ancora una volta la spuntano su tutte le intromissioni e le correzioni degli squilibri da parte del nostro governo. La Cina ha stabilizzato la sua valuta mantenendola bassa per far restare a buon mercato le esportazioni. Per mantenere una parità bassa ha dovuto creare valuta. La valuta extra sta facendo aumentare il costo della vita. Lo stipendio accresciuto del lavoratore fa aumentare il costo delle merci cinesi, che siano consumate all'interno del paese o esportate. Allora il prezzo accresciuto delle merci cinesi negli Stati Uniti induce i consumatori statunitensi ad acquistarne una minore quantità. E questo processo continuerà finché lo squilibrio commerciale non sarà corretto.

Come conseguenza di tutti i giochi che possono essere fatti all'interno di un sistema valutario a corso forzoso, il deficit totale cumulativo della bilancia commerciale statunitense è cresciuto fino a superare i 7 trilioni da quando il dollaro è uscito

Grafico 21. La bilancia commerciale statunitense

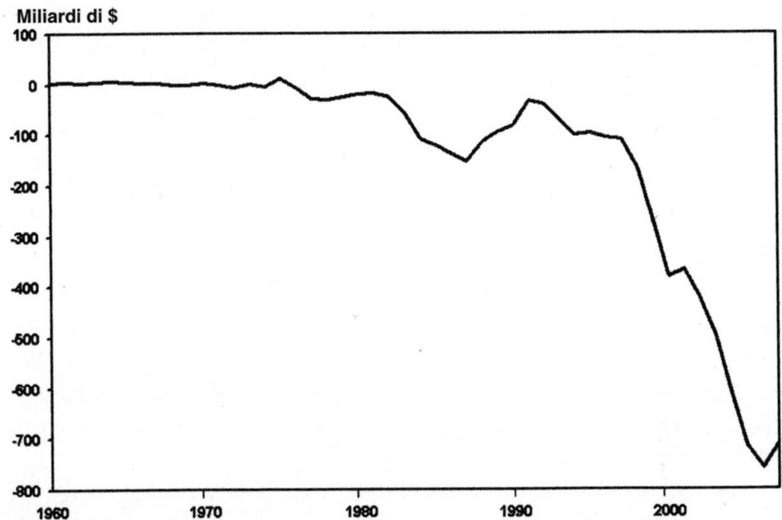

Fonte: U.S. Census Bureau

dal sistema monetario aureo nel 1971 (grafico 21). Questi deficit sono sostenuti dalla valuta a corso forzoso proveniente da altre banche centrali di tutto il mondo. Nel frattempo, queste banche stanno accumulando montagne sempre più grandi di debito statunitense (buoni del tesoro) e stanno puntellando artificialmente il valore del dollaro. Gran parte del nostro debito non può essere rimborsato e se i nostri partner commerciali inizieranno a scaricare buoni del tesoro statunitensi sui mercati mondiali, l'intera bolla del credito imploderà, dando luogo a una depressione mondiale. Più a lungo i governi e le banche centrali cercheranno di ingannare i liberi mercati, maggiore sarà la sofferenza quando si verificherà l'adeguamento. Come i metalli preziosi, i mercati liberi vincono sempre.

La bomba monetaria del Giappone

Un paese può mantenere le esportazioni a un livello elevato e i valori della valuta a un livello basso in un altro modo. Nel 2003 l'economia del Giappone era nel caos e soffriva a causa di una deflazione lunga, lenta e insostenibile da cui non riusciva a uscire dopo il crollo della Borsa del 1989. Tentando di invertire la tendenza economica, il Giappone ha iniziato uno dei più imponenti esperimenti di creazione di valuta dalla Seconda guerra mondiale. Nel novembre del 2002, l'allora governatore della Federal Reserve, Ben Bernanke, le cui ricerche accademiche quando era stato professore di economia a Princeton riguardavano le tribolazioni recessionistiche del Giappone, ha tenuto il suo famigerato discorso sul lancio di denaro dagli elicotteri, se necessario, per impedire una contrazione economica come quella sperimentata dal Giappone.

Nel gennaio del 2003 il Giappone in realtà ha accettato il suo consiglio. Nei quindici mesi successivi i giapponesi hanno creato 35 trilioni di yen, che hanno usato per acquistare 320 miliardi di dollari statunitensi, facendo calare lo yen e aumentare il dollaro, e mantenendo le esportazioni verso gli Stati Uniti artificialmente basse. Poi hanno usato questi yen per comprare buoni del tesoro statunitensi. Questo ha fatto partire a spinta l'economia del Giappone e ha sollevato gli Stati Uniti da una delle più brevi recessioni mai registrate (la recessione del 2001-2003), dando l'avvio alla sua più grande bolla immobiliare della storia. I tassi di interesse statunitensi sono crollati ai livelli minimi storici, il credito era a buon mercato e la gente ha cominciato ad acquistare le case come investimenti in quantità record. Non devo dirti com'è finito tutto questo. È probabile che oggi tu stia ancora avvertendo gli effetti del crollo del mercato immobiliare statunitense e del crack dei titoli garantiti da ipoteca. A conti fatti, la bomba monetaria economica del Giappone è ammontata all'1% del prodotto interno lordo globale.

Ancora una volta, proprio come durante la Prima guerra mondiale, la riserva di valuta del mondo sta esplodendo. E sembra che alcuni paesi stampino valuta tanto per fare qualcosa.

Per esempio, dall'aprile del 2006 all'aprile del 2007, la riserva monetaria M2 della Russia è cresciuta di oltre il 52,7%.

Il "pagherò" internazionale

Un fatto spesso trascurato è che la massa delle riserve valutarie nelle banche centrali del mondo in realtà non è costituita da valuta, bensì da obbligazioni, perlopiù sotto forma di buoni del tesoro statunitensi ("pagherò" statunitensi).

Una volta facevo fatica a cercare di comprendere il sistema monetario mondiale. È probabile che anche tu trovi il sistema un po' misterioso. Per buona sorte un giorno mi è venuta in mente un'analogia che mi ha aiutato a capire.

Immaginati una stanza molto grande. In questa stanza ci sono i capi del Tesoro statunitense, della Federal Reserve, del resto dei ministeri del Tesoro e delle banche centrali del mondo, di tutte le banche commerciali del mondo e un bel gruppetto con la crème della crème di Wall Street. Poi immaginateli mentre compilano freneticamente dei "pagherò" e se li passano l'un l'altro avanti e indietro più rapidamente possibile. Questo è il sistema monetario del mondo.

Ora il fondamento di questo sistema è un'obbligazione emessa dal Tesoro di un paese, dal Ministero delle Finanze, o comunque si chiami in quel paese... per ora lo chiameremo lo Stato. Queste obbligazioni di Stato (o titoli di Stato) sono le obbligazioni di base del sistema monetario mondiale. Le obbligazioni fondamentalmente dicono: "Ti devo ('pagherò') una somma X di valuta, più una somma X di interesse".

Molti organismi acquistano queste obbligazioni di Stato. Ma quando un paese vuole creare un po' di valuta, lo Stato vende un'obbligazione alla propria banca centrale. La banca centrale compila un assegno a fronte di un saldo zero sul suo conto corrente per la quantità di dollari, euro, yen, o qualsiasi cosa lo Stato desideri, e compra l'obbligazione. Ora la valuta ha iniziato a esistere e in seguito può essere usata per rimborsare l'obbligazione. Quindi l'obbligazione è un "pagherò" per la valuta. Ma poiché anche la valuta è un buono di ritiro per rimborsare l'obbligazione quando essa matura, la valuta è un "pagherò" per l'obbligazione. Hai capito? No, nemmeno io. Ecco perché è una cosa folle. Se tu o io facessimo questo, saremmo accusati di truffa.

Ora lo Stato fa circolare la valuta pagando le persone e acquistando le cose. Le persone depositano valuta nelle banche, quindi le banche e altri organismi finiscono con l'avere molta valuta. Quando una persona vuole comprare una casa, va in banca e prende un prestito firmando un mutuo. Anche il mutuo dice: "Ti 'pagherò' una somma X di valuta, più una somma X di interessi". La banca crea una scrittura contabile per la quantità di valuta che hai preso in prestito e allo stesso tempo viene creata una scrittura contabile come debito che tu devi sul tuo scoperto di conto corrente. Nel bilancio annuale della banca, i passivi sono calcolati su base netta a fronte degli attivi, i libri contabili rimangono in pareggio e la banca è contenta. Ma la banca non ti ha prestato alcuna quantità della valuta che aveva a portata di mano. Ha semplicemente creato scritture contabili. Quando hai firmato quel mutuo, la valuta che la banca ti ha prestato ha iniziato a esistere nell'istante in cui la tua penna ha toccato quel documento. La banca ha semplicemente ampliato la riserva di valuta del mondo.

I titoli garantiti da ipoteca e il mostro dei derivati

La banca, poi, prende un mucchio di mutui e li riunisce in un'obbligazione (pagherò) denominata titolo garantito da ipoteca, *mortgage-backed security* (MBS). Probabilmente ne hai sentito parlare al telegiornale di recente. Sono in larga misura responsabili del caos dei mutui ad alto rischio (*subprime*). I titoli garantiti da ipoteca sono strumenti finanziari complicati (quello che mi piace chiamare "magia finanziaria"), creati per limitare il rischio delle istituzioni finanziarie per quanto concerneva il debito. Ma anziché limitare il rischio, hanno diffuso il rischio in tutto il mondo. Ogni volta che una banca ti concede un prestito per una casa, raramente conserva quel prestito, ma lo vende invece a Wall Street, che poi confeziona questo prestito e altri prestiti creando titoli garantiti da ipoteca e li vende a investitori in tutto il mondo. Ora, i pignoramenti a Las Vegas, nel Nevada, possono causare la bancarotta di una città in Norvegia.

Il nostro caos attuale deriva dal fatto che la Federal Reserve ha mantenuto i tassi di interesse così bassi, per così tanto tempo, da causare un'immensa ondata di creazione di valuta e di credito, che ha svalutato il dollaro e ha fatto aumentare i prezzi delle case a livelli record. Con un credito così a buon mercato, e una valuta così abbondante, ben presto le banche hanno prestato denaro a qualunque barbone che abbia abbandonato la strada, purché si pettinasse i capelli. Poi le banche hanno venduto quei mutui a Wall Street, e quei geni hanno confezionato i prestiti, sia quelli ordinari sia quelli ad alto rischio, sotto forma di MBS (*mortgage-backed securities*) e li hanno svenduti agli investitori.

Poiché le banche sono state sconsiderate riguardo ai criteri per la concessione di credito, hanno erogato mutui per case che le persone non potevano permettersi. Sentendosi improvvisamente ricche, queste persone hanno tirato fuori soldi dalle case come se fossero casse continue di prelievo e li hanno spesi, spesso per articoli che si deprezzavano come televisori o automobili. Poi è accaduto qualcosa di totalmente inaspettato (perlomeno per coloro che erano intontiti dal denaro a buon mercato). Gli adeguamenti dei tassi previsti che erano specificati chiaramente sui documenti del prestito sono giunti a scadenza e improvvisamente la gente non è riuscita a effettuare i pagamenti. Sai che cosa accadde poi. Un'ondata di pignoramenti a livelli record ha causato il fallimento dei titoli garantiti da ipoteca. La gente ha perso molto denaro e il governo ha cercato di soccorrerla. Nel frattempo, le istituzioni finanziarie sono state prese dal panico e il credito si è prosciugato.

I titoli garantiti da ipoteca fanno parte di quello che io chiamo il mostro dei prodotti finanziari derivati. I derivati sono strumenti finanziari il cui prezzo e il cui valore sono derivati dal valore degli attivi che stanno alla base di essi, come gli immobili stanno alla base dei titoli garantiti da ipoteca.

I derivati *possono* essere la minaccia più grande per il sistema finanziario del mondo. E sono certamente una delle nuvole scure nella tempesta che sta arrivando. Dico *possono* perché i problemi e i rischi potenziali sono così ben nascosti che non abbiamo idea della quantità di caos che potrebbero provocare. La stragrande maggioranza di essi è creata in modo non ufficiale, attraverso accordi privati, anziché essere negoziata attraverso una Borsa valori. Questo significa che non sono sottoposti alla standardizzazione e alla regolamentazione di un organismo ufficiale come la Commissione di vigilanza sulla Borsa (Securities and Exchange Commission, SEC). I prodotti derivati formano il più grosso mercato finanziario del mondo. Ora superano la metà di un quadrilione di dollari e costituiscono circa il decuplo del prodotto interno lordo globale.

Il daisy chaining[5]

Molti derivati hanno una data di scadenza; quindi, prima che un derivato scada, un nuovo contratto derivato sarà aggiunto ad esso, coinvolgendo nuove parti. Questo processo è denominato *daisy chaining.*

Alla fine qualcuno in un contratto potrebbe pensare che un cambiamento di circostanze ha messo a rischio la sua scommessa in misura più cospicua, quindi farà un'altra scommessa in direzione opposta per limitare il rischio. Il problema più grosso è che nessuno sa chi potrebbe esserci alla fine di una catena di derivati. Potrebbe essere una società fallita a Panama che non è in grado di effettuare il rimborso. Se è così, allora si verifica un effetto domino, in cui ogni parte non è in grado di pagare quella successiva.

Qualcosa di simile a questo accadde quasi nel 1998 quando un fondo di copertura a elevato leveraggio chiamato Long Term Capital Management (LTCM) ebbe un colpo di sfortuna. Dal suo inizio, l'LTCM era stato qualcosa di peculiare. Il suo consi-

---

[5] Gruppo di compratori che converge su un titolo al fine di farne aumentare artificialmente il corso (N.d.T.).

glio di amministrazione era formato dalle più stimate e giovani promesse di Wall Street e dai due economisti che hanno condiviso il premio Nobel per l'economia per avere sviluppato le formule matematiche destinate a calcolare il rischio/prezzo di operazioni a premio e minimizzare i rischi negli investimenti.

Come ho detto, l'LTCM aveva un elevato leveraggio, con solo 4 miliardi di dollari di attivi, ma oltre 1,25 *trilioni* di dollari di scommesse su prodotti derivati (equivalenti al bilancio statunitense annuale all'epoca). Nell'estate del 1998, una serie di insolite circostanze geopolitiche fece fallire la formula dell'LTCM vincitrice del premio Nobel. Nel 1997, la Tailandia ebbe una crisi valutaria quando i mercati liberi travolsero la parità del governo rispetto al dollaro, provocando un'enorme svalutazione del Thai baht, che poi causò il crollo della Borsa del paese. Il conseguente tsunami di crisi economica, detta Contagio Asiatico, fece virtualmente crollare ogni economia e Borsa nell'Asia sudorientale (a eccezione del Giappone), facendo terminare quello che era detto il miracolo asiatico. Poi, nel 1998, la Russia perse il controllo della sua parità del cambio valutario, il rublo crollò e la Russia fu inadempiente rispetto ai suoi prestiti internazionali. Tutto questo subbuglio economico fece andare male le scommesse dell'LTCM e i suoi attivi si contrassero da 4 miliardi di dollari ad appena 600 milioni di dollari a fronte di 1,25 milioni di dollari di scommesse. Quando la minaccia dell'insolvenza fu distintamente chiara, l'effetto domino di cui ho parlato in precedenza divenne una possibilità reale. La Federal Reserve Bank di New York organizzò un salvataggio mettendo insieme un consorzio di importanti banche di investimento e di banche commerciali per acquistare il fondo e sbrogliare le sue scommesse.

La maggior parte del pubblico non ha mai saputo che il sistema finanziario del mondo stesse quasi per bloccarsi. La questione non è *se* qualcosa di questo genere può accadere di nuovo. Piuttosto, la questione è *quando* può accadere. E la prossima volta potrebbe non esserci un salvataggio. Warren Buffett, l'investitore di maggior successo del mondo, riassume in modo preciso i pericoli dei prodotti derivati: "Il genio dei derivati ora è fuori della lampada, e questi strumenti quasi certamente si moltiplicheranno per varietà e numero finché un qualche evento non renda chiara la loro tossicità. Le banche centrali e i governi finora non hanno trovato alcun modo efficace per controllare, o anche monitorare, i rischi costituiti da questi contratti. A mio avviso, i derivati sono armi finanziarie di distruzione di massa che portano pericoli potenzialmente letali, sebbene ora siano latenti".

Il fallimento del Long Term Capital Management è stato considerato troppo pericoloso per l'economia mondiale e quindi è stato effettuato un salvataggio. Ora la Federal Reserve e il resto delle banche centrali del mondo stanno salvando il settore dei mutui ad alto rischio.

Ecco un esempio. È iniziato nell'estate del 2007 quando i problemi del settore dei mutui *subprime* non potevano più essere nascosti dal sistema bancario, e la crisi infine è stata oggetto di attenzione da parte dei mass media. Ad agosto la Federal Reserve ha tagliato i tassi dello 0,5% e la Banca Centrale Europea ha iniziato a iniettare liquidità (valuta sotto forma di prestiti a buon mercato alle banche). Più tardi, quel mese, ci sono stati alcuni piccoli assalti dettati dal panico alle filiali della Countryside Bank of California, la banca che ha emesso la maggior parte dei mutui *subprime*, in quanto i depositanti hanno richiesto la loro valuta. A settembre, la Fed ha tagliato nuovamente i tassi dello 0,5%. Poi, a ottobre, ci sono stati assalti agli sportelli in tutta l'Inghilterra, quando si è saputo che la Northern Rock, l'ottava banca più grande d'Inghilterra, era in una stretta creditizia a causa della crisi dei titoli garantiti da ipoteca e ha dovuto prendere in prestito denaro dalla Banca d'Inghilterra (la banca centrale dell'Inghilterra). Come ha riferito «USA Today»: "Il segno più visibile dei tremolii economici sono state le file da tempi della Depressione che si sono formate fuori dalle filiali della Northern Rock venerdì mattina dopo che la Northern Rock era andata alla Banca d'Inghilterra a chiedere un prestito d'emergenza per far fronte ai suoi obblighi". Il salvataggio da 80 miliardi di dollari costerà ai contribuenti britannici circa 1.500 dollari a persona.

Quello stesso mese la Fed ha tagliato i tassi dello 0,25% e di un altro 0,25% a dicembre, e la Fed, la Banca Centrale Europea, la Banca d'Inghilterra e altre banche centrali hanno creato altri 40 miliardi di dollari di credito a buon mercato, ma non sono stati sufficienti per fermare il crack. Quindi, il 19 dicembre 2007, la Banca Centrale Europea ha iniettato altri 350 miliardi di euro nell'economia, l'equivalente di mezzo trilione di dollari statunitensi. A gennaio la Federal Reserve ha tagliato i tassi dello 0,75% il 22, e dello 0,5% il 30. Ancora una volta, la riserva globale di valuta sta esplodendo.

Poi il 5 marzo, il Carlyle Capital Fund ha avuto un piccolo problema quando ha scoperto che alcuni titoli garantiti da ipoteca che esso aveva comprato da Fannie Mae e Freddie Mac erano quasi privi di valore. Questo è stato il piccolo problema; il grosso problema è stato che, come nel caso dell'LTCM, questa scommessa era a elevato leveraggio, in quanto 31 dollari su ogni 32 dollari che Carlyle aveva scommesso erano stati presi in prestito.

Ora i problemi iniziavano davvero ad addensarsi. Una buona parte di quella valuta presa in prestito proveniva da Bear Stearns, che per combinazione era uno dei partecipanti principali della creazione e della vendita dei titoli garantiti da ipoteca e stava già subendo enormi perdite sui MBS che possedeva. Mercoledì 12 marzo 2008, Carlyle ha annunciato di non poter pagare i prestiti sulle sue scommesse e che i suoi creditori si sarebbero impadroniti di tutti gli attivi rimanenti.

Bear Sterns, essendo un creditore importante, non aveva bisogno di una maggiore quantità di titoli garantiti da ipoteca, e quando si è sparsa la voce la società è crollata. Venerdì 14 marzo, secondo «USA Today», "Bear Stearns è stata paralizzata quando hanno iniziato a girare le voci del mercato circa la dimensione della sua esposizione ai titoli legati a ipoteche, e quando la gente ha cominciato a chiedersi se aveva ampie riserve per coprire le perdite potenziali. Ciò ha indotto clienti e investitori a chiedere indietro il proprio denaro, provocando un assalto alla banca". La Fed ha effettuato un taglio d'emergenza del tasso pari allo 0,25% domenica 16 marzo e un altro taglio dello 0,75% il 18 marzo. Infine, la Federal Reserve ha organizzato un matrimonio in cui J.P. Morgan Chase, che attraverso incorporazioni e acquisizioni probabilmente è il più grosso azionista della Federal Reserve, acquisirà il controllo di Bear Stearns con un 95% di sconto sul prezzo rispetto all'anno prima.

Ma la storia diventa ancora migliore! La Fed comprerà il peggio degli MBS di Bear Stearns prima che subentri la Morgan. E questo costerà ai contribuenti statunitensi altri 30 miliardi di dollari.

Bear Stearns è soltanto l'inizio. Salvataggi come questi diventeranno più grossi e più frequenti, provocando in tal modo l'espansione della riserva di valuta, e diminuendo pertanto il valore del tuo sudato contante.

Il gioco della valuta

Mi dispiace dirlo, ma il sistema della valuta è a nostro sfavore. L'americano medio che lavora sodo e risparmia il contante in banca, è il più grosso perdente in questo sistema. I più grossi vincitori sono i settori finanziari che creano la nuova valuta. Essi si arricchiscono mentre noi ci impoveriamo.

Il motivo per cui il settore finanziario è così ricco è semplice. Ogni volta che qualcuno falsifica la valuta (illegalmente, oppure legalmente nel caso del sistema bancario), il valore viene effettivamente preso dalla valuta esistente e trasferito alla valuta appena creata. Quando viene creata nuova valuta, il suo massimo potere d'acquisto è conferito a chi l'ha creata perché non gli è costato niente produrre la valuta. Inoltre, quando questo creatore dà in prestito la nuova valuta, richiede la restituzione della valuta più gli interessi. Quindi il creatore della valuta produce la valuta in cambio di nulla sottraendo il valore alla tua valuta, dà in prestito quella valuta ad altri e chiede che gli venga restituita una quantità ancora maggiore di valuta.

Il beneficiario del credito riceve il secondo valore più alto dalle unità di valuta, perché la valuta non è ancora fuori in circolazione finché egli non compra qualcosa con essa. Una volta che egli acquista qualcosa, tuttavia, la valuta entra in circolazione e svaluta la riserva di valuta esistente, il che, come probabilmente hai già indovinato, fa aumentare i prezzi di cose come il latte e la benzina. Ora è più costoso per te acquistare questi articoli. Colui che prende in prestito la valuta appena creata ricava più vantaggi di te da quella valuta proprio perché non deve pagare il prezzo, per così dire. Egli acquista i suoi beni con il denaro preso in prestito prima che la nuova valuta produca il suo effetto sulla riserva di valuta. Quindi il concetto è questo: si prende in prestito oggi e si rimborsa domani con dollari più economici.

Gli investitori esperti usano questo sistema con grandi vantaggi. E che si tratti di usare il margine in Borsa, o di investire negli immobili, il potere della creazione di valuta concede un trasferimento di ricchezza fantastico a coloro che usano la sua leva in modo saggio. Tuttavia, i beneficiari del credito che finanziano semplicemente la casa o l'auto, e specialmente coloro che usano un rifinanziamento cash-out, si impoveriscono semplicemente trasferendo la loro ricchezza da se stessi alla banca.

La creazione di valuta è anche uno dei modi in cui una classe di attivi può passare dalla sottovalutazione alla sopravvalutazione. Quando la valuta creata da poco entra in un particolare settore di attivi, per esempio gli immobili, spinge quel settore di attivi a gonfiarsi. Le persone vedono l'ondata di ricchezza che si forma e ci saltano sopra, di solito sulla cresta dell'onda, proprio prima che crolli. Nel corso di questo processo, quantità enormi di ricchezza vengono spostate da altre categorie di attivi alla categoria di attivi che sta dando luogo alla bolla. Le classi di attivi in cui il denaro viene ritirato diventano sottovalutate, e gli investitori avveduti allora iniziano a trasferire il denaro dalla classe di attivi gonfiata alle categorie di attivi sottovalutate.

Il sistema è morale? No. Ma è il sistema all'interno del quale viviamo e conferisce un grande potere a coloro che lo capiscono e che riescono a manipolarlo. L'intero sistema è ideato per trasferire la ricchezza da coloro che non capiscono il sistema a coloro che lo capiscono. Come dice il membro del congresso Ron Paul, l'espansione creditizia e il sistema attuale della valuta a corso forzoso sono semplicemente "un'imposta sui poveri e sul ceto medio".

La convergenza

In questo capitolo abbiamo trattato brevemente il deficit di bilancio, le passività fluttuanti, gli squilibri della bilancia commerciale, l'attività bancaria con riserve frazionali e la conseguente esplosione della riserva di valuta globale, il mostro dei derivati che incombe su di noi come la Stella della Morte in *Guerre stellari*, e il nostro sistema finanziario basato sulla fiducia. Tutti questi elementi formano le nuvole economiche scure che incombono sul nostro orizzonte oggi e convergeranno per dare luogo alla tempesta economica perfetta domani.

Ciò che abbiamo esaminato in questo capitolo gratta solo la superficie. I problemi e gli squilibri che il sistema finanziario globale sta affrontando potrebbero riempire volumi. E tutto questo sta accadendo in un periodo in cui il terrorismo minaccia il mondo, la politica estera statunitense sembra incontrare lo sfavore dell'opinione pubblica del resto del mondo, le riserve petrolifere stanno diminuendo, mentre metà della popolazione del mondo sta cercando lo stesso livello di prosperità (e uso dell'energia) del mondo occidentale, il riscaldamento globale è alle porte e il governo statunitense e la maggior parte della popolazione degli Stati Uniti hanno esaurito metaforicamente le proprie carte di credito e ora pensano di andare in pensione e di vivere alle spalle gli uni degli altri.

In tempi incerti, gli investitori in tutto il mondo si precipitano a procurarsi la sicurezza percepita dei titoli di Stato. Credo che, questa volta, saranno fatti a pezzi. Quando, e non "se", l'affidabilità creditizia del governo statunitense sarà declassata, le loro obbligazioni, proprio come i titoli garantiti da ipoteca, saranno vendute con sconti enormi, e qualunque investitore che le possiederà subirà delle perdite, proprio com'è avvenuto negli anni Settanta e negli anni Ottanta quando i titoli di Stato furono soprannominati "certificati di confisca di ricchezza". Come dimentichiamo rapidamente.

Ti ricordi il nostro vecchio e saggio agricoltore di cui abbiamo parlato prima? Quando sa che sta arrivando una tempesta, porta le mucche in un luogo sicuro e si prepara al peggio.

Dobbiamo fare la stessa cosa a livello finanziario. Mentre la tempesta prossima avrà ripercussioni terribili su coloro che non sono intelligenti finanziariamente, è una notizia fantastica per gli investitori in metalli preziosi. Ora, non sto dicendo che dovremmo restare a guardare e incitare i nostri politici mentre sprecano i dollari delle nostre imposte e fanno promesse che verosimilmente non possono mantenere. Ma sembra che Washington si rifiuti di imparare dalla storia e sia intenzionata a seguire la sua strada suicida fino alla fine.

Sto cercando di fare quello che posso per fermarli. Alzo la voce per protestare. Scrivo al mio membro del Congresso. E ho scritto questo libro. Ma se non riuscirò a fermarli, mi accerterò non solo di avere protetto me stesso dalla stupidità dei politici, ma anche di averla volta a mio profitto. Perché ogni dollaro sprecato e ogni nuovo dollaro stampato espande la riserva globale di ogni tipo di moneta eccetto due. L'oro e l'argento sono le uniche monete che essi non possono stampare.

La storia si ripete sempre. Quando una civiltà svilisce la sua riserva di valuta, tutta quella valuta ancora una volta darà la caccia a quello stesso mucchietto minuscolo di metallo, e l'oro e l'argento si rivaluteranno misurati in quelle valute. Questo accadrà agli Stati Uniti, così com'è accaduto a ogni impero nella storia. Coloro che si rendono conto di questo orientamento si arricchiranno al di là di ogni immaginazione.

Capitolo 9

La tempesta economica perfetta

Nell'ultimo capitolo ho parlato della prossima tempesta economica. Credo che sia la tempesta perfetta e che non possiamo fare niente per fermarla. Si stanno creando eventi che, una volta giunti a una piena convergenza, daranno luogo a una distruzione economica rapida e devastante. Gli effetti potrebbero non essere spaventosamente sconvolgenti come la distruzione della natura, ma nondimeno la distruzione sarà reale. E se pensi che lo Stato ti aiuterà, ti sbagli notevolmente.

Il nostro sistema politico è strutturato in modo da punire chiunque pensi a qualunque cosa che vada oltre un periodo di quattro anni nel futuro, o che faccia piani in questo senso. Attualmente un politico può essere eletto unicamente promettendo più cose gratis del politico contro il quale sta correndo. Ma a quanto pare il pubblico non si rende conto che le cose gratis in realtà non sono gratis.

Per un politico sarebbe un suicidio politico perfino suggerire che dovremmo fare dei tagli in qualunque area del budget. Se suggerisci di tagliare il budget militare, la destra ti dirà che sei "non americano" e che hai i terroristi sotto il letto. Se suggerisci di tagliare la Previdenza Sociale, l'AARP (American Association of Retired Persons, ovvero l'associazione americana di persone in pensione) mobiliterà il suo tsunami di votanti contro di te. E se suggerisci di tagliare Medicare e Medicaid, l'intera popolazione insorgerà contro di te gridando: "Ma l'assistenza sanitaria è la questione più importante del nostro tempo".

Il problema è che ogni questione è la questione più importante del nostro tempo. Per questo le scelte difficili che devono essere fatte per puntellare la nostra economia non saranno fatte.

A questo devi aggiungere il fatto che fondamentalmente siamo diventati una società socialista che vive nell'illusione che siamo ancora capitalisti del libero mercato. Ci dimentichiamo che noi siamo lo Stato. Lo Stato non è una qualche entità caritatevole e distinta con tasche illimitate e profonde. Ogni volta che sorge un problema, la maggioranza dice sempre la medesima cosa: "Lo Stato dovrebbe fare qualcosa in proposito". Sembra che tutti pensino che il nostro governo dovrebbe essere la rete di sicurezza di tutti. Quando dei fondi di copertura importanti si finanziano eccessivamente con denaro preso in prestito, pensano che lo Stato dovrebbe soccorrerli; e quando i proprietari di case ipotecano troppo le loro case, pensano che lo Stato dovrebbe salvarli dal pignoramento. A quanto pare non capiamo che, ogniqualvolta il governo "fa qualcosa in proposito", lo fa con metà efficienza e con un costo doppio rispetto al settore privato. Poi consegna il conto al pubblico o attraverso la tassazione diretta, o attraverso la tassazione da inflazione. Questo significa che, alla fine, paghiamo tutti.

Uno dei più grossi problemi è che ingaggiamo (cioè votiamo) le persone sbagliate per decidere come deve essere spesa la nostra valuta. Mi azzarderei a dire che il 99% dei funzionari che mandiamo a Washington, e che sono incaricati di ridistribuire la nostra ricchezza e quindi hanno il compito di gestire l'economia, non sanno nulla di economia. E se conoscono l'economia, in realtà non se ne preoccupano perché il loro mandato dura solo due, quattro o sei anni.

Credo che abbiamo oltrepassato il punto di non ritorno e che tutto ciò che possiamo fare ora è comunicare via radio le condizioni mentre peggiorano e prepararci al peggio. George W. Bush quando era capitano della nave ha deciso di farci navigare verso i tagli fiscali, le indennità per i medicinali prescritti da Medicare e la guerra in Irak. Ma a differenza del capitano del *Titanic*, lui non affonderà con la nave. Noi sì.

È in arrivo un diluvio fiscale di proporzioni bibliche. Puoi pensare che la nostra economia sia una barca abbastanza grande da uscire indenne dalla tempesta. Non lo è. Per quanto io desideri assistere alla salvezza di tutta la barca, essa semplicemente non avrà luogo. Ogni uomo e ogni donna dovranno cavarsela da soli. La buona notizia è che puoi ancora salvare te stesso e la tua famiglia.

Nel loro libro *Rich Dad's Prophecy*, nel 2002, Robert Kiyosaki e Sharon Lechter fornivano idee su come costruire la propria arca personale, in modo da poter superare il diluvio prossimo causato dalle politiche economiche irresponsabili del governo. Le predizioni che hanno fatto nel 2002 in quel libro stanno cominciando ad avverarsi oggi. Come ho detto, se non hai letto il libro, devi leggerlo: deve essere letto assolutamente da qualunque investitore che desideri uscire indenne dalla tempesta.

Uno dei modi migliori per proteggerti dalla tempesta economica prossima è trasferire la tua ricchezza in classi di attivi che resisteranno alla corrente. La migliore classe di attivi, a mio avviso, è l'argomento di questo libro: i metalli preziosi. Il resto di questo capitolo sarà dedicato a mostrarti perché i metalli preziosi forniranno un porto sicuro a qualunque investitore che desideri ormeggiare ad essi la propria ricchezza.

Il governo interventista e l'inflazione

Il più grosso problema che l'America ha dinanzi a sé in realtà è un governo interventista. È un mostro che ha bisogno di essere alimentato in continuazione. Prima del New Deal (Nuovo Corso) di Roosevelt, il governo federale rappresentava il 3% dell'economia; oggi supera il 26%. E quando aggiungi i governi statali e locali, più il costo degli adempimenti normativi, più il costo di tutta l'attività commerciale che fornisce i beni e i servizi che sostengono tutti gli enti governativi, è più del 50% dell'economia statunitense.

Credo che la cosa più grossa di cui preoccuparsi nella tempesta futura è che lo Stato venga in soccorso. E siccome lo

Stato è così interventista e così pervasivo, e tutti si aspettano che fornisca una rete di sicurezza per ogni evenienza possibile... verrà in soccorso. Di fatto, come hai letto nell'ultimo capitolo, ha già iniziato. Questa applicazione del nostro Stato non è mai stata voluta. Come afferma il noto economista Milton Friedman: "Lo Stato ha tre funzioni primarie. Dovrebbe fornire la difesa militare della nazione. Dovrebbe far rispettare i contratti fra gli individui. Dovrebbe proteggere i cittadini da reati contro loro stessi o contro i loro beni. Quando lo Stato – perseguendo buoni propositi – cerca di riorganizzare l'economia, legiferare sulla moralità o aiutare gruppi di interesse speciali, i costi si presentano sotto forma di inefficienza, mancanza di innovazione e perdita di libertà. Lo Stato dovrebbe essere un arbitro, non è un giocatore attivo".

Le persone non si rendono conto di quanto costino davvero i salvataggi statali delle istituzioni finanziarie private. La crisi dei risparmi e del prestito della fine degli anni Ottanta è costata ai contribuenti 150 miliardi di dollari. Nel 1989 la popolazione statunitense ammontava a meno di 250 milioni di individui. Questo significa che negli Stati Uniti tutti hanno pagato più di 600 dollari a testa (1.000 dollari in dollari del 2007), o attraverso le imposte o attraverso l'inflazione, per risolvere i problemi derivanti dalla stupidità di queste istituzioni finanziarie. Ma questo non è nulla rispetto a ciò che ci sta davanti.

Il potenziale per un fallimento finanziario sistemico della nostra economia esiste, perché il pubblico si è fatto raggirare dalle banche interventiste e dai governi interventisti. È stato un processo il cui sviluppo ha richiesto alcune centinaia di anni. Il primo imbroglio con cui abbiamo acconsentito a essere raggirati è stata l'attività bancaria con riserve frazionali. Il secondo imbroglio è consistito nel permettere alle banche con riserve frazionali di essere disposte a forma di piramide in cima alle banche centrali con riserve frazionali. Il terzo grosso errore è consistito nel non insorgere contro il nostro governo e le banche centrali nel 1971 quando la Federal Reserve, in combutta con il presidente Nixon, ha trasformato il dollaro statunitense in una valuta a corso forzoso pura e semplice. Il risultato è l'inflazione, l'inflazione e ancora inflazione (per una comprensione più ampia di questo argomento, raccomando di leggere *The Case Against the Fed*, di Murray N. Rothbard).

Molti economisti, consulenti finanziari e gestori di denaro pensano che tutti gli squilibri finanziari creati dal regime monetario basato sul dollaro, dal deficit di bilancio e dal disavanzo della bilancia commerciale statunitense, e dalla creazione di valuta a opera delle banche centrali, stiano creando e accumulando un'energia che un giorno darà luogo a un enorme trasferimento di ricchezza. Il trasferimento avverrà in modo graduale oppure balzerà su di noi improvvisamente? Certuni credono che sarà improvviso, scatenato da un avvenimento, anziché essere un crack lento. Qualunque forma assuma questo trasferimento, coloro che hanno avuto la preveggenza di trasferire la loro ricchezza nei porti sicuri dell'oro, dell'argento e dei metalli preziosi otterranno i benefici.

C'è tuttavia un disaccordo fra gli economisti circa il risultato, che potrebbe essere la deflazione, l'inflazione, la stagflazione o l'iperinflazione.

La deflazione è una contrazione della riserva di valuta, che porta la valuta ad acquistare valore e fa diminuire i prezzi. La deflazione può avvenire rapidamente, come nel caso della Grande Depressione, oppure lentamente, come nel caso del Giappone negli anni Novanta.

L'inflazione è un aumento leggero della riserva di valuta, che spinge la valuta a perdere valore lentamente e fa salire i prezzi.

La stagflazione è un ristagno economico, dove l'economia potrebbe essere in una fase di recessione e apparentemente non riesce a mettersi in moto, unita a una disoccupazione elevata e a un'alta inflazione da prezzi come negli anni Settanta.

L'iperinflazione è l'inflazione steroidata. Non c'è alcuna definizione precisa del punto in cui una grossa inflazione si trasforma in iperinflazione. Alcuni dicono che è quando l'inflazione raggiunge dal 20 al 30% mensilmente. Mi piace considerarlo il punto in cui la fiducia nella valuta diminuisce più rapidamente della velocità con cui la valuta può essere stampata e, quindi, il valore totale della riserva di valuta si contrae indipendentemente dalla rapidità con cui viene accresciuta la quantità totale di valuta. L'International Accounting Standards Committee dice che è quando l'inflazione cumulativa si avvicina al 100% o lo supera nel corso di tre anni. Questo è solo il 26% di inflazione annuale, e stiamo già inflazionando la riserva di valuta al 18%. Ma la definizione che mi piace di più proviene da John Williams: egli dice che è quando "la banconota più grossa pre-iperinflazione (la banconota da 100 dollari negli Stati Uniti) vale più come carta igienica funzionale che come valuta".

Diamo una rapida occhiata ad alcuni scenari per vedere in che modo l'oro e l'argento dovrebbero produrre risultati.

Prima di iniziare, tuttavia, vorrei che tu tenessi questo mantra in posizione preminente nella mente mentre leggi la prossima sezione:

Non esiste alcuno scenario possibile in cui l'oro e l'argento non aumentano.

Segui la strada di mattoni gialli

SCENARIO N. *1: INFLAZIONE LEGGERA (le cose vanno avanti in modo molto simile a come vanno ora)*

Credo che questo sia lo scenario meno probabile. C'è fin troppo squilibrio economico nel mondo perché le cose continuino semplicemente come sono e anche Ben Bernanke concorda: "Il grosso deficit di conto corrente statunitense non può persistere indefinitamente, perché sia la capacità degli Stati Uniti di effettuare i pagamenti del servizio del prestito, sia la disponibilità degli stranieri a tenere gli attivi statunitensi nei loro portafogli sono limitati".

In altri termini, compriamo cose da tutti gli altri, poi tutti comprano "pagherò" sotto forma di buoni del tesoro statunitensi, titoli obbligazionari, titoli garantiti da ipoteca e attivi durevoli come società, capitale sociale (proprietà parziale) in società, immobili e affini. L'America compra cose dal resto del mondo vendendo a questi paesi dei pezzi d'America... ed è un problema molto, molto grave.

Ho già mostrato nel corso di tutto questo libro com'è profondo e ampio lo squilibrio della bilancia commerciale statunitense. Il motivo per cui credo che un'inflazione leggera sia il risultato meno probabile di questi squilibri è che alla fine il mondo perderà la fiducia nel dollaro statunitense. Quel giorno vorrà incassare tutti i buoni del tesoro statunitensi che possiede. Purtroppo, non avremo la valuta per saldare, quindi dovremo stamparla. Qualunque effetto avrà tutto questo sul nostro dollaro, e sull'economia mondiale, puoi scommettere che non sarà un'inflazione moderata e controllata.

Quindi, fra tutti gli scenari possibili, credo che lo status quo sia l'unico scenario piuttosto impossibile. Ma anche se tutto ciò che ho appena descritto non avvenisse e andassimo avanti in questo modo, significherebbe che la riserva di valuta globale continuerà il suo tasso di crescita esponenziale, e quindi il valore (potere d'acquisto) di tutte le valute continuerà a diminuire. Cioè, tutte le valute tranne due, le uniche valute che non è possibile stampare: l'oro e l'argento. Attualmente queste valute sono fortemente sottovalutate. Fai grande attenzione alle mie parole: l'oro e l'argento recupereranno, e con gli interessi.

SCENARIO N. *2: LA DEFLAZIONE*

Questa è la più grande paura di Ben Bernanke. Ho letto il suo libro *Essays on the Great Depression* e ho sentito molti suoi discorsi. In genere, una volta che hai letto alcuni scritti di Bernanke hai la sensazione che se sperimenteremo la deflazione, sarà di breve durata.

Perché quindi la Federal Reserve è così atterrita dalla deflazione? Perché un sistema monetario basato sui "pagherò" porta con sé il rischio insito di un'implosione completa e assoluta. Per trovare la risposta, dobbiamo solo studiare la nostra storia e, precisamente, la Grande Depressione.

L'indebitamento può diventare tormentoso in una deflazione. Come afferma il nostro Ben Bernanke: "La gravità del problema nella Grande Depressione era dovuta non solo all'ampiezza della deflazione, ma anche alla grande e diffusa espansione del debito interno negli anni Venti".

Funziona così. Diciamo che il tuo reddito è di 100 dollari al mese, e che le rate del tuo debito ammontano a 40 dollari al mese (mutuo, auto e pagamenti della carta di credito), e ora ti rimangono 60 dollari. Con 50 dollari puoi pagare le utenze, l'assicurazione, il cibo, la benzina, e ti restano 10 dollari di reddito utilizzabile per una cena fuori casa e un film al cinema. La vita è piuttosto gradevole.

Ma in una deflazione quasi tutto diminuisce, inclusi gli stipendi, i prezzi, il prodotto interno lordo, e la riserva monetaria, ma, quel che più conta per te, diminuisce il tuo reddito. Nella Grande Depressione il reddito nominale diminuì del 53%. Usando il mio esempio precedente, il tuo reddito mensile ora sarebbe di 47 dollari, anziché 100 dollari. Potresti pensare: *sì, ma non stanno diminuendo anche i prezzi? Il mio potere d'acquisto non rimane quindi lo stesso?* Beh, sì e no. Anche se i prezzi stanno diminuendo per restare alla pari con il reddito, l'indebitamento non sta diminuendo; è nominale, il che significa che è un numero fisso. Quindi, le tue rate per il debito ammontano ancora a 40 dollari, ma il tuo reddito ora è di 47 dollari. Ti puoi dimenticare il cinema, la benzina nel serbatoio e l'assicurazione... Puoi dimenticarti anche le utenze, perché tutto quello che ti rimane dopo avere servito il debito ammonta a 7 dollari, e ne avrai bisogno per mangiare.

Ora devi vendere la casa, ma devi pagare ancora 5.000 dollari per essa e scopri che vale solo 2.000 dollari. Resti a guardare con una totale incredulità mentre ti viene pignorata la casa, ti viene tolta l'auto, i mobili vengono messi all'asta e i tribunali distribuiscono tutti i tuoi risparmi ai creditori. Dopo aver lavorato per tutta la vita, sei senza casa e in mezzo alla strada.

Il grafico 22 è il rapporto fra indebitamento e prodotto interno lordo, in altre parole, quanto indebitamento c'era nel paese come percentuale del (o paragonato al) livello di tutti beni e servizi prodotti in questo paese (prodotto interno lordo).

Grafico 22. Il debito del mercato creditizio come percentuale del PIL

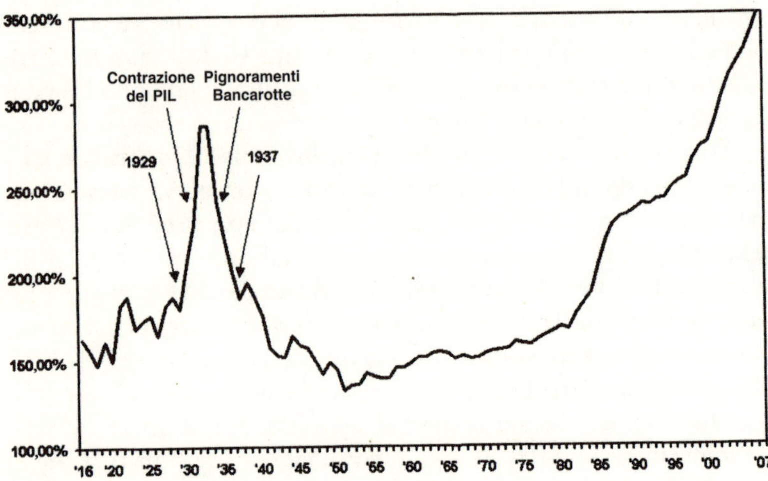

Fonte: Federal Reserve, Bureau of Economic Analysis (Ufficio dell'Analisi Economica), U.S. Census Dept. (Dipartimento del Censimento Statunitense).

Quando la Borsa crollò nel 1929, il PIL si contrasse, quindi anche se nessuno contraeva nuovi debiti, l'indebitamento come percentuale del PIL crebbe dal 180% al 280%, mentre l'economia scivolò negli abissi della Grande Depressione in appena pochi anni.

Poi i livelli di indebitamento precipitarono dal 1933 al 1937, mentre il PIL crebbe solo leggermente. In termini umani, quella linea in picchiata significò la perdita dell'azienda agricola a conduzione familiare che era stata trasmessa di generazione in generazione. Quella linea che sta crollando dal 1933 al 1937 rappresenta statisticamente i pignoramenti, i fallimenti e la liquidazione dei prestiti inesigibili. Ma dietro le statistiche c'erano esseri umani reali che stavano assistendo alla distruzione della loro vita.

Quell'enorme contrazione della riserva di valuta si verificò in un momento in cui il nostro sistema monetario aveva un

138

fondamento di denaro reale: l'oro e l'argento, che non potevano evaporare nel nulla. Cosa potrebbe accadere oggi, ora che il nostro intero sistema monetario non è nient'altro che pagherò? Un pagherò ha valore solo se la persona che ha preso il denaro a credito ha la capacità di pagare. Probabilmente hai già notato che oggi i nostri livelli di indebitamento, come percentuale del prodotto interno lordo, sono ben al di sopra dei livelli storici della Grande Depressione. In realtà, mentre scrivo questo, costituiscono il 350% del nostro reddito nazionale. E questo fa sembrare una bazzecola il 180% con cui abbiamo cominciato nel 1929.

Ricorda, in una deflazione il governo risente del medesimo problema dell'indebitamento fisso e del reddito in diminuzione (sotto forma di entrate fiscali) di cui risente il pubblico. Proprio come avviene con le masse, questo porta all'insolvenza.

Nel suo discorso *"Deflation: Making Sure 'It' Doesn't Happen Here"* (*La deflazione: accertarsi che non si verifichi qui*), Ben Bernanke ha parlato del lancio di denaro dagli elicotteri, un discorso divenuto famoso. In quest'ultimo egli ha rivelato fino a che punto è pronta a spingersi la Federal Reserve per impedire la deflazione. La sua soluzione è continuare a gettare sempre più valuta, non denaro, sul mercato per risolvere il problema. Nel discorso egli parla della possibilità di abbassare i tassi di interesse fino allo 0%.

Perché sto dedicando tanto tempo a problemi riguardanti l'economia, il deficit, gli squilibri della bilancia commerciale, le passività fluttuanti e le dichiarazioni di Ben Bernanke? Perché l'effetto che avranno sull'oro e sull'argento sarà enorme e questi sono i fattori più grandi che provocheranno il trasferimento di ricchezza imminente. Quindi, se vuoi capire perché il valore dell'oro e dell'argento *deve* aumentare e perché il trasferimento di ricchezza *sarà* così enorme, allora devi avere una comprensione dei problemi e degli sforzi inconsistenti dello Stato per risolverli.

Le soluzioni potenziali di Ben Bernanke e della Federal Reserve riguardo alla deflazione sono molto importanti. Rivelano quanto sono terrorizzati dalla deflazione e fino a che punto sono disposti ad arrivare per impedirla. Ho compendiato in appena un paragrafo solo i punti chiave di uno dei discorsi di Bernanke sul modo in cui la Federal Reserve creerebbe la valuta e la immetterebbe nell'economia. Consideriamo la questione più da vicino.

Le proposte diffuse della Federal Reserve per combattere l'inflazione implicano il fatto di iniettare denaro nell'economia attraverso acquisti di attivi. Per impedire la deflazione, la Federal Reserve deve ampliare l'ampiezza dei suoi acquisti di attivi o, forse, espandere il menù di attivi comprati; per esempio, i titoli garantiti da ipoteca, i titoli obbligazionari, le obbligazioni a breve, i prestiti bancari, i mutui, l'indebitamento statale estero, come pure l'indebitamento statale interno. Ed essa lascia come possibilità l'opzione di un diffuso taglio fiscale, favorito da un programma di acquisti del mercato aperto.

Dovremo semplicemente trascurare l'immoralità di una società privata (poiché la Federal Reserve è questo), che non fa parte di nessuno Stato, e che ha l'autorità di fare incetta di gran parte degli attivi del mondo con valuta creata dal nulla. Ma, visto e considerato il fatto che la Fed sarebbe obbligata e determinata a impedire la deflazione indipendentemente dalle conseguenze, se la deflazione dovesse avvenire, probabilmente sarebbe di breve durata. Ma per quanto concerne i suoi effetti sull'oro e sull'argento?

Come vedrai nei capitoli successivi, l'oro può realizzare enormi aumenti del potere d'acquisto durante una deflazione. In realtà, alcuni dei migliori investimenti della Depressione furono le azioni di società minerarie aurifere. Ma stavolta le cose sono molto diverse. Durante la Grande Depressione l'oro e l'argento formavano la base dei sistemi monetari del mondo. Stavolta essi non appartengono a nessuna nazione. Sono valute negoziate in modo indipendente. Mentre le banche centrali del mondo stanno creando freneticamente valuta acquistando l'indebitamento reciproco per stornare la deflazione, l'oro e l'argento rimangono le uniche valute che essi non possono stampare.

Inoltre, questa volta, le economie nazionali non sono più isole separate come lo erano durante la Grande Depressione.

Di fatto sono globali e l'investimento internazionale rappresenta una componente fondamentale. Infine, questa volta, le informazioni e gli scambi vanno dappertutto e in qualunque luogo del pianeta alla velocità della luce. Quindi, se la deflazione giungerà negli Stati Uniti, gli investitori esteri osserveranno un'economia statunitense in fase di rallentamento, e i profitti societari che si trasformano in perdite mentre l'indebitamento della maggior parte delle società statunitensi si rivolta contro di loro. Gli investitori esteri perciò venderanno gli investimenti statunitensi. Una volta che gli investitori avranno venduto i loro attivi denominati in dollari, dovranno scambiare poi quei dollari nella loro valuta vendendo dollari e acquistando la propria valuta. Questo spingerebbe l'indice del dollaro statunitense a crollare e i metalli preziosi ad andare alle stelle.

Ma per quanto concerne le obbligazioni statunitensi? Le obbligazioni non producono buoni risultati durante una deflazione? Normalmente sì. Ma il mondo non sta affrontando condizioni economiche normali. In uno scenario da deflazione, la base d'imposta si contrae enormemente. Oggi gli Stati Uniti sono pesantemente oberati di debiti e la nostra spesa in disavanzo ha perso il controllo. A tal punto che la perdita di entrate fiscali, unita al fatto che tutto il mondo sa che la Fed cercherà di uscire dalla deflazione stampando valuta, indurrebbe i principali organismi per la valutazione dell'affidabilità creditizia a declassare la solidità dell'indebitamento statunitense. Di fatto, gli investitori esteri non devono nemmeno vendere il loro debito statunitense per rendere insolventi gli Stati Uniti. Tutto quello che devono fare è smettere di comprare.

Gli investitori possono, a breve termine, correre dove è stato detto loro di correre per cercare sicurezza, e acquistare obbligazioni statunitensi in una sorta di reazione automatica. Ma pensa alla questione in questo modo: presteresti a un tipo i risparmi della tua vita e accetteresti il suo pagherò, sapendo che questo tipo ti sta promettendo un tasso di interesse che è la metà del tasso reale di inflazione, che prende in prestito soldi da tutti in città da più di settant'anni e che ha speso molto più di quello che ha preso in prestito per la maggior parte di quegli anni? Ho il sospetto che non lo faresti.

In questo caso, quel "tipo" è il nostro Stato. L'ultima volta in cui ha rimborsato più di quello che ha preso in prestito è stata quarantasette anni fa. Deve già più del quintuplo del suo reddito annuale attraverso le entrate fiscali. Ha promesso a tutti in città che consegnerà loro beni e servizi che gli costeranno più di venti volte il suo reddito annuale, anche se in realtà non ha un centesimo a nome suo.

Di fronte a enormi preoccupazioni deflazionistiche, ci sarebbero pochi sbocchi preziosi di investimento a cui un investitore possa ormeggiare con sicurezza il suo portafoglio. Uno di quei porti sarebbe costituito dai metalli preziosi semplicemente perché, come ho affermato in precedenza, sono l'unica valuta che non può essere stampata da un *"fiat"* (decreto) dello Stato. Qualora gli investitori iniziassero a svendere i loro attivi denominati in valuta statunitense – il che farebbe proseguire la svalutazione del dollaro – e li trasferissero nei metalli preziosi, il prezzo dovrebbe aumentare. È la pura e semplice legge della domanda e dell'offerta. C'è solo una certa quantità di oro e di argento in circolazione e, maggiore sarà la domanda, più alto sarà il loro valore.

Scenario n. 3: UNA GROSSA INFLAZIONE

Se Bernanke dovesse raggiungere quello che a mio avviso è il suo vero obiettivo – creare abbastanza inflazione da indurre la bolla immobiliare a compiere un atterraggio morbido – questo richiederebbe un tasso di inflazione molto accelerato e gli immobili sperimenterebbero un crollo invisibile (proprio come il crollo del Dow del 1966-1982 di cui abbiamo parlato nei capitoli precedenti), mentre tornano a essere una classe di attivi sottovalutata. In queste condizioni il prezzo degli immobili rimarrà stabile o aumenterà lentamente. L'espansione della riserva di valuta sarebbe enorme rispetto a oggi e il risultato sarebbe che tutte le altre classi di attivi aumenterebbero più rapidamente degli immobili, inclusi, e in particolar modo, l'oro e l'argento.

Con una grossa inflazione tutti gli investimenti sembrano aumentare, ma in realtà molti perdono valore. Questo è semplicemente dovuto al fatto che, sebbene i tuoi investimenti possano rendere il 10%, il dollaro si starebbe inflazionando al 20%. In effetti, ciò equivarrebbe a una *perdita* di valore del 10%. Per questo conviene comprendere l'inflazione e il modo in cui essa rappresenta il silenzioso killer economico. In una situazione come questa, i tuoi investimenti migliori finirebbero per essere i metalli preziosi e le merci, perché i loro prezzi aumenterebbero mentre il dollaro è inflazionato, nonché gli investimenti finanziati con l'indebitamento come gli immobili, perché potresti prendere in prestito denaro al costo dell'inflazione o al di sotto del costo dell'inflazione, il che significa prendere in prestito ora e rimborsare con dollari meno costosi in seguito.

SCENARIO N. 4: L'IPERINFLAZIONE

Se hai letto la lezione di storia all'inizio di questo libro, conoscerai gli effetti devastanti dell'iperinflazione. Quindi non ha senso dilungarmi su questo concetto di nuovo. Se l'iperinflazione dovesse verificarsi negli Stati Uniti, il trasferimento di ricchezza sarebbe gigantesco.

Nel corso dell'iperinflazione tutti gli investimenti aumentano enormemente di prezzo e alcuni acquistano valore, ma tutti perdono valore rispetto all'oro e all'argento. In un'iperinflazione, l'unica cosa di cui tutti hanno bisogno è l'unica cosa che scarseggia maggiormente, il denaro reale, e la gente ti darà qualsiasi cosa in cambio di esso. Gli immobili, le azioni, i beni rifugio, le aziende e affini, perderanno tutti valore rispetto al denaro reale.

Di nuovo, i tuoi investimenti migliori sarebbero i metalli preziosi, le merci e gli investimenti finanziati con l'indebitamento come gli immobili. Dovresti avere un prestito fisso e a tasso basso che hai immobilizzato prima dell'iperinflazione. Allora sarai in grado di pagare interamente il tuo immobile con quello che equivarrebbe ad alcuni minuti di lavoro, ora che vieni pagato 10 milioni di dollari all'ora. Se fai questo, la banca finisce per pagare la tua casa, ma tu riesci a conservarla.

Ma se vuoi davvero essere aggressivo, quando il prezzo (non il valore) del tuo immobile aumenta, potresti usare la tua consistenza patrimoniale sempre in aumento per rifinanziare continuamente in modo da acquistare nuove proprietà. Probabilmente dovresti continuare a speculare al massimo con denaro preso in prestito finché non ti avvicini alla fine dell'iperinflazione... e poi rimborsare tutto.

Tuttavia, in uno scenario da iperinflazione non ci sarà comunque nulla, e intendo dire davvero nulla, che si avvicinerà ai guadagni dovuti al potere d'acquisto dei metalli preziosi.

Ora ripeti dopo di me: *non esiste alcuno scenario possibile in cui l'oro e l'argento non aumentino.*

Predire il futuro

> *"Il regime monetario basato sul dollaro è intrinsecamente difettoso e sempre più instabile. La sua fine è imminente. L'unica domanda è: morirà per il fuoco – l'iperinflazione – o morirà per il ghiaccio, la deflazione? Si faranno e si perderanno fortune, a seconda della risposta a questa domanda".*
>
> RICHARD DUNCAN, *The Dollar Crisis*

Quindi come penso che andranno a finire le cose? Lascia che ti predica il futuro.

Molti economisti dissentono riguardo alla causa della fine della nostra economia, ovvero l'inflazione o la deflazione. Ma, da quando Ben Bernanke è diventato presidente della Fed, la maggior parte degli economisti, dei consulenti e degli autori dei bollettini d'informazioni che soleva pensare che fossimo diretti verso una deflazione ha cambiato parere e ora pensa che stiamo percorrendo la strada verso l'inflazione. Molti di essi pensano che sarà seguita da un'iperinflazione.

L'unico problema che riesco a vedere riguardo a questa ipotesi è che non sono in grado di trovare un esempio in nessun luogo, nel corso della storia, in cui il pubblico venga ben ricompensato per la sua stupidità. Quando tutti sono su un solo lato della barca, la barca si capovolge e affonda. Nel corso della storia, ogni volta che c'è un enorme sconvolgimento finanziario e un grande trasferimento di ricchezza, la ricchezza viene sempre trasferita verso i pezzi grossi. I pezzi grossi vincono sempre. E se esaminerai i "paracadute d'oro"[1] che si stanno procurando tutti i dirigenti che hanno sovrinteso ai nostri recenti problemi bancari, ti renderai conto che essi vincono anche quando perdono. Permettimi di spiegarti in modo più approfondito ciò che intendo dire.

Quando il tasso di interesse reale diventa negativo (il tasso di interesse è più basso del tasso di inflazione), le persone si accollano un debito eccessivo nonché un rischio eccessivo, perché il sistema bancario li sta pagando proprio per fare questo.

La popolazione degli Stati Uniti ha seguito l'indicazione del governo e ha adottato le medesime abitudini finanziarie. Gli Stati Uniti hanno un tasso di risparmio personale che è negativo. Stephen Roach, amministratore delegato ed economista capo alla Morgan Stanley, dice che il tasso di risparmio statunitense ha raggiunto un minimo record per qualunque potenza economica globale di primo piano nella storia del mondo. L'unico altro periodo in cui il tasso di risparmio personale è stato negativo così a lungo è stato durante la Grande Depressione.

Milioni di famiglie hanno esaurito i loro mutui utilizzando le case come casse continue di prelievo e prendendo denaro in prestito sulle abitazioni stesse. Quelle famiglie, e milioni di altre persone, hanno inoltre raggiunto il limite massimo per quanto concerne il debito delle carte di credito. Robert Kiyosaki insegna la differenza fra debito buono e debito cattivo. Il debito buono lavora per te, il debito cattivo lavora contro di te... questo è il debito cattivo.

Indipendentemente dalla dimensione del tuo mutuo, alla fine di un'iperinflazione i salari aumentano a tal punto che sei in grado di rimborsare il mutuo in breve tempo, forse semplicemente con l'equivalente di alcuni minuti di lavoro. Questo significa che la banca finisce per acquistare la casa per te. Non

---

[1] Corresponsione extra da pagare a dirigenti in caso di cessazione del rapporto di lavoro (N.d.T.).

riesco a immaginare che le banche acquistino tutte quelle case per Joe Sixpack e John Q. Public. No. In ogni caso che trovo nella storia, l'inflazione si verifica in una nazione di risparmiatori, e la deflazione si verifica in una nazione di spendaccioni.

Durante la Prima guerra mondiale, l'inflazione imperversava e tutti divennero spendaccioni. La guerra terminò e gli Stati Uniti entrarono nell'enorme (ma di breve durata) depressione del 1921. Entro la fine degli anni ruggenti, tutti erano diventati spendaccioni, e allora si verificò la più grossa deflazione nella storia, la Grande Depressione. Durante la Seconda guerra mondiale tutti risparmiarono, aspettandosi una deflazione alla fine della guerra, e si verificò l'inflazione. Perfino un paese conservatore come il Giappone si trasformò in un paese di spendaccioni, quando la sua Borsa e la sua economia crebbero rapidamente in quelli che furono i ruggenti anni Ottanta, e allora cominciò la deflazione. È una situazione in cui sei condannato in entrambi in casi.

Ricordi quando ti ho parlato di un tipo che ha pagato 1 milione di dollari per una casa nello stesso isolato in cui è situata la casa della mia amica? Aveva versato in anticipo il 20% (200.000 dollari). Appena un paio d'anni dopo il prezzo della casa è diminuito del 60%. Quel pover'uomo era "sott'acqua" con un mutuo da 800.000 dollari a un tasso d'interesse del 12% per una casa che, al suo livello minimo, era valutata solo 400.000 dollari. Gli ci sono voluti dieci anni per tornare al punto in cui ha potuto vendere la casa senza una perdita. Beh, quella bolla immobiliare era una micro-bolla rispetto a quella che stiamo sperimentando ora.

Racconto questa storia da quando le banche hanno iniziato a offrire alle masse dei mutui *zero-down*[2] e chiedo: "Che cosa sta vincolando i proprietari di casa alle loro abitazioni stavolta?" Mi aspetto una recessione da molti anni (ci sono sempre state le recessioni, e ci saranno sempre).

---

[2] Un mutuo *zero-down* consente all'acquirente di prendere il 100% del finanziamento per una casa (N.d.T.).

In una recessione, alcuni individui devono accettare tagli dello stipendio e alcuni vengono licenziati. Che cosa accade quando uno di essi si ritrova a essere uno dei milioni di individui che sono immersi fino agli occhi nel debito delle carte di credito e del mutuo, e sono appena in grado di effettuare i pagamenti delle rate? E poi un altro? E un altro ancora? Il gocciolio dei fallimenti e dei pignoramenti si trasforma in nuvole temporalesche, le quali diventano una tempesta perfetta.

Ogniqualvolta le cose vanno realmente male in un'economia, c'è una violenta reazione emotiva. In primo luogo tutti vogliono dare la colpa a qualcuno. In secondo luogo, reagiscono in modo eccessivo con una risposta istintiva. Gli standard per la concessione di prestito diverranno più rigidi, peggiorando il problema. Come evidenzia Peter Schiff, di Euro Pacific Capital: "I prezzi delle case sono una funzione di ciò che possono permettersi gli acquirenti futuri – non di ciò che hanno pagato gli acquirenti passati. Se si richiede ai nuovi acquirenti di pagare in anticipo il 20%, di documentare in modo completo il loro reddito, e di ammortizzare totalmente un mutuo a tasso fisso, non saranno affatto in grado di pagare quanto hanno pagato i proprietari di case attuali durante la bolla".

Ben presto il mondo prenderà coscienza del fatto che, sebbene i titoli garantiti da ipoteca siano un grosso problema, ce n'è uno ancora più grosso che incombe: il prestito *zero-down*. I titoli garantiti da ipoteca sono il grosso problema per il settore finanziario. Essi accelerano semplicemente la trasmissione globale dei problemi attraverso il settore bancario. Ma è il prestito *zero-down* che minaccia di risucchiare l'economia mondiale in un buco nero.

In definitiva, penso che dobbiamo aspettarci una corsa selvaggia sulle montagne russe con incluse alcune operazioni doppiamente svantaggiose[3]. In primo luogo la minaccia della deflazione, seguita da un lancio dall'elicottero, seguita da una

---

[3] *"Whipsaws"* in inglese, ossia doppie "fregature", per esempio quando si acquista qualcosa proprio prima che le quotazioni scendano e si vende prima che esse risalgano (N.d.T.).

grossa inflazione, seguita da una deflazione reale, e poi seguita dall'iperinflazione.

Questo scenario è quello che realizza le predizioni fatte da Robert Kiyosaki e da molte altre persone che stimo moltissimo. Credo che il nostro attuale fiasco dei mutui ad alto rischio si trasformerà in un problema più ampio di quello attuale, e quando il settore immobiliare inizierà a precipitare, e la valuta a credito che ha iniziato a esistere quando è stata presa in prestito comincerà a dissolversi, la minaccia della deflazione incomberà. Allora Ben Bernanke verrà in soccorso e ci salverà orchestrando un altro lancio di valuta dall'elicottero.

Nel suo libro *Rich Dad's Prophecy*, Robert Kiyosaki ha predetto che uno dei più grandi boom della Borsa nella storia doveva ancora arrivare e sarebbe durato perlomeno fino al 2007. È stato sorprendente considerando che il libro è stato scritto nel 2002. Il paese era ancora sbigottito per l'11 settembre e per gli scandali finanziari come quello della Enron, mentre il Dow stava terminando un inesorabile mercato al ribasso triennale e molti analisti predicevano un mercato al ribasso per molti anni a venire. Ma Robert ha fatto la sua predizione ultra-rialzista in mezzo a tutti quei sentimenti ribassisti sulla base dei fondamentali dei dati demografici relativi al boom delle nascite e sui bisogni di pensionamento delle persone di quella generazione. I cosiddetti esperti lo hanno definito pazzo. Gli eventi attuali rivelano che è un genio.

Il giorno della resa dei conti giungerà quando i milioni di Baby-boomers raggiungeranno l'età in cui dovranno ricevere le distribuzioni obbligatorie dei loro Conti Pensionamento Individuali (Individual Retirement Account, IRA). Esso giungerà quando scopriranno che gli investimenti su cui contavano per il pensionamento, le loro case e i Conti Pensionamento Individuali pieni di fondi comuni in realtà hanno perso valore; quando scopriranno che la quantità di cose che possono comprare con i ricavi se vendono la casa in realtà è inferiore a ciò che potevano comprare quando hanno acquistato la loro abitazione. E quando si renderanno conto che il loro sogno di un pensionamento confortevole era soltanto tale – un sogno

– tutti quei figli del boom avranno paura e si metteranno sulla difensiva. Smetteranno di spendere. Cominceranno a svendere i loro attivi. E si realizzerà la seconda profezia del padre ricco, il più grosso crollo della Borsa nella storia. Un numero sempre maggiore di Baby-boomers sarà preso dal panico e venderà. Credo che questo sarà anche accompagnato dal più grande crollo immobiliare che il mondo abbia mai visto.

Questa tempesta perfetta di fallimenti e pignoramenti indurrà la riserva di valuta a contrarsi quando la bolla gigante del credito scoppierà e tutti quegli spendaccioni diventeranno grandi risparmiatori. Quando le persone risparmiano la valuta, essa smette di circolare. Il motore economico esaurisce il carburante e tutto si immobilizza. Questo è l'incubo peggiore di Bernanke. Questa è la deflazione *reale* e il povero Ben sta per scoprire la vera scala degli orrori di un'implosione della bolla creditizia.

Quando accadrà, Ben Bernanke "frega-valuta" invierà ancora una volta la sua flotta di elicotteri che lanciano bombe valutarie, ma stavolta qualcosa sarà diverso. Qualcosa sarà andato terribilmente male. Le bombe saranno state disinnescate. La Federal Reserve cercherà di gonfiare il settore bancario acquistando ogni tipo di debito su cui riuscirà a mettere le mani, ma senza alcun risultato. Adotterà le misure straordinarie che, secondo quanto aveva dichiarato, era pronta a mettere in atto. Comprerà ogni mutuo, ogni titolo garantito da ipoteca, e qualunque altro tipo di debito che gli investitori presi dal panico e le banche stanno cercando di vendere, ma non ne deriverà nulla di buono. Inizierà ad acquistare azioni per tenere a galla i mercati, ma le vendite al dettaglio continueranno a scendere in picchiata. Tenterà con tagli fiscali diffusi, ma questo non farà partire a spinta l'economia. Lavorerà con le banche centrali estere in modo da acquistare reciprocamente l'indebitamento, ma l'economia globale continuerà a precipitare. Infine la gente vedrà attraverso il velo. Vedrà ciò che Dorothy, lo Spaventapasseri, il Leone e l'Uomo di Latta hanno visto, cioè che il Mago di Oz in realtà è solo un vecchio sciocco che tira freneticamente le leve.

Ricordi che abbiamo detto come durante la Prima guerra mondiale i tedeschi aumentarono la riserva di valuta del 400%, eppure non ci fu alcuna inflazione da prezzi a causa dell'ansia del pubblico riguardo alla guerra e dell'incertezza circa il futuro? Immaginati l'ansia che proveranno 75 milioni di Baby-boomers quando si avvicineranno al pensionamento, solo per scoprire che le loro abitazioni e fondi comuni ora non valgono quasi nulla. Il gruzzolo, signore e signori, è semplicemente scomparso. Quando riceveranno le riduzioni fiscali da Ben, compreranno quel nuovo grande schermo televisivo e l'ultimo cellulare? Penso di no. Penso che risparmieranno ogni centesimo su cui riescono a mettere le mani. Proprio come in Germania durante la guerra.

Ma ci sarà un punto in cui si raggiungerà una soglia. Per ogni classe di reddito sarà diverso. Sarà il punto in cui le persone sentiranno di avere finalmente risparmiato abbastanza per il pensionamento. Per alcuni saranno 100.000 dollari, per altri sarà 1 milione di dollari, e per altri ancora saranno 10 milioni di dollari. Ben sa che c'è un punto in cui alla fine la gente si sentirà abbastanza tranquilla da sostituire il vecchio computer e forse acquistare quel nuovo televisore. A questo punto gli esperti della Federal Reserve compreranno abbastanza debito statale per finanziare le riduzioni fiscali su tutte le imposte pagate l'anno precedente, ma nessuno acquisterà ancora quella nuova automobile. La soglia che la Federal Reserve sta aspettando non sarà raggiunta.

Allora, con una disperazione non tanto controllata, Ben dirà: "Chi se ne frega degli elicotteri. Mandate i bombardieri".

E quando le ombre di milioni di bombardieri invisibili ai radar e carichi di valuta oscureranno i cieli, la valuta inizierà a cadere come pioggia nel deserto. Quando Joe Sixpack e John Q. riceveranno gli assegni delle riduzioni fiscali per posta per tutte le imposte che hanno pagato durante l'intera vita, la paura sarà attenuata temporaneamente e una parte di quella valuta tornerà in circolazione, proprio come nella Germania di Weimar. I prezzi aumenteranno rapidamente ed enormemente allorché tutta l'energia della valuta accumulata verrà liberata.

Preso dal panico, "B2 Ben" (secondo le mie previsioni, questo sarà il soprannome del suo nuovo bombardiere invisibile ai radar) richiamerà i bombardieri, ma sarà troppo tardi. Ora Ben non sarà in grado di fare nulla per fermarli, perché l'iperinflazione sarà già iniziata. Il Dow inizierà un crollo invisibile di proporzioni epiche, e i prezzi dell'oro saliranno alle stelle. Se sei stato abbastanza saggio da ormeggiare la tua barca nei porti sicuri dell'oro, dell'argento e di altre merci, uscirai indenne dalla tempesta. Non sarà gradevole, ma perlomeno sarai salvo.

A questo punto la fiducia nella valuta diminuirà più rapidamente di quanto essa possa essere creata. Gli aumenti del costo della vita dei dipendenti statali e il costo di tutti i progetti statali, dei subappaltatori, della manodopera e dei materiali aumenteranno tutti enormemente. E ogni volta che verrà creata più valuta per pagare gli aumenti, il valore della valuta diminuirà ancora più rapidamente.

In periodi come questi, gli Stati hanno solo due scelte: far cessare l'attività dello Stato e tutti i suoi progetti e servizi, mandare tutti a casa senza stipendio, spegnere le presse da stampa e aspettare che il sistema del libero mercato scopra livelli di prezzo che giustifichino la quantità di valuta nella riserva; oppure stampare la valuta all'infinito. Gli Stati hanno sempre scelto la seconda opzione.

Ma l'energia accumulata della creazione di valuta in eccedenza non deve avere luogo all'interno degli Stati Uniti, e non deve necessariamente verificarsi in futuro. In realtà, c'è un'abbondanza di valuta accumulata che aspetta semplicemente di essere liberata proprio ora. Come ho accennato in precedenza, tutti i dollari che abbiamo inviato all'estero in altri paesi per acquistare le loro merci ora sono fermi nei loro conti bancari, solo in attesa di essere spesi. Alla fine l'economia mondiale perderà la fiducia nel dollaro statunitense e vorrà scaricarlo facendo incetta di beni. Questo naturalmente farà aumentare il prezzo di quei beni e potrebbe scatenare (e probabilmente scatenerà) uno scenario molto simile a quello che ho appena finito di descrivere.

Nel corso di tutta la storia gli economisti hanno sofferto di quella che chiamo "la sindrome di *questa volta*". *Questa volta* sono diventati padroni dell'universo economico. *Questa volta* sono arrivati a capire. *Questa volta* hanno addomesticato l'economia. *Questa volta* hanno padroneggiato l'arte dell'amplificazione infinita di valuta. *Questa volta* una valuta a corso forzoso funzionerà!

La storia dà a tutto questo una probabilità equivalente a zero. Ogni volta che abbiamo navigato verso la sventura economica, le più grandi menti finanziarie del mondo erano al timone. Pensi davvero che dovremmo continuare a permettere loro di governare la nave?

Capitolo 10

Dal gel... all'oro!

"Attraverso le molte batoste economiche della storia umana si snoda un filo comune: coloro che sopravvivono finanziariamente sopravvivono perché possiedono l'oro".

MICHAEL J. KOSARES, *The ABCs of Gold Investing*

Good Day Sunshine!

Ti ho promesso il sole e ora lo otterrai. Il trasferimento di ricchezza di cui ho parlato nell'ultimo capitolo è reale, ed è estremamente potente. Durante un cambiamento di ciclo, quando una classe di attivi raggiunge il livello più alto mentre l'altra raggiunge il livello più basso, l'intensità del trasferimento di ricchezza che ha già avuto luogo non passa inosservato. Il branco vede che altri hanno realizzato guadagni enormi e ne vuole anch'esso una parte. Il pubblico continua a dare la caccia alla categoria di investimenti sulla cresta dell'onda ieri, anche se i grossi guadagni sono già stati fatti. La gravità marcata del pieno trasferimento di ricchezza è avvertibile solo dopo che il trasferimento è quasi completato... alla fine di quel ciclo e all'inizio del nuovo ciclo. Parleremo molto di più dei cicli nei capitoli futuri, ma questo capitolo riguarda il motivo di ottimismo, e il motivo di ottimismo (come ormai devi avere immaginato) consiste nei metalli preziosi, l'oro e soprattutto l'argento.

Il CPM Group è una delle principali ditte di consulenza e ricerche di mercato sulle merci nel settore dei metalli preziosi. Raccoglie scrupolosamente, compila e analizza i dati sull'offerta e sulla domanda e su altre forze che hanno un effetto sui prezzi dei metalli preziosi. I suoi dati per i metalli preziosi sono stati pubblicati annualmente dal 1971 nel suo *Gold Yearbook* (Annuario dell'oro) e *Silver Yearbook* (Annuario dell'argento), disponibili sul sito www.cpmgroup.com. Prima di scrivere questo capitolo ho avuto l'opportunità di intervistare il fondatore e amministratore delegato del CPM, Jeff Christian. Egli crede che, finché ci saranno incertezze geopolitiche e finanziarie crescenti nel mondo, l'oro e l'argento continueranno ad aumentare.

Come abbiamo visto, l'oro e l'argento costringono periodicamente alla resa dei conti la creazione della valuta a corso forzoso. Ma per darti un'idea della dimensione della mossa che l'oro e l'argento dovrebbero fare questa volta per obbligare la moneta a corso forzoso a rendere conto, dai un'occhiata al grafico 23, tratto *dall'Annuario dell'oro* annuale del CPM Group. È il prezzo totale in dollari dei depositi bancari privati rispetto alle scorte d'oro private.

Grafico 23. Depositi bancari privati rispetto alle scorte d'oro private

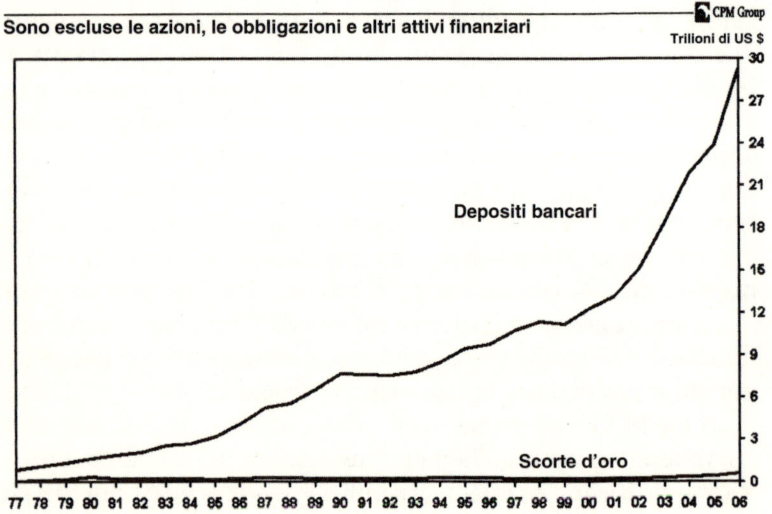

I dati sui depositi bancari per questo grafico sono stati forniti al CPM Group dalla Bank for International Settlements (BIS). Nota che questo grafico esclude le azioni, le obbligazioni e altri attivi finanziari. Essendo depositi bancari privati, questo grafico esclude anche i depositi ufficiali come gli enti pubblici e le riserve delle banche centrali. E, poiché il grafico riguarda soltanto i depositi denominati in dollari statunitensi, esso esclude anche tutte le altre valute. Quindi, gli strumenti finanziari che sono esclusi da questo grafico fanno apparire del tutto piccoli i depositi in dollari statunitensi. In altri termini, questo grafico sta paragonando solo la frazione più minuscola degli strumenti finanziari rispetto all'oro accantonato privatamente. Sono moltissimi dollari! Questo grafico rivela che le persone hanno una quantità immensa di valuta, ma quasi *nessuna* quantità di denaro!

Le scorte di dollari fanno sembrare insignificanti il valore attuale delle scorte d'oro, perlomeno al prezzo attuale dell'oro. Ma questo sta per cambiare presto.

I mercati liberi bilanciano sempre queste cose e ciò può accadere solo in tre modi. O la quantità d'oro posseduta dagli investitori privati deve aumentare molte, molte, molte volte (una cosa impossibile, visto che c'è solo una certa quantità d'oro in circolazione), o la quantità di dollari deve diminuire enormemente (è possibile, ma non probabile), oppure la bilancia si bilancerà nel medesimo modo in cui si è sempre bilanciata: le masse si renderanno conto della perdita del proprio potere d'acquisto a causa della riserva di valuta continuamente in aumento e perderanno la fiducia in quella valuta. Allora andranno alla carica, acquistando tutto l'oro e l'argento possibile, facendo aumentare di prezzo le uniche monete che non possono essere stampate, al fine di mettere al tappeto tutte le monete che possono essere stampate. E i mercati avranno indotto a salire quella piccola linea grigia in fondo al grafico intitolata "scorte d'oro", mettendo al tappeto tutte le valute a corso forzoso rappresentate qui con la linea nera intitolata "depositi bancari", mediante il cambiamento del prezzo dell'oro.

Anche se questo sarà il più grande trasferimento di ricchezza della storia, non sarà nient'altro che una replica di un dramma che gli Stati, il pubblico e i metalli preziosi hanno recitato, ripetutamente, da quando fu rappresentato per la prima volta ad Atene, verso il 407 a.C.. L'ultima performance è avvenuta negli anni Settanta, ma ora viene rappresentata di nuovo in un paese vicino a te. Forse gli attori sono cambiati, ma la storia resta la stessa.

Certo, tutto questo può avere luogo prima del previsto. I media stanno iniziando a parlare sempre più delle virtù degli investimenti in merci, soprattutto gli investimenti nei metalli preziosi. Considera per esempio quest'articolo del 4 marzo 2008 pubblicato sul «Wall Street Journal» e intitolato *"Gold, Platinum Hit Record Highs"* (*"L'oro e il platino raggiungono livelli massimi record"*):

A differenza del petrolio, l'oro è ancora a meno della metà del suo picco, rettificato in base all'inflazione, di 2.239,67 dollari, raggiunto il 21 gennaio 1980. Nel gennaio 1980, l'inflazione era al 13,9%, secondo il Bureau of Labor Statistics statunitense. Oggi l'inflazione è al 4,3%. 'Direi che non abbiamo ancora visto la quotazione più alta per l'oro', dice Bart Melek, Global Commodity Strategist, BMO Capital Markets, in parte perché 'l'inflazione oggi non è affatto così alta come l'inflazione durante quel periodo e gli investitori accumuleranno l'oro se il quadro dell'inflazione peggiorerà'.

Al suo picco durante questo periodo, il livello massimo dell'oro adeguato in base all'inflazione usando l'Indice dei Prezzi al Consumo è stato di 2.239,67 dollari. Ma come già sappiamo, l'Indice dei Prezzi al Consumo è la Bugia dei Prezzi al Consumo, quindi qual è stato il livello massimo dell'oro nel 1980, adeguato per l'inflazione della riserva di valuta (grafico 24)? Beh, come ormai sai, questo è un bersaglio mobile perché non sappiamo quante unità di valuta stamperanno. Ma, nel 1980, le liquidità totali (M3) raggiungevano circa 1,8 trilioni di dollari, e mentre scrivo questo sono a circa 14 trilioni di dollari. Questo significa che nell'aprile 2008 la riserva di valuta statunitense è circa 7,7 volte più ampia che nel gennaio del 1980. Quindi, adeguato per l'espansione della riserva di valuta, il livello massimo che l'oro ha raggiunto nel gennaio del 1980 è stato di 6.611 dollari del 2008! Per combinazione, negli anni Settanta l'oro è aumentato da 35 dollari a 850 dollari. Questo è un fattore equivalente a 24,28 volte. Questa volta ci stiamo allontanando dal livello minimo dell'oro di 252 dollari, stabilito nel 2000-2001. Se moltiplichi il livello minimo di 252 dollari per 24,28 ottieni 6.118 dollari. E infine, John Williams ha sul suo sito Web un calcolatore dell'inflazione che usa il suo Indice dei Prezzi al Consumo originario ricostruito, ed esso dice che il livello massimo del 1980 di 850 dollari equivale a 6.484 dollari dell'aprile 2008.

Ecco quindi i dati: oro a 6.118 dollari, oro a 6.484 dollari, oppure oro a 6.611 dollari. Fai la tua scelta.

Alleluia!

Il ciclo delle azioni ha raggiunto il picco nel 2000, quindi ho trasferito la stragrande maggioranza dei miei attivi nei metalli preziosi entro il 2002. Poco dopo ho iniziato a vendere l'oro

Grafico 24. L'oro adeguato in base all'inflazione – dollari del 2008

$ all'oncia

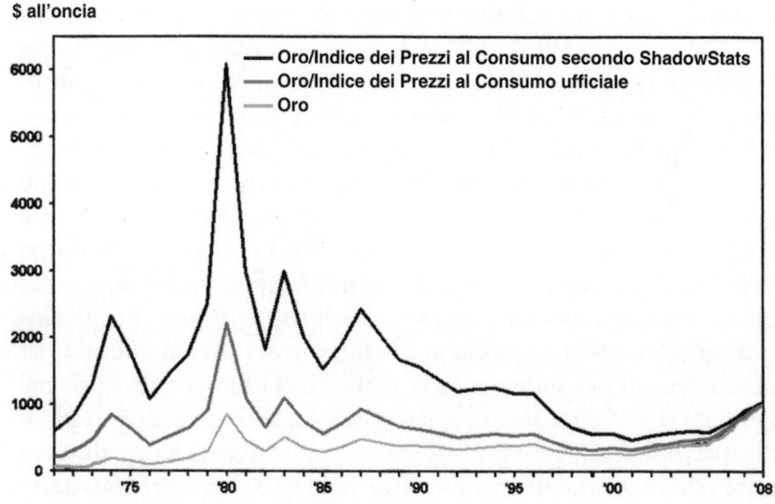

Fonte: Minneapolis Federal Reserve, ShadowStats.com

e l'argento. Ma a quell'epoca cercare di persuadere qualcuno a comprare l'oro a 300 dollari all'oncia era quasi impossibile. Era come sbattere la testa contro un muro. Le risposte che ricevevo erano: "L'oro è l'investimento più sciocco che chiunque possa fare". "L'oro sta perdendo soldi da vent'anni". E la mia frase preferita: "Per chi mi hai preso? Un idiota o giù di lì?" Ricordo di avere pensato: "Sì. Assolutamente. Senza alcun dubbio". Ma ora, con articoli come quello del «Wall Street Journal» appena citato, gli investitori intelligenti stanno mollando le loro azioni e obbligazioni sopravvalutate e stanno capendo come l'oro possa essere un affare per loro – e come possa arricchirli.

La corsa all'oro!

Ancora una volta, gli investitori intelligenti sanno che i mercati delle azioni e delle obbligazioni hanno raggiunto il picco e ora declinano da qualche tempo. Coloro che sono finanziariamente intelligenti e beninformati hanno trasferito tranquillamente il denaro in attivi tangibili, particolarmente l'oro e l'argento. Forse non ne hai sentito parlare molto dai mass media, ma ci troviamo nella più grande corsa all'oro documentata nella storia.

Come puoi vedere nel grafico 25, dal 2000 gli acquisti in oro degli investitori sono decollati come un razzo. A tal punto che gli investitori privati ora possiedono più oro delle banche centrali del mondo. Su base assoluta, e su base percentuale, gli investitori privati hanno comprato molto più oro della più grande corsa all'oro di tutti i tempi, ovvero la corsa all'oro del XXI secolo, di quanto lo abbiano fatto nel mercato al rialzo dell'oro degli anni Settanta. In realtà, negli ultimi cinque anni gli investitori hanno acquistato circa il triplo di oro che nei cinque anni dal 1975 (quando ancora una volta divenne legale per gli americani possedere l'oro) al picco del prezzo dell'oro nel gennaio del 1980. Questo rialzo dell'oro si è verificato da poco tempo, ma è più grosso, più forte e più potente di qualunque rialzo dell'oro che il mondo abbia mai visto. Eppure, gran parte del mondo sembra ancora cieco dinanzi ad esso. Mi sbalordisce continuamente il numero impressionante di imprenditori privi

Grafico 25. Oro della Banca Centrale rispetto a Oro degli Investitori

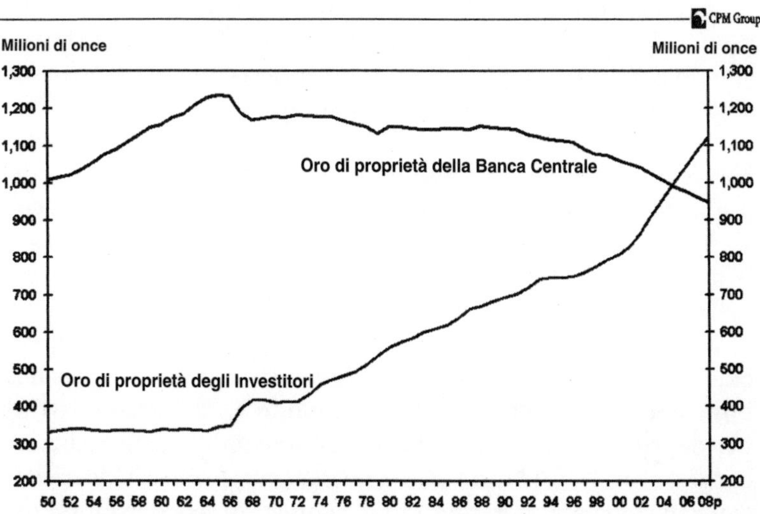

della visione sufficiente per vederlo, anche quando qualcuno come me sta saltando su e giù, sta facendo molto rumore, sta richiamando l'attenzione e sta gridando: "Guarda... Eccolo lì!"

La cosa sorprendente è che tutto questo sta accadendo in un ambiente in cui la produzione dell'oro diminuisce. Di fatto, la produzione dell'oro si contrae da sei o sette anni. Quindi da dove sta venendo tutto l'oro comprato dagli investitori? Beh, le cose diventano davvero interessanti, e molto più divertenti, se ascolti le persone che sono considerate la frangia folle del settore aurifero: i teorici folli della cospirazione denominati Gold Anti-Trust Action Committee (GATA).

Il GATA è un gruppo di investitori in oro e professionisti del settore aurifero che include gestori di fondi comuni, analisti di materie prime, avvocati, commercianti di metalli preziosi e ora anche alcune banche. Il GATA asserisce che, con la cooperazione dei loro governi, le banche centrali del mondo hanno manipolato e depresso il prezzo dell'oro. Perché le banche centrali dovrebbero voler tenere sotto controllo il prezzo dell'oro?

Perché un prezzo dell'oro in aumento segnala al mondo che le banche centrali stanno facendo un pessimo lavoro.

La questione è che gli Stati e le banche centrali ti prometteranno questo e ti prometteranno quello. Ma l'unica promessa che possano mantenere è l'unica promessa che non dicono mai ad alta voce: *gonfieranno* la riserva di valuta, e la tua valuta *continuerà* a perdere valore. Conoscono la storia delle valute, e sanno che se il prezzo dell'oro aumentasse troppo rapidamente, l'oro potrebbe attrarre le masse allontanandole dalle loro valute a corso forzoso. E proprio come in ogni esempio tratto dal passato, le loro valute fallirebbero. Quindi è nell'interesse dei governi e delle banche centrali avere un prezzo dell'oro in diminuzione.

Il GATA ha ammassato una quantità grandissima di prove che dimostrano che forse il 50% dell'oro conservato presumibilmente nelle banche centrali del mondo è stato dato in affitto per deprimere il prezzo dell'oro. È come un'enorme posizione corta contro l'oro. Non so cosa ne pensi tu, ma finché le banche centrali sovvenzioneranno i miei acquisti di oro deprimendo il prezzo, continuerò ad acquistarlo.

Se dai un'occhiata approfondita alle prove del GATA vedrai che ha scoperto qualcosa. Ti invito ad andare sul suo sito Web e a procurarti informazioni in proposito su gata.org.

Nel 1999 l'oro ha raggiunto il suo minimo storico rispetto al Dow e mentre scrivo questo occorrono ancora 12 once d'oro per acquistare un'azione del Dow. Occorrono 350 once per acquistare una casa unifamiliare di prezzo mediano, ma nel 1980 occorrevano solo 68 once. Nel 2006, il valore dell'oro ha toccato il minimo storico rispetto al rame, e nel 2007 è giunto al suo minimo storico rispetto al grano.

Il punto essenziale di tutto questo è che attualmente l'oro è più economico del terriccio, quando lo si paragona a qualunque altra categoria di attivi, tranne i dollari. E probabilmente sarà ancora economico a 2.000, o anche a 5.000 dollari all'oncia. L'unico modo per capire se è economico o costoso è scoprire quante cose può permetterti di acquistare. Quando ti permetterà di comprare troppe cose rispetto alle medie storiche, allora, e solo allora, sarà costoso.

Il motivo di ottimismo "argenteo"

Hai mai sentito dire che ogni nuvola ha un colore argenteo? Beh, in questo caso la scura nuvola economica include un motivo di ottimismo che ha davvero un colore argenteo... letteralmente. Perché, sul piano monetario, solo l'oro e l'argento brillano. Se ti ha entusiasmato la prospettiva di investire nell'oro nell'ultimo capitolo, aspetta di sapere i guadagni possibili che si possono realizzare investendo nell'argento.

Pensi di avere ancorato l'argento?

Nei primi duemila anni in cui l'oro e l'argento furono la forma di moneta primaria in tutto il mondo, il tasso di cambio fra i due metalli era in media di 12 once di argento per 1 oncia d'oro. In altri termini, il valore dell'argento era un dodicesimo rispetto al valore dell'oro. Naturalmente questo variava a seconda della regione e dell'epoca storica. In Cina, durante la dinastia Ming, per esempio, il tasso di cambio era di 4 once di argento per 1 oncia di oro, e nell'antico Egitto l'argento aveva lo stesso valore dell'oro; ma in media il rapporto è stato di 12 a 1.

Non occorre un ingegnere aerospaziale per capire perché. L'oro e l'argento erano denaro che circolava fianco a fianco, e i mercati liberi equilibravano la bilancia. Il rapporto è stabilito dal mercato che fa ciò che sa fare naturalmente, ovvero scoprire il prezzo equo di qualcosa. Questo significa che in media c'è stato probabilmente dodici volte più argento in circolazione rispetto all'oro nel corso della storia. Il mercato scopre semplicemente l'equilibrio fra prezzo e quantità basato sulla rarità relativa dei due metalli.

Alla fine del XIX secolo le scoperte di argento e i progressi tecnologici occidentali aumentarono le riserve in misura significativa. Questo e altri fattori hanno spinto il valore dell'argento a crollare fino a un centesimo del valore dell'oro. Poi, durante la Depressione, Franklyn Roosevelt firmò il Silver Purchase Act del 1934, e gli Stati Uniti iniziarono ad ammassare la più grande scorta di argento del mondo. Ci furono altri acquisti di argento negli anni Cinquanta, e la scorta raggiunse il punto massimo a 3,5 miliardi di once.

Ma all'inizio degli anni Sessanta il prezzo dell'argento era aumentato fino a 1,29 dollari all'oncia, non perché l'argento era scarso, ma perché la valuta era troppo abbondante. L'argento stava semplicemente raggiungendo l'inflazione della riserva di valuta. A 1,29 dollari all'oncia, il contenuto di argento della coniatura di argento statunitense era uguale al valore facciale della moneta d'argento. Se il prezzo dell'argento fosse aumentato ulteriormente, la gente avrebbe potuto realizzare un profitto andando in banca e prendendo un mucchio di monete, fondendole e vendendo l'argento. Lo Stato lo sapeva e iniziò a vendere l'argento per tenere basso il prezzo.

Per la prima volta il pubblico divenne un acquirente netto di argento. Il modo più facile per comprare l'argento era portare un dollaro cartaceo in banca e chiedere il cambio. Sparivano dalla circolazione così tante monete metalliche che il governo fu costretto a togliere l'argento dal conio statunitense a partire dal 1965. Il mercato libero e la volontà del pubblico ancora una volta avevano forzato la mano al governo.

Per gran parte degli anni Settanta il prezzo dell'argento passò da 3 a 6 dollari, sostenuto dall'abolizione del sistema monetario aureo da parte di Nixon e da un aumento della riserva di valuta. Parecchi investitori vendettero molto del loro argento con profitto.

Ma nel 1979 i prezzi iniziarono ad aumentare rapidamente. La gente smise di vendere l'argento e per la seconda volta nella storia il pubblico divenne un acquirente netto di argento. La prima volta in cui il pubblico divenne un acquirente netto di argento, esso costrinse il governo a interrompere l'emissione dell'ultima moneta reale negli Stati Uniti e a sostituirla con gettoni di rame e zinco. Questa volta l'acquisto pubblico di argento indusse il prezzo del metallo ad aumentare fino a oltre 50 dollari all'oncia.

Arriva al punto!

Ti ho parlato di tutti questi precedenti perché penso che investire nell'argento nel prossimo futuro sia positivo come investire nell'oro o, dovrei dire, ancora meglio. Come ho accennato, quando gli investitori sono divenuti acquirenti netti di argento negli anni Sessanta, ciò ha costretto lo Stato ad abbandonare l'argento come moneta, e quando gli investitori sono divenuti compratori netti di argento nel 1979, il prezzo è stato catapultato a oltre 50 dollari. Beh, indovina un po'? Nel 2006, solo per la terza volta nella storia, il pubblico è divenuto di nuovo un acquirente netto di argento.

Come ha riferito nel 2007 l'*Annuario dell'argento* del CPM Group:

> Lo scorso anno e quest'anno rappresentano svolte fondamentali nel mercato dell'argento, anni in cui si verifica uno spostamento tettonico della domanda di investimenti in argento, i cui uguali sono molto rari. Specificamente, gli investitori si sono trasformati da venditori netti di argento nel mercato, come lo erano stati dal 1990 fino al 2005, in compratori netti di argento nel 2006. Questo è accaduto per l'ultima volta nel 1979... I prezzi aumentarono da circa 5,90 dollari all'inizio del 1979 a un picco di 50 dollari nel gennaio seguente.

Ma ci sono enormi differenze fra il 1980 e oggi. Sono convinto che questo rialzo dell'argento farà sembrare insignificante l'ultimo rialzo. Per la maggior parte degli anni Ottanta il pubblico ha fatto ciò che fa sempre. Quando avrebbe dovuto investire nelle azioni, ha dato la caccia alle informazioni di ieri e ha continuato ad acquistare oro e argento. Ma questa situazione è cambiata quando siamo entrati negli anni Novanta. Gli investitori che avevano pagato da 5 a 50 dollari all'oncia sono stati coinvolti dalla mania della Borsa che era iniziata negli anni Ottanta e hanno venduto il loro argento, di solito in perdita, per acquistare azioni. Dal 1990 al 2005 gli investitori hanno venduto più argento di quanto ne abbiano comprato... molto di più. Viceversa, hanno comprato molte più azioni di quante ne hanno vendute... molte di più.

Secondo il CPM Group, gli investitori hanno venduto 1.654 milioni di once di argento dal 1990 al 2005. È quasi nove volte la quantità venduta dagli investitori negli anni Settanta.

Il pubblico non è stato il solo a disfarsi degli averi in argento. I governi in tutto il mondo hanno smesso di usare l'argento come conio e hanno svenduto le loro scorte. Guarda il grafico 26.

Di fatto, a partire dagli anni Sessanta, un periodo in cui ogni governo sul pianeta aveva notevoli riserve argentifere e usava l'argento come conio – un'epoca in cui gli Stati Uniti controllavano 3,5 miliardi di once (la riserva argentifera più grande della storia) – tutti gli Stati hanno svenduto le scorte di argento. Questa riserva extra ha avuto l'effetto di deprimere artificialmente il prezzo. Oggi gli Stati in tutto il mondo di fatto sono privi di argento. Queste vendite sottocosto del governo sono state accompagnate da vendite di investitori per circa 1,6 miliardi di once dal 1990 al 2005. Questo ha avuto l'effetto di deprimere artificialmente il prezzo dell'argento a livelli così bassi che in molti casi il prezzo era inferiore ai costi dell'attività estrattiva, facendo fallire alcuni produttori primari di argento.

Il livello industriale

Quindi potresti chiederti: "Se lo Stato stava vendendo l'argento e gli investitori stavano vendendo l'argento, chi lo stava acquistando?" Risposta: "I produttori industriali". L'argento che veniva venduto era usato per fabbricare beni di consumo.

Fra tutti gli elementi, l'argento è *il* metallo indispensabile. È il più conduttivo elettricamente, il più conduttivo dal punto di vista termico e il più riflettente. La vita moderna, così come

Grafico 26. Le scorte di argento dello Stato

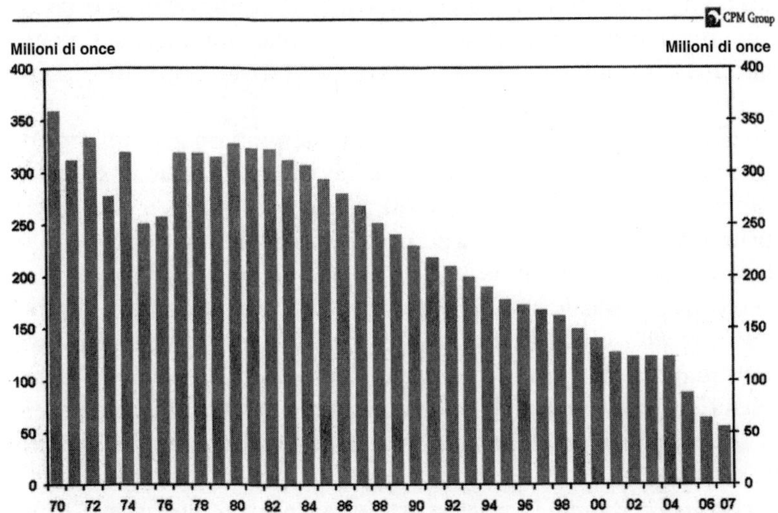

noi la conosciamo, non esisterebbe senza l'argento. La fotografia, le pile, l'elettronica... tutte queste cose sono diventate
importanti, e sono divenute ampiamente a portata di mano,
durante la Seconda guerra mondiale e poco dopo, e poi il loro
uso è aumentato notevolmente dopo gli anni Sessanta a causa di
scoperte scientifiche circa le applicazioni industriali dell'argento. A differenza dell'argento, l'oro ha solo due usi basilari ed
entrambi sono usi relativi alla tesaurizzazione in cui il metallo
non viene consumato molto... il denaro e i gioielli. Meno del
10% della produzione aurifera è usato in applicazioni industriali. Il 90% di tutto l'oro estratto nel corso della storia è ancora a
disposizione per essere acquistato da qualche parte.

Invece l'argento ha centinaia di usi e applicazioni industriali.
Ecco solo un piccolo esempio della moltitudine di usi dell'argento: pile, cuscinetti, biocidi, saldobrasatura, marmitte catali-
tiche, monete, conduttori elettrici, elettronica, galvanoplastica,
gioielli, applicazioni mediche, specchi e rivestimenti riflettenti,
fotografia, argenteria, celle per l'energia solare, saldatura, depu-
razione delle acque.

Fra tutti gli usi dell'argento, solo i gioielli e l'argenteria hanno come risultato il risparmio dell'argento utilizzato; in tutti gli altri usi, l'argento viene consumato in quantità microscopiche, gettato via e alla fine finisce in una discarica. Ecco dove sono andati quei miliardi di once!

Nel 1980 gli investitori potevano acquistare 2,5 miliardi di once di argento e nel 1990 ne restavano 2,1 miliardi. Oggi le scorte sono quasi inesistenti. Il punto essenziale è che per la prima volta nella storia l'argento è più raro dell'oro fra le quantità disponibili che gli investitori possono acquistare.

Rimane solo lo 0,0056% della scorta argentifera un tempo enorme che gli Stati Uniti possedevano alla fine degli anni Cinquanta e all'inizio degli anni Sessanta. Essa si è assottigliata da 3,5 *miliardi* di once ad appena 20 *milioni* di once. E il resto degli Stati del mondo ha fatto lo stesso. Siamo passati da un mondo in cui ogni paese usava l'argento come moneta e conservava anche ampie scorte di argento nelle riserve, a un mondo che è quasi privo di argento. In realtà, se sommi tutte le scorte statali di argento in tutto il mondo, il totale ammonta solamente allo 0,016% di ciò che soltanto gli Stati Uniti solevano possedere da soli. Come afferma l'esperto di argento di vecchia data David Morgan di Silver-Investor.com: "L'oro è ancora posseduto da molti Stati... l'argento non è posseduto di fatto da nessuno Stato".

Il grafico 27, del CPM Group, mostra le scorte mondiali totali e conosciute dell'oro (colonna più chiara) e dell'argento (colonna più scura) nel 1990, e nel 2007. Come puoi vedere, *non è rimasto quasi più argento!*

Nota che le scorte d'oro stanno crescendo, mentre le riserve di argento si sono ridotte enormemente. Nel 1979, quando gli investitori sono divenuti compratori netti di argento, spingendo l'argento a oltre 52 dollari nel 1980, c'erano più di 2,5 miliardi di once di argento disponibili per i loro acquisti. Oggi, proprio quando gli investitori sono divenuti ancora una volta compratori netti, le scorte di argento sono quasi scomparse; sai che cosa accade quando la domanda aumenta e l'offerta diminuisce.

Grafico 27. Riserve di lingotti di metalli preziosi

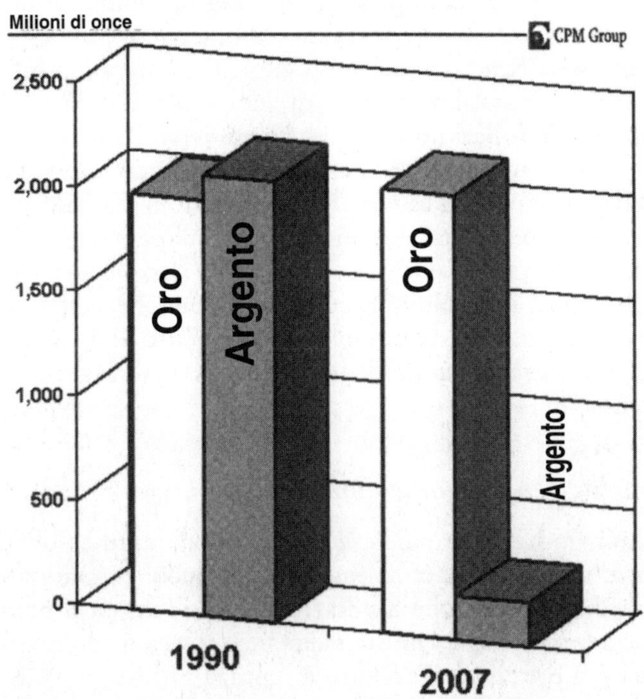

Il grafico 28 illustra questa utilizzazione delle riserve di argento, ma la misura in un modo diverso e molto più importante: ovvero, quanti mesi durerebbero le riserve di argento, quale che sia il tasso di consumo in qualunque momento stabilito, se la produzione mineraria mondiale si arrestasse. Quindi il grafico fondamentalmente è un rapporto fra scorta e utilizzazione, misurato in base alla quantità di tempo restante fino alla scomparsa dell'argento.

Al tasso corrente di utilizzo, la durata delle scorte di argento di superficie, se tutta l'attività mineraria dovesse cessare, è ridotta ora ad appena quattro mesi.

Il grafico 28 permette di capire che, una volta che il rapporto fra scorta e utilizzazione ha toccato il fondo, esso sta inviando

167

un segnale di acquisto e, a differenza dei cicli precedenti, non è possibile che questo rapporto cali ulteriormente. Di fatto, è così assurdamente basso che è incredibile che il pubblico non si sia già reso conto di come sia enormemente sottovalutato l'argento, ed è assolutamente stupefacente che una quantità esorbitante di dollari non sia già affluita verso l'argento.

No, ritiro quello che ho detto. Non è affatto incredibile. Il pubblico dà sempre la caccia alle informazioni di ieri. Quando le persone sono indaffarate a investire nei tulipani o nelle azioni tecnologiche, questo allontana la valuta da altri settori, e molte cose diventano incredibilmente sottovalutate. Si dà il caso che questo sia il momento in cui brilla l'argento. Dico sempre: "L'oro è economico come il terriccio ora, ma l'argento è più economico del terriccio".

Il modo di pensare maleodorante

L'unico motivo per cui l'argento è così economico ora è che la gente "pensa" che debba essere economico. È condizionata a pensare questo perché gli Stati scaricano l'argento nei mercati da mezzo secolo. Questa riserva extra ha avuto l'effetto di stroncare il prezzo dell'argento e il prezzo basso ci ha indotti a consumare più argento di quanto ne abbiamo prodotto per più di mezzo secolo. E nel 2007 gli Stati hanno pressoché esaurito l'argento e hanno smesso di venderlo proprio quando l'interesse degli investitori sta aumentando. Ma, come sai, non è rimasto quasi più argento che gli investitori possono acquistare. E di nuovo, secondo il corso di *Economy 101*: quando c'è una grande domanda e un'offerta minima, i prezzi andranno alle stelle.

Ma non si estrarrà semplicemente più argento?

Questa è una buona domanda. La risposta breve è: sì. Ma la buona notizia per gli investitori in argento è che la maggior parte delle riserve argentifere non proviene da operazioni di estrazione dell'argento. Piuttosto, le riserve argentifere spesso

Grafico 28. Le scorte di lingotti d'argento in base alla loro durata in mesi rispetto alla domanda

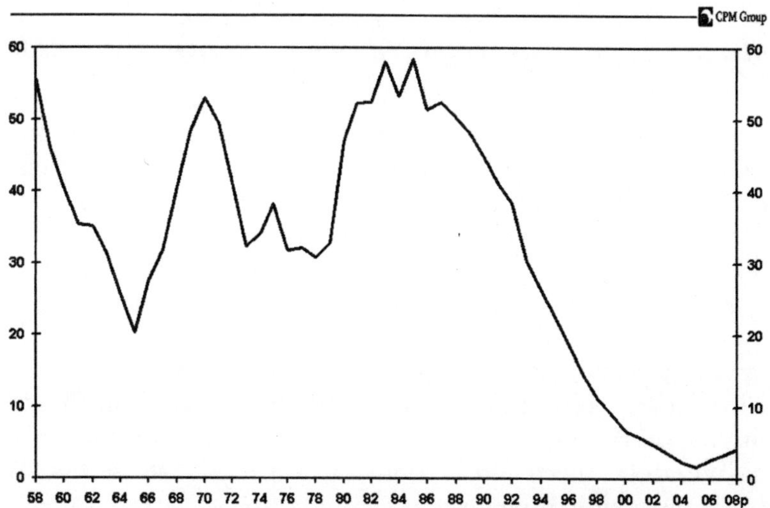

sono un sottoprodotto dell'estrazione di rame, piombo, zinco e oro. Di fatto, circa il 75% della riserva di argento estratto da poco nasce come sottoprodotto dell'estrazione di altri metalli. Questo argento è un bonus per queste società minerarie e, come evidenzia David Morgan: "Un minatore di rame certamente non getterà via l'argento". Quindi lo vendono sul mercato; ma il punto è che la loro attività non dipende dal prezzo dell'argento. Se un minatore di rame ricava l'1% del suo reddito dall'argento, certamente non estrarrà dieci volte più rame per incrementare la sua produzione di argento del 10%.

Quindi, il peso per soddisfare la domanda di argento ricade sulle spalle di quelli che sono denominati produttori primari dell'argento, e sono una razza rara. Attualmente la produzione mineraria di argento ammonta a oltre 500 milioni di once all'anno. I produttori primari di argento producono soltanto il 25% di questa quantità, ovvero 125 milioni di once all'anno. Se tu potessi congelare la domanda al punto in cui si trova oggi e se i produttori primari di argento fossero in grado di raddoppiare la produzione, occorrerebbero più di quindici anni per riportare le scorte di argento al livello in cui erano nel 1990.

Ma non si apriranno semplicemente più miniere d'argento?

Di nuovo una buona domanda. E di nuovo la risposta breve è: sì. Ma la media mondiale per passare dalla scoperta di una miniera alla produzione va dai cinque ai sette anni e, in paesi con solide leggi ambientali, può occorrere molto più tempo. Negli Stati Uniti, per esempio, anche se tu trovassi un deposito d'argento o d'oro puro, se fosse in uno stato come la California non otterresti nemmeno un permesso per estrarlo a causa delle rigorose leggi ambientali dello Stato. Inoltre, la prospezione importante non inizierà finché il prezzo non sarà a livelli molto più alti. E per coronare il tutto, a causa del lungo mercato al ribasso nei metalli preziosi, c'è una forte mancanza di lavoratori esperti con la conoscenza specializzata necessaria per le operazioni minerarie.

Il mondo non sta neanche semplicemente esaurendo l'argento "di superficie", sta anche esaurendo l'argento che si trova *nel* terreno. Sta diventando più difficile trovare depositi di argento estraibile. Ray De Motte, presidente della Sterling Mining, di recente mi ha detto che il rapporto fra l'argento estraibile e l'oro potrebbe essere meno di 8 a 1 oggi, rispetto al 12 a 1, un rapporto più grande, in passato.

E lo United States Geological Survey (USGS) concorda. Izzy Friedman, mentore del celebre esperto di argento Theodore Butler, ha scoperto un fatto sbalorditivo nascosto nei rapporti annuali sui minerali dell'USGS. Ai tassi attuali di produzione, è rimasto meno argento estraibile sulla crosta terrestre di qualunque altro metallo.

Secondo l'USGS, ai tassi attuali di produzione i due metalli che esauriremo prima sono l'oro e l'argento. Con questi tassi, le riserve aurifere saranno esaurite fra trent'anni e quelle argentifere fra appena venticinque anni.

Il prossimo boom dell'argento

Viste e considerate le circostanze economiche spaventose di cui abbiamo parlato in questo libro, sai già che la valuta statunitense è condannata. E, se ho svolto bene il mio lavoro, sei anche convinto che il prossimo grande trasferimento di ricchezza verrà dai metalli preziosi e dalle merci. Sono certo che uno dei più grossi catalizzatori per la crescita dei metalli preziosi verrà dall'argento. In verità, penso che siamo sul punto di sperimentare il più grande boom dell'argento che la storia abbia mai visto.

Mentre il dollaro continuerà a crollare, i grossi investitori si volgeranno in primo luogo verso l'oro e ne faranno aumentare enormemente il prezzo. Quando il pubblico comincerà a capire, l'oro gli sembrerà piuttosto costoso. Poi, tutti cominceranno a sentir dire che l'argento è più raro dell'oro. Presi dalla frenesia, si precipiteranno verso l'argento, proprio quando le scorte saranno effettivamente diminuite e la produzione si sarà effettivamente fermata. A quel punto i prezzi dell'argento esploderanno.

Le micce

Ci sono quattro micce che infiammeranno i prezzi dell'argento:

MICCIA N. 1: LA MANIPOLAZIONE DEL PREZZO

Come abbiamo già detto, il prezzo dell'argento viene manipolato e viene manipolato in misura ancora maggiore rispetto al prezzo dell'oro.

Ted Butler scrive a proposito di questo da molti anni. Per quanto ne so, Butler è stata la prima persona a scrivere a proposito della manipolazione del prezzo dell'oro e dell'argento e da dieci anni combatte una guerra individuale contro le manipolazioni dei prezzi. Sembra che certi enti abbiano usato la Borsa Merci di New York (COMEX) per manipolare il prezzo dell'argento gettando molto (e intendo dire *molto*) argento sul mercato. Il grosso problema è che l'argento che viene venduto non esiste. Viene acquistato e venduto in contratti per consegna a termine, documenti che promettono di consegnare l'argento prima o poi giù per la strada.

Potresti chiedere quanto è questo "molto". Beh, gli operatori di merci nel COMEX hanno fatto scommesse in cui hanno promesso di consegnare più del doppio di tutto l'argento di cui si conosce l'esistenza. Se gli speculatori al rialzo (gli operatori che hanno acquistato questi contratti per consegna a termine) chiedessero la consegna ai venditori allo scoperto (gli operatori che hanno venduto questi contratti), il resto del mondo dovrebbe fare a meno dell'argento per più di un anno. Questo significa niente cellulari o computer nuovi, Sony o Panasonic, per più di un anno.

Non c'è nessun'altra merce che abbia una simile posizione allo scoperto. Per esempio, la quantità di oro venduto nei contratti per consegna a termine ammonta solo al 2,5% della scorta conosciuta. Invece, la quantità di argento venduta nei contratti per consegna a termine ammonta a oltre il 200% di tutta la scorta conosciuta. Questa è una posizione allo scoperto che è ottanta volte più grande di quella dell'oro.

Questa è una prova sufficiente per dire che il prezzo dell'argento è manipolato? No, ma è fortemente sospetta. È ancora più sospetto il fatto che l'argento ha anche la più grande percentuale di contratti (si chiama *open interest*[1]), posseduti dal minor numero di operatori, di qualunque merce. Solo quattro operatori possiedono la stragrande maggioranza delle posizioni corte dell'argento e Ted Butler ipotizza che appena uno o due di essi possano possedere più del 50% di tutte le posizioni corte. Questo significherebbe che solo uno o due organismi stanno determinando ampiamente il prezzo dell'argento per il resto del mondo. Esamina solo il grafico 29. Questi quattro operatori hanno venduto, per una consegna futura, più del valore della produzione argentifera mondiale generata in quattro mesi.

---

[1] Differenza fra contratti acquistati e venduti (N.d.T.).

Grafico 29. Giorni di produzione per coprire le posizioni corte dei 4 operatori più grandi

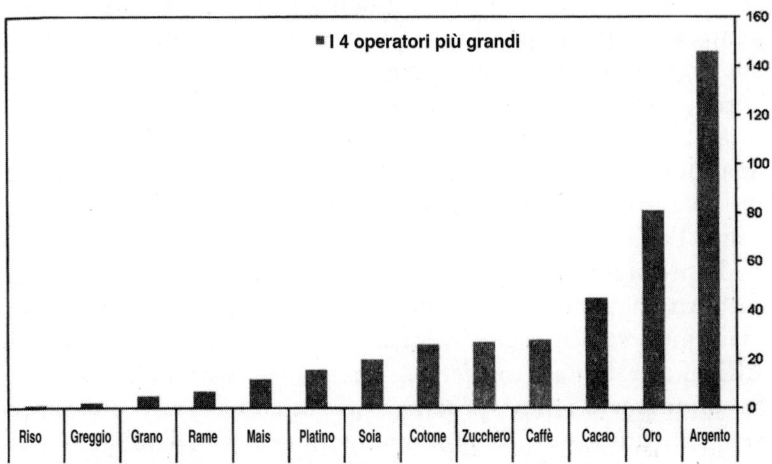

Fonte: World Gold Charts @ www.sharelynx.com

Ecco la buona notizia. Poiché questo mercato argentifero cartaceo e artificiale limita la crescita del mercato dell'argento tangibile, il mercato cartaceo sta stabilendo il prezzo dell'argento. Tutto questo argento cartaceo che è stato venduto ha depresso il prezzo dell'argento ancora di più. In altri termini, l'argento è molto più economico di come dovrebbe essere e questo significa che puoi acquistarlo a buon mercato... ma non per molto tempo.

Verrà un giorno in cui la maggior parte delle nostre scorte tangibili di argento saranno scomparse e, indipendentemente dalla quantità di argento cartaceo venduto sul mercato, l'argento tangibile ancora una volta inizierà a stabilire il prezzo in quanto i venditori allo scoperto non sono in grado di consegnare l'argento sulla base dei loro contratti e si verificano scarsità di argento. Allora fai attenzione, i venditori allo scoperto resteranno intrappolati in una stretta dovuta alle vendite allo scoperto, la quale infiammerà i prezzi dell'argento.

Una pratica piuttosto comune di cui probabilmente non hai mai sentito parlare è il leasing dell'argento. Il leasing dell'argento si verifica quando un produttore di argento ha clienti che vogliono comprare l'argento, ma quel produttore non ha argento disponibile da vendere. Che cosa fa? Egli prende in prestito (noleggia) l'argento da qualcuno che ne ha una grande quantità (come solevano averla le banche centrali) e promette di restituire l'argento prima o poi in futuro. Poi il produttore vende l'argento al suo compratore.

Il problema con il leasing dell'argento (e con il leasing dell'oro, in quanto a ciò) è che i prestiti in realtà non vengono mai rimborsati. Invece, diventano prestiti *rollover* (ovvero prestiti rinnovabili alla scadenza) trasformandosi in altri prestiti. Secondo certe stime, perché tutti i leasing di oro e argento vengano rimborsati, la produzione mineraria dovrebbe essere dedicata al 100% a questo scopo per due anni. Questo significa che durante questo periodo non si produrrebbero gioielli, cellulari, portatili, ecc.

Tutti questi "noleggi" creano una riserva fantasma. Come ha evidenziato Theodore Butler nel suo articolo: *"Silver Leasing or Silver Fleecing?" (Leasing dell'argento o pelatura dell'argento?)*, nei mercati odierni ci sono 150 milioni di once d'oro e un miliardo di once d'argento in prestito, di cui attualmente non esistono scorte di riserva da usare per il rimborso. Quindi, che cosa fa questa riserva fantasma? Frena la determinazione del prezzo. Alla fine tutto il sistema di leasing dei metalli preziosi crollerà e, quando accadrà, questa riserva fantasma scomparirà e i prezzi schizzeranno in alto.

Miccia n. 3: I CERTIFICATI D'ARGENTO

Tratterò i certificati d'argento in modo molto più dettagliato più avanti nel libro, ma è importante accennare ad essi qui.

Ho parlato con Ted Butler un paio di volte prima di scrivere questo. Quando sono giunto all'argomento delle società che offrono certificati d'argento, egli ha parlato di imprese finanziarie di fiducia che forniscono deposito a custodia ai clienti ai quali hanno venduto l'argento. Il problema è che stanno vendendo argento inesistente. Ha spiegato che quando egli ha iniziato a scrivere per la prima volta della riserva di argento fantasma, la gente pensava che fosse pazzo. Ma poi, il 23 ottobre 2007, ha reso noto al pubblico un articolo intitolato *"Money for Nothing"* *(Denaro in cambio di niente)*. Il succo del suo articolo era che la Morgan Stanley è stata citata in giudizio poiché in realtà non aveva in deposito metalli preziosi, come l'argento, anche se faceva pagare ai clienti le spese di deposito. La parte peggiore è che questa società non ha nemmeno confutato l'affermazione. Ha detto invece di non avere fatto nulla di male a "far pagare il deposito su un metallo che non esisteva, in quanto questa è una pratica diffusa nel settore".

La frase usata da Ted Butler per definire questa pratica è: "conti di deposito di argento non coperti". Fondamentalmente, grosse società come la Morgan Stanley riescono a tenersi i tuoi contanti e a usarli esenti da interessi per tutto il tempo in cui tu conservi il tuo conto argentifero – generalmente un periodo molto lungo per la maggior parte degli investitori. Durante quel periodo di tempo, non sono obbligati ad avere effettivamente argento disponibile per garantire la tua valuta. Peggio ancora, alcune società, come la Morgan Stanley, ti faranno pagare spese di deposito per l'argento che non esiste nemmeno. Fondamentalmente, proprio come avviene con il leasing dei metalli preziosi, questa è una grossa frode. Quando, non se, si verificherà in futuro un assalto all'argento, queste istituzioni non avranno le riserve disponibili per pagare. In questo modo le persone con riserve di argento tangibile prospereranno moltissimo quando i prezzi esploderanno grazie alla miccia corta delle vendite allo scoperto di argento.

MICCIA N. 4: I FONDI INDICIZZATI QUOTATI *(exchange-traded funds, etf)*

Molti miei colleghi nel settore dei metalli preziosi credono che gli ETF – fondi indicizzati quotati – forse non abbiano tutti i metalli che dicono di avere e che possano essere un altro strumento per manipolare il prezzo dell'oro e dell'argento.

Questo può dimostrarsi, o non dimostrarsi, vero. Se è vero, e se stanno combinando lo stesso tiro mancino della Morgan Stanley, allora il prezzo dei metalli schizzerà in orbita quando la manipolazione sarà smascherata. Se non è vero, e se gli ETF sono leciti al 100%, allora è una miccia ancora più grossa. A causa della loro crescita vertiginosa, essi divorano quantità enormi di oro e di argento.

Se hai intenzione di *negoziare* l'oro e/o l'argento, anziché investire nell'oro e/o argento, allora avallo e raccomando incondizionatamente gli ETF. Hanno, di gran lunga, lo spread più ridotto fra l'acquisto e la vendita (la differenza fra il prezzo che paghi quando compri, e ciò che ottieni quando vendi), la liquidità più alta, e possono essere acquistati e venduti proprio come un'azione su qualunque piattaforma di intermediazione. Ma se *investi* nell'oro e nell'argento a lungo termine, allora ti esorto a fare indagini su di essi con attenzione prima di sceglierli come strumento di investimento.

I detonatori

Ora che abbiamo accertato che le micce per l'argento crescono rapidamente, parliamo dei detonatori. I detonatori sono una serie di eventi probabili che infiammeranno le micce di cui abbiamo appena parlato. Essi sono:

Lo stoccaggio

David Morgan di Silver-Investor.com dice che quando "gli utilizzatori commerciali avvertiranno una prossima mancanza… l'argento mostrerà una forza di prezzo che pochi ritengono possibile a questo punto. Perché? Perché, a quel punto, gli utilizzatori dell'argento nel settore della difesa, nel settore automobilistico e in quello dell'elettronica si contenderanno l'argento nello stesso momento in cui gli investitori fiuteranno il potenziale di profitto". Questo significa che gli acquirenti industriali inizieranno a comprare più argento possibile al fine di stoccarlo per destinarlo alla produzione dei loro beni. Questo ridurrà notevolmente la riserva nel mercato e farà crescere i prezzi.

I GROSSI ACQUIRENTI

Prima o poi qualcuno, da qualche parte, cercherà di assicurarsi una posizione molto ampia nell'argento. Probabilmente Bill Gates ha abbastanza contanti in tasca per acquistare tutto l'argento del mondo ai prezzi odierni.

I FONDI COMUNI

Per decenni gli uffici di intermediazione solevano raccomandare di investire perlomeno il 10% del patrimonio netto nell'oro, come protezione contro l'instabilità economica. Oggi Wall Street ha dimenticato la regola aurea, e il 99% degli investitori non ha metalli preziosi nel proprio portafoglio. Quando i problemi nell'economia, nel settore bancario e a Wall Street inizieranno a essere evidenti per molti investitori e quando i fondi comuni guarderanno ai guadagni realizzati dai metalli preziosi, molti fondi aggiungeranno i metalli preziosi al loro mix, e molti di questi vedranno il potenziale dell'argento per ottenere guadagni superiori.

I MEDIA FUTURI

Come vedrai più avanti, l'oro e l'argento diventeranno una bolla economica prima o poi, proprio come le azioni e gli immobili lo sono oggi. A quel punto l'oro e l'argento saranno una notizia da prima pagina e la consapevolezza della rarità dell'argento non sarà più appannaggio di una persona su centomila, ma sarà nota a tutti.

LA PERCEZIONE DEL PUBBLICO

Quando il pubblico generale si risveglierà infine dal suo coma e andrà alla carica, arguirà correttamente che 50 dollari di argento possono raddoppiare più facilmente di 2.000 dollari d'oro. Come dice Ted Butler: "Alla gente non piace l'argento perché ottieni troppo in cambio dei tuoi soldi". Il punto è che spesso la gente pensa che più una cosa è economica in termini di dollari, meno ha valore. Non è sempre così, e questa percezione, perlomeno quando si tratta dell'argento, cambierà... proprio come ha fatto nel 1979.

Ed ecco la parte migliore. Uno qualunque di questi detonatori potrebbe rendere quasi inesistente la riserva di argento tangibile. Quando questo accadrà, tutti quei leasing sui metalli preziosi e tutte quelle scorte fantasma provocheranno un'esplosione dell'argento più grossa di quanto sia mai stato immaginato.

La rete di sicurezza dell'argento

Un'ultima cosa fantastica riguardo all'argento come investimento è che ha una rete di sicurezza incorporata, perlomeno ai prezzi bassi di oggi. Da quando compro l'argento, ho visto salire il prezzo da 4,25 dollari a 21 dollari. Ho investito anche in molte società minerarie, e per tutto questo tempo in cui ho visto aumentare l'argento e ho visto andare alle stelle i prezzi delle azioni, perlopiù le società minerarie non mostrano ancora un profitto.

Questo è importante per capire perché in un mondo che sta esaurendo l'argento, uno dei metalli industriali più ricercati, è impossibile sostenere una prezzatura che è al di sotto del costo di produzione per la maggior parte dei produttori. Il prezzo non può diminuire e rimanere basso. Alla fine deve crescere in misura significativa al di sopra del costo di produzione per incoraggiare abbastanza prospezioni e nuove attività estrattive per far fronte alla domanda.

La parte migliore riguardo a questa rete di sicurezza è che è diventata ancora più sicura quando il prezzo dell'argento è aumentato. La maggior parte dei costi associati all'attività estrattiva è connessa al costo dell'energia. Quando è aumentato l'argento, è aumentato anche il costo del petrolio. Se pensi che il petrolio continuerà ad aumentare in futuro... allora la tua rete di sicurezza diventerà soltanto più sicura.

Torniamo al futuro

Quindi dove andrà a mio avviso il prezzo dell'argento? In realtà questo non è importante. Come ho detto prima: "Il prezzo non significa nulla! Qual è il valore?"

Posso dire onestamente che l'argento è estremamente sottovalutato attualmente, il che ci riporta all'inizio di questo capitolo. Ricordati che nei primi duemila anni della storia il tasso di cambio fra l'oro e l'argento era di 11 once di argento per 1 oncia d'oro in media.

Ecco la parte entusiasmante. Considerando un periodo di tempo sufficientemente lungo, i valori tornano sempre alla media. Ma quando qualcosa è notevolmente male in arnese, di solito supererà la media prima di riassestarsi. Più a lungo e più fortemente è male in arnese, più supererà la media in misura cospicua di solito.

Da più di un secolo il rapporto fra oro e argento è più male in arnese di qualunque cosa di cui abbia mai sentito parlare, e mentre scrivo questo, il tasso di cambio fra l'argento e l'oro è superiore a 50 a 1. Puoi scommettere che quando si verificherà un assalto all'argento, questo rapporto diminuirà vistosamente, e sono piuttosto certo che supererà notevolmente la media storica di 12 a 1. E, poiché gli investitori hanno a disposizione meno argento che oro per i loro acquisti, credo che esso possa perfino giungere fino al punto di uguagliare o superare il prezzo dell'oro. Ora sai perché l'argento è realmente un metallo prezioso.

Parte 3

Domani

Capitolo 12

Il pendolo

Nel corso di questo libro ho parlato dei cicli e degli effetti che essi hanno sui mercati, sull'economia e sui tuoi investimenti. Se studierai abbastanza a lungo, credo che giungerai alla conclusione che quasi tutto avviene secondo onde e cicli.

I cicli sono dappertutto nella natura, ma in quanto prodotto della natura umana, anche i mercati finanziari e i mercati delle materie prime presentano schemi comportamentali ciclici. Questi periodi di ottimismo e pessimismo sembrano aumentare e diminuire con una regolarità prevedibile. Ma la lunghezza dei vari cicli può durare giorni, settimane, mesi, anni, decenni e perfino secoli. Quindi è difficile pianificare eventi simili a causa dell'assenza di un'esperienza precedente con cicli analoghi.

Questo è uno dei motivi per cui è così importante l'istruzione finanziaria e per cui sono fiero di lavorare con una persona come Robert Kiyosaki, il quale crede che l'istruzione finanziaria e l'intelligenza finanziaria siano una chiave per sopravvivere nell'economia di oggi. Puoi leggere di più sull'impegno di Robert verso l'istruzione finanziaria nel suo libro *Aumenta il tuo QI finanziario*[1], uno dei libri migliori sull'importanza dell'intelligenza finanziaria che io abbia mai letto.

Per dimostrare che questi cicli sono reali, e per provare l'enorme effetto che possono avere sulla tua strategia per la ricchezza, voglio trattare brevemente alcuni cicli comuni.

[1] Trad. it. Gribaudi, Milano 2008.

Il ciclo di valutazione delle azioni, ovvero il ciclo del rapporto fra la quota di utili e il corso delle azioni

Nei lunghi periodi di tempo i mercati tendono a infiammarsi e a raffreddarsi. Per motivi di semplicità, dirò che il rapporto fra la quota di utili e il corso delle azioni è semplicemente una misurazione di com'è sopravvalutata o sottovalutata un'azione. Quando le azioni stanno sperimentando un vigoroso mercato al rialzo, il mercato si infiamma, tutti vogliono entrarci, i prezzi sono alti e le azioni diventano sopravvalutate dando luogo a un elevato rapporto fra la quota di utili e il corso delle azioni. In un mercato al ribasso, il mercato si raffredda, tutti vogliono uscirne, i prezzi diminuiscono e le azioni perdono valore dando luogo a un basso rapporto fra la quota di utili e il corso delle azioni.

Il ciclo degli attivi tangibili rispetto agli attivi intangibili, ovvero il ciclo degli attivi cartacei rispetto agli attivi materiali

C'è un ciclo che misura la preferenza del pubblico per gli attivi intangibili, ovvero gli attivi cartacei come le azioni, oppure gli attivi tangibili come l'oro, gli immobili, le merci o i beni rifugio. Il rapporto fra il Dow e l'oro è l'esempio migliore in proposito. Questo rapporto è determinato semplicemente dai punti del Dow divisi per il prezzo dell'oro. Il risultato è il valore del Dow misurato in oro, ovvero quante once d'oro costa un'azione del Dow.

Il ciclo degli immobili

Se determini il prezzo degli immobili in termini di once d'oro anziché dollari, scoprirai che, proprio come la Borsa, gli immobili seguono il medesimo ciclo, dalla sopravvalutazione alla sottovalutazione, e viceversa.

Il grafico 30 mostra il rapporto fra la quota di utili e il corso delle azioni del Dow, il valore del Dow misurato in oro, e il valore degli immobili, anch'esso misurato in oro, dall'anno 1920 a oggi. Puoi vedere chiaramente che oscillano avanti e indietro secondo cicli che sono piuttosto evidenti. Osserva anche che la determinazione dei tempi dei cicli per tutte e tre le voci, il rapporto fra la quota di utili e il corso delle azioni, il rapporto fra il Dow e l'oro, e il rapporto fra gli immobili e l'oro, è quasi identica.

Dal crollo della Borsa del 1929 e nel corso della Grande Depressione, questi tre rapporti si collocano quasi esattamente nello stesso periodo. Poi gli immobili si riprendono prima delle azioni, quando migliaia di soldati tornano a casa dopo la Seconda guerra mondiale, si sposano, comprano una casa e iniziano a dare luogo al boom delle nascite. Osserva poi che, ancora una volta, le azioni e gli immobili perdono valore simultaneamente rispetto all'oro. Non si è trattato tanto di una diminuzione delle azioni e degli immobili, quanto dell'oro che è aumentato di valore mentre ha costretto alla resa dei conti tutti i dollari creati a partire dal 1934. Ma la prova che ciò fa parte del ciclo è il fatto che il rapporto fra la quota di utili e il corso delle azioni ha partecipato a questo fenomeno. Poi puoi vedere l'inizio del più grande boom della Borsa nella storia, nel 1980, e contemporaneamente l'oro ha iniziato un estenuante mercato ventennale al ribasso.

Ma poi, alla svolta di questo secolo, si manifesta qualcosa di veramente stupefacente. A partire dal 2000, la grande ripresa delle Borse e il più grande boom immobiliare nella storia non sono stati nient'altro che miraggi. Per tutto il tempo in cui il loro prezzo è aumentato, il loro valore è diminuito. E questo non è avvenuto solo perché l'oro è aumentato più rapidamente delle azioni e degli immobili. Il rapporto in diminuzione fra la quota di utili e il corso delle azioni conferma che sta avvenendo qualcosa di più fondamentale.

Il mio collega d'affari, Brent Harmes, studia i cicli da molti anni ormai ed è divenuto un esperto straordinario. I cicli sono la sua passione professionale. Studia tutti i cicli di investimento che riesce a scoprire e ha identificato parecchi cicli chiave che sono di importanza cruciale per il successo degli investitori.

Grafico 30. Case prezzate in oro, rapporto fra quota di utili e corso delle azioni, Dow prezzato in oro

Fonte: Robert J. Shiller, docente di Economia, Yale University; National Association of Realtors (Associazione Nazionale degli Agenti Immobiliari)

Crede che gli investitori che guardano come la storia si sia ripetuta, anziché ascoltare ciò che dice la folla, dimostreranno di avere ragione ogni volta.

Come evidenzia Brent: "Il pendolo non si ferma a metà strada. Deve correggere il suo movimento al di sopra delle aspettative cosicché gli eccessi passati possano essere rimossi. In tutti gli investimenti che hanno avuto un'estrema sopravvalutazione ci aspetteremmo un'estrema sottovalutazione prima che si tocchi realmente il fondo. In ognuno di questi cicli, il ciclo non termina finché il pendolo non oscilla compiendo tutto il suo percorso fino all'altro estremo".

Il grafico 30, che copre più di un secolo, è costituito semplicemente dai primi piani istantanei di un quadro molto più ampio. Le tre ondate in ognuno dei grafici sono solo le più recenti di una serie di ondate cicliche che risalgono agli inizi del

185

capitalismo e del libero mercato. Ci sono state cinque di queste ondate negli Stati Uniti nel corso degli ultimi duecento anni, e stiamo appena iniziando la sesta andata. Essa è denominata ciclo delle merci.

Nuotare a favore di corrente

Robert Kiyosaki parla spesso del controllo del rischio nella tua strategia di investimento. Con una dimostrazione così definitiva, assoluta e irrefutabile, basata su una serie così vasta di prove storiche, la mia conclusione è che scommettere in senso contrario rispetto a queste forze di marea dei cicli di investimento significa far correre un grande rischio al tuo capitale, mentre scommettere in sintonia con esse effettivamente non è affatto una scommessa. In realtà, direi che investire insieme alle correnti finanziarie può far sembrare un genio persino l'investitore non istruito. Guarda semplicemente come sono sembrati intelligenti tutti i *flippers*[2] immobiliari finché la bolla immobiliare non è scoppiata. Ma gli investitori che operano con la debita diligenza, che studiano il ciclo in cui si trovano e arrivano a capire dei modi per determinare quando un ciclo sta volgendo al termine, possono aumentare i loro guadagni potenziali e contemporaneamente limitare il rischio.

Ti voglio mostrare come possa essere efficace nuotare a favore di corrente. Per fare questo, userò ancora una volta il Dow come rappresentazione dei titoli di prim'ordine. Vorrei parlarti ora di due investitori di molto tempo fa, Bob e Paul. Vediamo che risultati ottengono con due degli investimenti più prudenti che la valuta può acquistare... l'oro e il Dow.

Entrambi nacquero nel 1903, ed entrambi divennero investitori in quello stesso anno quando i loro genitori acquistarono a ciascuno di loro un'azione del Dow. Quell'anno il Dow toccò il livello minimo di appena 30 punti. Per scaramanzia, i loro

---

[2] Un *flipper* è un investitore che acquista proprietà immobiliari da rivendere (N.d.T.).

genitori avevano usato una moneta d'oro da 20 dollari e una moneta d'oro da 10 dollari (1,5 once d'oro).

Entro il 1923 il prezzo del loro investimento prudente era triplicato nel corso dei precedenti venti anni, ma poi la Borsa decollò davvero e nel 1929 ogni azione valeva più di dodici volte la cifra pagata dai genitori. L'anno prima, Bob incontrò una bella bionda di nome Betty e Paul incontrò una piccola petunia rotondetta di nome Patty, ed entrambe le coppie si sposarono. Poi nell'estate del 1929 Bob e la sua sposa bionda, Betty, ebbero la fortuna di avere un bellissimo e forte maschietto di nome Bubba, mentre Paul e Patty misero al mondo una graziosa principessina di nome Pamela.

Bob aveva risparmiato per una nuova auto e gli mancavano appena 100 dollari per giungere ai 495 dollari necessari per acquistare una Ford nuova di zecca. Ma Bob era pervaso dall'euforia della Borsa, quindi, seguendo la tradizione di suo padre e come dono di compleanno per il figlio appena nato, prese 18 once d'oro (380 dollari) e comprò un'azione del Dow a 380 punti. Paul tuttavia provava un senso di ansia, immaginando che il mercato non potesse crescere a quel ritmo per sempre. Quindi, nell'estate del 1929 incassò l'azione ricevendo 18 once d'oro, che tenne in fedecommesso per Pam.

Appena un paio di mesi dopo il Dow crollò e tre anni dopo toccò il fondo ad appena 40 punti (due once d'oro). Paul prese le 18 once d'oro che aveva ottenuto incassando l'azione del Dow nel 1929 e acquistò nove azioni del Dow per sua figlia, Pam. L'investimento di Pam andò molto bene nei tre decenni successivi, ma nel 1966 suo padre, Paul, ormai sessantatreenne e in pensione, le telefonò e le rivelò un piccolo segreto. Pensava da molti anni a come fosse stato fortunato quando aveva compreso istintivamente il momento in cui le azioni erano state sopravvalutate o sottovalutate. Ciò lo aveva affascinato a tal punto che da quando era andato in pensione studiava le valutazioni della Borsa. Aveva scoperto per caso un segreto fantastico: le valutazioni sembrano oscillare avanti e indietro come un grande pendolo. Proseguì spiegandole quali fossero i rapporti corso/utili, e in che modo le azioni fossero estremamente sopravvalutate all'epoca. Aveva anche calcolato che, misurato in termini di oro, il Dow era più sopravvalutato in misura di una volta e mezzo rispetto al picco raggiunto nel 1929 quando egli aveva venduto. Pam riattaccò, telefonò al suo broker e vendette le sue nove azioni del Dow. Il giorno dopo acquistò l'oro e fu contentissima di scoprire che i ricavi le permisero di acquistare 252 once.

Alla fine degli anni Settanta l'oro iniziò a andare alle stelle e nel gennaio del 1980 era sulla prima pagina del giornale ogni giorno. Il padre di Pam le telefonò per dirle che, al pari delle lunghe file davanti ai negozi di monete, questa mania della gente non poteva durare. Ciò gli ricordava com'era stata l'esaltazione nel 1929. Disse anche che i rapporti corso/utili erano al livello più basso dal 1932 e che le azioni erano estremamente sotto-valutate. Proprio il giorno dopo l'oro raggiunse gli 850 dollari; Pamela telefonò al suo broker e gli disse di vendere l'oro e di comprare azioni del Dow con i ricavi. Più tardi, quel giorno, il broker le telefonò di nuovo e la notizia che dovette darle sbalordì totalmente entrambi. L'oro aveva raggiunto gli 850 dollari e il Dow era a 850 punti quello stesso giorno, quindi le sue 252 once di oro le permisero di acquistare 252 azioni del Dow.

Paul morì nel 1990. Aveva ottantasette anni. Pam pensava spesso a suo padre e a ciò che le aveva insegnato. Nel 1999, quando il suo giardiniere le disse che doveva investire nelle società "dot com" e nelle azioni tecnologiche, provò una sensazione di disagio. Questo è quello che deve avere avvertito mio padre, pensò. Esaminò il rapporto corso/utili del Dow e scoprì che era del 30% più alto rispetto al picco della Borsa prima del crollo del 1929. Poi divise i punti del Dow per il prezzo dell'oro e scoprì che, in termini di oro, le azioni erano quasi due volte e mezzo più sopravvalutate di come lo erano state prima del crollo. Andò al computer, entrò nel suo conto di brokeraggio e vendette le azioni del Dow. Alcuni giorni dopo prese i ricavi e acquistò 11.088 once d'oro.

Nel marzo del 2008, Pam ricevette una telefonata da un vecchio amico di famiglia, Bubba. Il padre di Bubba, Bob, era morto. Aveva raggiunto l'incredibile età di 105 anni. Bubba le raccontò che molto tempo prima Bob gli aveva trasmesso alcuni saggi pareri finanziari che egli teneva a cuore: "Vivi al di sotto delle tue possibilità, estingui i debiti, risparmia soldi e investi a lungo termine". Le raccontò anche i buoni risultati che aveva ottenuto. Si vantò perché l'azione del Dow che suo padre gli aveva comprato nel 1929 ora valeva 12.000 dollari, e perché suo padre aveva lasciato a sua sorella un'azione che suo nonno aveva pagato solo 30 dollari nel 1903. Pam non disse nulla. Sapeva già quanto valeva l'investimento da 30 dollari di suo nonno, perché era un conteggio facile. Lei possedeva 11.088 once di oro, e l'oro aveva appena raggiunto i 1.000 dollari all'oncia. Aveva un patrimonio di oltre 11 milioni di dollari. Si rese conto che c'era stato un lungo silenzio al telefono e disse: "12.000 dollari... è fantastico, Bubba".

Dopo la telefonata Pam fece qualche calcolo. Quando calcolò i guadagni di Bubba, l'azione che il nonno di Bubba aveva comprato a 30 dollari aveva guadagnato il 39.900% del prezzo, e l'azione che suo padre aveva pagato 380 dollari aveva avuto un utile sul prezzo del 3.058%. Ma potè vedere le cose con chiarezza quando analizzò il valore in termini di oro. Bob aveva pagato 18 once d'oro per quell'unica azione del Dow che aveva comprato per Bubba nel 1929, ma ora quell'unica azione valeva solo 12 once. Bubba aveva investito nel Dow per tutta la vita e dopo settantanove anni il Dow aveva perso il 33% del suo valore.

Pam sapeva già che le 1,5 once di oro che suo nonno aveva investito si erano trasformate in 11.088 once. Ma solo quando fece i calcoli comprese infine l'immenso potere della conoscenza che suo padre le aveva trasmesso. L'aumento da 1,5 once a 11.088 once d'oro rappresentava un guadagno del 739.100% per quanto concerne il valore assoluto. Ma fu assolutamente allibita nello scoprire che, grazie all'istinto di suo padre, e in seguito alla saggezza che aveva acquisito studiando il passato, l'investimento da 30 dollari di suo nonno aveva fruttato utili di prezzo di circa 37 milioni %.

Questa è una storiella spassosa, ma ecco la parte migliore. Non devi aspettare cent'anni perché un'enorme ricchezza sia trasferita verso di te. La storia mostra che la ricchezza più grande viene creata nel più breve periodo di tempo, durante quella parte del ciclo in cui le merci hanno risultati migliori rispetto agli attivi cartacei, e quando i metalli preziosi si stanno rivalutando. In questo esempio, la prima volta che Paul e i suoi discendenti hanno investito in azioni hanno dovuto aspettare ventisei anni prima del picco del ciclo; la seconda volta ci sono voluti trentaquattro anni; e la terza volta venti anni. Ma, il periodo dell'investimento nell'oro è stato solo di tre anni la prima volta, di quattordici anni la seconda volta, e attualmente è di otto anni e non è ancora finito.

In generale, il Dow è sottovalutato in termini di oro quando costa meno di 4 once d'oro, è valutato equamente a circa 6 o 7 once d'oro, ed è sopravvalutato quando costa più di 10 once di oro. Ma come abbiamo detto nell'ultimo capitolo, quando una data cosa non quadra da una parte, di solito si corregge al di sopra delle aspettative prima di tornare alla media (e tutto torna sempre alla media). Nel 1929, il Dow era sopravvalutato a 18 once, e quando tornò alla media il pendolo andò oltre il dovuto e arrivò a 2 once. Nel 1966 il rapporto era estremamente sopravvalutato a 28 once d'oro per azione e nel 1980 il pendolo si corresse oltre le aspettative fino a giungere a un rapporto di appena 1 oncia per azione.

Viste le condizioni economiche odierne, sono certo che il rapporto Dow/oro andrà oltre il dovuto arrivando perlomeno a 2, ma non mi sorprenderebbe minimamente vedere che il Dow si allontana dal suo picco molto, molto, molto sopravvalutato nel 1999 di 44 once d'oro per azione e va oltre il dovuto fino a giungere a mezza oncia d'oro per azione o meno. Proprio ora il rapporto Dow/oro è a 14, quindi questo significa che ogni oncia d'oro che possiedo oggi probabilmente mi permetterà di acquistare ventotto volte più azioni di prim'ordine prima o poi in futuro.

Ci sono naturalmente molti più esempi di cicli economici che potrei offrirti, ma basti dire che i cicli esistono e che la consapevolezza della loro esistenza e la conoscenza della loro modalità di funzionamento ti aiuteranno a massimizzare i tuoi investimenti.

Come ho detto all'inizio di questo libro: "Questi cicli che fluiscono e rifluiscono nel corso della storia sono naturali come l'arrivo delle maree. E mentre puntare in senso contrario ad essi può essere pericoloso per la tua salute finanziaria, investire in direzione dei cicli può procurarti una grande ricchezza".

Dico quindi che dovresti nuotare a favore di corrente e proprio ora la corrente sta scorrendo in direzione delle merci, specialmente l'oro e l'argento. Continua a istruire te stesso, studia, e leggi il resto dei libri della serie Rich Dad. La conoscenza è potere. Conferisci potere a te stesso e preparati ad affrontare la prossima grossa ondata. Perché l'unica cosa che rimane uguale è il cambiamento.

Capitolo 13

Castelli d'oro

L'oro e l'argento in confronto agli immobili

Che tu ci creda o no, sono fermamente convinto che le entità da reddito passivo, come gli immobili, siano l'investimento supremo. L'oro e l'argento sono soltanto i mezzi che ho scelto per arrivare lì. Anche se non li ho menzionati finora, il mio scopo finale è accumulare immobili, non oro e argento. L'oro e l'argento non offrono un cashflow e non ci sono vantaggi fiscali. Tuttavia, a causa del ciclo in cui ci troviamo, credo fermamente di poter accumulare molti più immobili acquistando oro e argento ora, che acquistando immobili ora.

Per illustrare questo concetto, esaminiamo il rapporto fra il mercato immobiliare e il mercato dell'argento durante l'ultimo grosso mercato al rialzo dei metalli preziosi.

La casa che è stata costruita dall'argento

L'indice dei prezzi delle case, l'S&P/Case Shiller Home Price Index (S&P/CSI), dice che nel 1971, quando è iniziato l'ultimo grande mercato al rialzo dei metalli preziosi, una casa unifamiliare di prezzo medio negli Stati Uniti costava 20.663 dollari. In quello stesso anno il prezzo medio dell'argento era di 1,39 dollari all'oncia. Quindi occorrevano 14.823 once di argento per acquistare una casa unifamiliare di prezzo medio negli Stati Uniti.

Alla fine del rialzo dei metalli preziosi nel gennaio 1980, appena nove anni dopo, quella stessa casa costava 42.747 dollari, e l'argento costava solo più di 52,50 dollari all'oncia, quindi occorrevano all'incirca 814 once di argento per acquistare la stessa casa. Il prezzo della casa era aumentato due volte, ovvero del 100%. Tuttavia, la riserva di valuta era cresciuta di 2,45 volte, ovvero del 145%. L'inflazione imperversò per tutti gli anni Settanta, e il risultato fu che, sebbene il prezzo degli immobili aumentasse in misura significativa, il loro vero valore andò a malapena di pari passo con l'inflazione e in realtà forse diminuì un po'. Invece l'argento era aumentato del 3.641%, superando l'inflazione di oltre quindici volte.

Ora, ecco uno scenario davvero favoloso. Se tu avessi venduto una casa nel 1971 a 20.663 dollari e avessi acquistato l'argento, nel gennaio del 1980 il tuo investimento avrebbe superato l'immobile in base a un fattore equivalente a 17, aumentando fino a 770.796 dollari. Se poi avessi venduto il tuo argento, avresti potuto acquistare diciotto case unifamiliari di prezzo medio, tutte in contanti, al prezzo del 1980 di 42.747 dollari a casa e beneficiare del 100% dei cashflows di queste proprietà; oppure, se ti fossi sentito davvero audace, avresti potuto pagare un acconto del 20% e acquistare novanta case allo stesso prezzo.

Oggi ci troviamo in una situazione simile, solamente migliore. Gli immobili sono diventati molto più sopravvalutati e l'argento è diventato estremamente sottovalutato. Messa a raffronto con l'argento, la casa unifamiliare di prezzo medio negli Stati Uniti ha raggiunto il livello massimo nel 2002, a un prezzo di 38.123 once di argento, circa due volte e mezzo più alto rispetto all'inizio dell'ultimo mercato al rialzo dei metalli preziosi nel 1971.

Quando l'argento ha raggiunto il picco di 52,50 dollari nel 1980, non era raro. Oggi, come abbiamo già avuto modo di approfondire, le scorte di argento di superficie individuabili sono divenute una minuscola frazione della loro dimensione nel 1980.

Quando il mercato al rialzo dell'oro e dell'argento esploderà, i bollettini d'informazioni finanziari reagiranno proprio come hanno reagito nel 1980, e l'unica cosa di cui sentirai parlare saranno l'oro e l'argento. In quel periodo ci saranno analisti di mercato su Internet, alla radio e alla televisione e annunceranno a tutti il più grande investimento di tutti i tempi: l'oro e l'argento! La rarità dell'argento non sarà più un dato conosciuto da una piccola frazione della popolazione mondiale, ma sarà qualcosa di cui allora tutti saranno esperti.

Dopo aver studiato cose come la mania dei tulipani del 1637, la bolla del Nasdaq degli anni Novanta, la storia e i fondamentali attuali dell'oro e dell'argento e la storia dei cicli finanziari, non mi sorprenderebbe minimamente vedere che meno di 500 once di argento permetteranno di acquistare una casa unifamiliare di prezzo medio prima o poi in futuro.

Mentre scrivo questo, 500 once di argento sono vendute a circa 9.000 dollari (mi arrischierei a scommettere che mentre stai leggendo questo, sono vendute a un prezzo ancora più alto), e una casa unifamiliare di prezzo medio viene venduta a 200.000 dollari (e scommetto che la casa viene venduta a un prezzo inferiore mentre leggi queste parole). Non ti piacerebbe comprare una casa all'istante, con appena 9.000 dollari? O pagare un acconto del 20% e comprare cinque case? Beh, credo che se comprerai l'argento ora, e aspetterai finché l'argento non sarà di nuovo sopravvalutato e gli immobili non saranno di nuovo sottovalutati, sarai in grado di farlo. Ricordati che nel 1980 occorrevano solo 814 once di argento per acquistare una casa, e l'argento non era raro allora.

Se giungerà realmente il giorno in cui potrai acquistare una casa unifamiliare di prezzo mediano negli Stati Uniti con appena 500 once di argento, allora questo significa che se tu fossi proprietario di una casa già pagata interamente, la vendessi ora e comprassi l'argento, e poi, quando l'argento raggiungerà il picco rispetto agli immobili, comprassi case simili nel medesimo quartiere (escludendo le perdite fiscali), potresti acquistarne ventitre di colpo, oppure centoquindici con un acconto del 20%. So che queste cifre sembrano assurde; tuttavia, che tu ci creda o no, non sono inverosimili. È solo una replica del rialzo degli anni Settanta con una piccola variazione.

Questi numeri mostrano che seguendo il flusso (ora il flusso è in direzione dei metalli preziosi) e puntando sempre in dire-

Grafico 31. Case prezzate in base all'argento

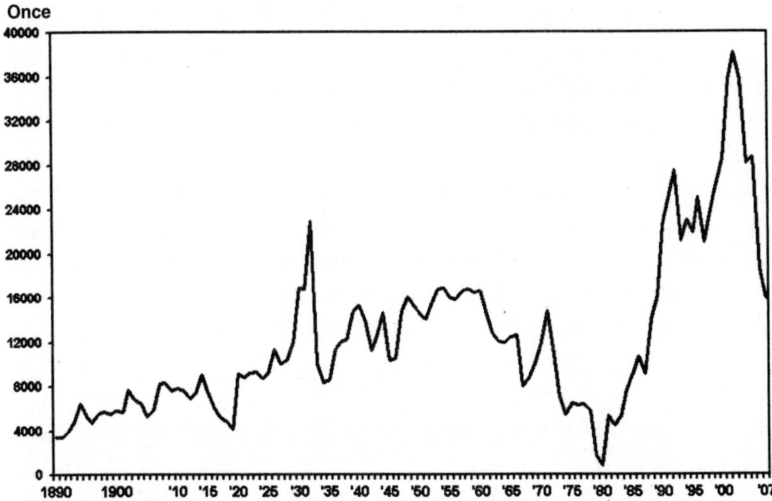

Fonte: Robert J. Shiller, docente di economia, Yale University, National Association of Realtors

zione del valore vero, la tua vincita non è solo piuttosto ampia, o perfino enorme, ma quasi incredibile.

Tenuto conto del nostro esempio immobiliare, anche se tu finissi col perdere il 50% dei tuoi guadagni per le imposte e altri costi, potresti comunque finire col possedere circa dodici case all'istante oppure sessantaquattro con un acconto del 20%, e il tutto al prezzo di una sola casa in dollari odierni.

Il più grosso ritorno alla media nella storia sta bussando alla nostra porta. Non riesco a sottolinearlo abbastanza. La buona notizia è che tutto torna sempre alla media, e la cattiva notizia è che tutto torna sempre alla media. Il fatto che la notizia sia buona o cattiva dipenderà dal fatto di avere investito nella classe di attivi giusta considerando il ciclo in cui ti trovi attualmente. Gli investitori che sono consapevoli di questo vedranno la ricchezza che bussa alla loro porta, mentre gli investitori che vengono sorpresi mentre sono all'oscuro possono finire col vedere bussare alla loro porta gli agenti dell'esattoria.

Valutati in base all'argento, gli immobili hanno raggiunto il picco nel 2002, a un prezzo di 38.123 once di argento per una casa unifamiliare di prezzo medio (grafico 31). Gli immobili non sono mai, *mai*, stati così sopravvalutati. E l'argento non è mai stato così sottovalutato, mai e poi mai.

Il punto essenziale di tutto questo è che con gli immobili così sopravvalutati, e l'argento così sottovalutato, è probabile che entrambi vadano oltre il dovuto fino a giungere all'estremo opposto, prima di tornare alla media. Ciò significa che ora hai un'opportunità molto rara di diventare molto ricco, molto rapidamente, approfittando semplicemente dei cicli economici e del trasferimento di ricchezza che essi creano.

Parte 4

Come investire nei metalli preziosi

Capitolo 14

Attenzione ai trabocchetti

Finora ti è stata presentata una quantità enorme di informazioni. Se non hai mai studiato la storia delle valute, i cicli economici e tutti gli altri argomenti che abbiamo trattato in questo libro, può rappresentare molto materiale di cui capire pienamente il significato. Ma ti assicuro che nella mia follia c'è un metodo.

Tutta questa storia e teoria che abbiamo esaminato è utile per un'unica cosa, e solo per una cosa. Dotarti delle conoscenze di cui avrai bisogno per investire saggiamente nel denaro reale... e, se il dollaro sopravvivesse, potresti proprio guadagnare un mucchio di valuta mentre sei intento a investire in questo modo.

Quindi il resto di questo libro è dedicato a fornirti l'applicazione pratica di tutte le informazioni che abbiamo trattato. Quando avremo terminato, ti prometto che sarai sicuro di te e pronto a investire nei metalli preziosi, e pronto ad approfittare dell'immenso trasferimento di ricchezza che sta venendo verso di noi.

E inizieremo imparando ciò che *non* si deve fare quando si investe nei metalli preziosi.

I trabocchetti!

All'epoca in cui i videogiochi stavano appena iniziando a entrare nell'uso corrente, la Atari fece uscire la sua famosa consolle per i videogiochi per uso domestico, ora famosa.

Uno dei giochi a disposizione dei giocatori si chiamava *Pitfall!* (*Trabocchetto!*). La premessa era semplice. Interpretavi la parte dell'avventuriero che esplora giungle lontane in cerca di tesori nascosti. Non era una cosa sofisticata. Fondamentalmente si trattava di superare con un salto animali pericolosi e dondolarsi sulle piante rampicanti al di sopra di larghe fosse. Se non sceglievi correttamente il momento per effettuare i salti, cadevi nei trabocchetti e dovevi ricominciare di nuovo a quel livello. Di qui il titolo *Pitfall!* Il gioco era ingannevolmente semplice, e troppo spesso un giocatore lo interrompeva frustrato, dopo essere caduto nella stessa fossa ripetutamente.

Pensavo a quel gioco mentre ero seduto a scrivere questo capitolo e mi è venuto in mente che, dopo avere letto tutto il materiale che abbiamo trattato finora in questo libro, anche gli investimenti nei metalli preziosi in realtà potrebbero sembrare ingannevolmente semplici. La verità è che, proprio come nel caso del gioco della Atari, ci sono molti trabocchetti che possono aspettare al varco un investitore in metalli preziosi. Forse non sono fosse piene di bitume e dirupi, ma sono altrettanto reali. E di solito giungono sotto forma di truffe.

La prima volta che ho parlato con Robert Kiyosaki della scrittura di questo libro per la serie Rich Dad, egli ha chiesto specificamente un capitolo su tutte le truffe, gli imbrogli e i trabocchetti associati agli investimenti nei metalli preziosi. Ho concordato incondizionatamente.

Ma così come un titolo su un giornale di solito fa apparire le cose peggiori di come sono in realtà, le storie più avanti daranno l'impressione che tutto il settore dei metalli preziosi non sia popolato da nient'altro che artisti della truffa e ladri. Ti assicuro che non è così. Il settore dei metalli preziosi è pieno di brave persone che vogliono servirti bene, sperando che tu diventi un cliente prezioso che compri regolarmente. Tuttavia, devi stare in guardia contro i pochi individui pericolosi. Per questo, sapere cosa non fare quando si investe nei metalli preziosi è importante come sapere cosa fare (se non più importante).

I fondi indicizzati quotati (ETF)

L'acronimo ETF significa *exchange-traded fund* (fondo indicizzato quotato). È un titolo che si negozia come un'azione, ma che ipoteticamente dovrebbe seguire il prezzo di un indice come il Dow o l'S&P 500 anziché una società individuale; oppure può essere ideato per seguire il prezzo di una merce come il petrolio, l'oro o l'argento. Gli ETF sull'oro e sull'argento possono essere strumenti molto buoni per la *speculazione a breve scadenza*. Ma possono essere anche un grosso trabocchetto per gli *investimenti*.

Molti miei colleghi nel settore dei metalli preziosi sono giunti a diffidare degli ETF e li guardano con grande sospetto. Alcuni pensano addirittura che siano un altro strumento ancora per manipolare il prezzo dell'oro e dell'argento.

James Turk di GoldMoney ha trascorso innumerevoli ore a studiare i rendiconti sulla trasparenza e le classificazioni degli ETF sull'oro e sull'argento della SEC (Commissione di vigilanza sulla Borsa) e ciò che ha scoperto è piuttosto inquietante.

Riguardo agli ETF sull'argento, gli iShares Silver Trust, le classificazioni della SEC dicono cose come: "La liquidità degli iShares può ridursi e il prezzo degli iShares può fluttuare indipendentemente dal prezzo dell'argento e può diminuire" e "Gli iShares intendono costituire un mezzo semplice e redditizio dal punto di vista dei costi per effettuare un investimento *simile* a un investimento nell'argento".

Ho due domande. Se gli iShares sono interamente garantiti dall'argento tangibile, allora in che modo potrebbero discostarsi dal prezzo dell'argento e diminuire? E inoltre, cosa significa "un investimento *simile* a un investimento nell'argento"?

Di nuovo, ti esorto a fare indagini su questi strumenti prima di acquistarli. Cerca semplicemente su Internet gli articoli di James Turk: *"Can We Trust the Silver ETF?"* e *"The Paper Game"* (*"Possiamo fidarci dell'ETF sull'argento?"* e *"Il gioco cartaceo"*).

Uno dei motivi principali per possedere i metalli preziosi è che sono uno dei pochi attivi finanziari che puoi possedere al di fuori del sistema finanziario. E, come abbiamo visto ultimamente, il sistema finanziario non è proprio così solido come vorrebbero farti credere. Quando compri un ETF, stai acquistando azioni in un fondo comune che è posseduto e gestito da una banca, una banca che potrebbe possedere l'oro o l'argento. Ma le azioni in un ETF *non* sono l'oro o l'argento accantonati e interamente posseduti da un singolo organismo, ovvero da TE!

Pools e certificati

I "pool account" e i "certificati" in realtà dovrebbero essere chiamati conti "'pagherò' oro o argento prima o poi". Nel suo articolo *"Buyer Beware" (Compratore, fai attenzione)*, Theodore Butler di Butler Research (ButlerResearch.com) avverte: "Queste sono meramente promesse cartacee o soltanto scritture contabili".

Perché qualcuno dovrebbe essere disposto a investire in uno di questi conti? Semplice. In primo luogo è economico e facile, e tutti noi amiamo le cose economiche e facili, non è vero? In secondo luogo, i clienti *credono* di acquistare l'oro o l'argento, ma in realtà stanno acquistando una promessa di consegnare l'oro o l'argento prima o poi. Ecco una semplice regola empirica: se non ci sono spese di deposito, allora molto probabilmente non c'è nulla in deposito.

Un'ulteriore prova che non esiste metallo reale in questi conti è fornita dal fatto che, se mai vuoi prendere in consegna l'oro o l'argento che ipoteticamente possiedi, devi pagare una "spesa di fabbricazione". Spesa di fabbricazione? Questo pool account è una grossa e ambigua massa di metallo, o forse una vera pozza *(pool)* di metallo liquido con cui devono fabbricare un lingotto? No, è semplicemente una spesa per portare lo spread fra corso acquisto e corso vendita al livello a cui sarebbe stato se tu avessi acquistato l'oro o l'argento reali in primo luogo.

Quando si considerano questi tipi di strumenti di investimento, è importante esaminare lo spread fra corso acquisto e corso vendita. Quest'ultimo è la differenza fra il prezzo che un operatore ti fa pagare quando acquisti e ciò che ti pagherà quando vendi. Ho preso in esame lo spread fra corso acquisto e corso vendita di un famoso operatore di lingotti in oro e argento e lo spread era da 4 a 10 volte più alto sui prodotti in oro tangibile rispetto allo spread sul loro conto di pool e non ci sono spese di deposito. Come guadagnano dunque i loro soldi questi individui? Secondo Ted Butler li guadagnano usando il denaro dell'acquirente per finanziare le loro attività di investimento.

Il grosso problema con i pool e i certificati è che le società che li gestiscono fondamentalmente sono prive dei metalli; prendono la tua valuta, ma non vanno ad acquistare denaro reale (oro o argento), mettendolo in deposito per te. È come vendere l'oro o l'argento allo scoperto. Quando arriverà il giorno in cui vorrai incassare disinvestendo, il prezzo potrà essere aumentato notevolmente ed essi dovranno andare nel mercato e acquistare il metallo al prezzo corrente, oppure sborsare la differenza in contanti.

Come si realizza questo? Secondo Butler, chi emette usa i nuovi contanti degli investitori per coprire gli spread quando un vecchio investitore vuole uscire. Il problema con questo modo di fare affari è che, una volta che il prezzo dell'oro o dell'argento raggiungerà un certo punto estremo, più persone vorranno incassare disinvestendo rispetto alle possibilità di copertura dell'emittente. Allora tutta la situazione implode.

La leva finanziaria

La leva finanziaria può aumentare enormemente le tue vincite e nel prossimo capitolo raccomanderò la leva finanziaria per coloro che sono istruiti nelle tecniche adeguate e sono esperti nel suo uso. Ma se non sai ciò che stai facendo (e talvolta anche se lo sai), usare la leva finanziaria per investire può provocare perdite devastanti. È semplice: quando introduci la leva finanziaria, introduci il rischio.

Nel caso di acquisti con versamento di anticipo, stai andando contro una formula matematica e spese che aumentano in progressione geometrica, le quali sono progettate per tornare a svantaggio del novellino. Nel caso dei contratti per consegna a termine stai lavorando contro il tempo perché hai introdotto una data di scadenza. Nel caso delle operazioni a premio, stai aggiungendo la decadenza del valore delle operazioni a premio col passare del tempo fino alla data di scadenza e stai andando contro un avversario in un gioco in cui il vincitore prende tutto, un gioco non dissimile da una partita di poker con puntate elevate, oppure un duello a mezzogiorno contro un pistolero nel vecchio West.

La leva finanziaria è il regno dei professionisti che conoscono le probabilità e i numeri e sanno come mangiarsi a colazione i piccoli investitori. Non sai mai chi sta prendendo l'altra parte della scommessa in un gioco basato su operazioni a premio. Il più delle volte stai andando contro operatori che dispongono di molto denaro, come fondi comuni e fondi di copertura. In entrambi i casi, non sei in una condizione migliore della loro... sei nei guai.

L'oro e l'argento acquistati con versamento d'anticipo

Acquistare l'oro o l'argento con versamento d'anticipo è una spada a doppio taglio, ma le due parti taglienti non sono ugualmente affilate. A causa della matematica del versamento dell'acconto, la parte tagliente rivolta contro di te è molto più affilata della parte tagliente che agisce a tuo vantaggio e se non stai attento ti taglierai in profondità.

In un conto acquisti a margine, puoi comprare una quantità molto maggiore di azioni o merci di quanto ti permetteranno i tuoi fondi. Il funzionamento è simile a quello dell'acquisto di una casa. Versi un anticipo, per esempio il 20%, e il tuo broker ti presterà il resto del denaro per il tuo acquisto usando la tua partecipazione del 20% come garanzia collaterale. A differenza di una casa, tuttavia, non devi pagare le rate. Invece, se il prezzo dell'investimento aumenta, esso rimborsa automaticamente il prestito con i profitti. L'aspetto negativo di tutto questo è che, se il tuo investimento diminuisce di prezzo, anziché rimborsare il mutuo, la differenza di prezzo ora erode la tua partecipazione azionaria. Una volta che la tua partecipazione diminuisce al di sotto di una certa percentuale, il tuo broker ti sottopone a pignoramento e sei in mezzo alla strada.

Ecco il modo in cui il versamento d'anticipo opera a tuo svantaggio. Diciamo che anticipi 100 dollari come tua posizione di investimento. Se la copertura necessaria stabilita dal tuo broker è del 20%, allora il broker ti presterà l'altro 80% (in questo caso 400 dollari).

Quindi ora, con un investimento di soli 100 dollari puoi controllare azioni per un valore di 500 dollari e hai una leva finanziaria di 5 a 1. Se le azioni aumentano del 10% e giungono a 550 dollari, il tuo profitto sull'investimento originario di 100 dollari ammonta a 50 dollari, con un guadagno del 50%. Di nuovo, questa è una leva di 5 a 1. L'azione è aumentata del 10%, ma i tuoi guadagni sono stati del 50%.

Ma ora il tuo broker usa il profitto di 50 dollari per rimborsare il tuo prestito, quindi ora possiedi 150 dei 550 dollari di azioni che controlli (una partecipazione del 27%). La tua leva ora è solo di 3,7 a 1. Se le azioni aumentano ancora del 10% giungendo a 605 dollari, hai un profitto di 55 dollari e un guadagno di appena il 37%. Ora il tuo profitto di 55 dollari aumenta la tua partecipazione azionaria fino a 205 dollari e la tua leva è solo di 2,95 a 1. La volta successiva in cui le azioni aumentano del 10%, il tuo risultato sarà solo del 29,5%. Questo processo si ripete finché le azioni non hanno realizzato un profitto sufficiente per rimborsare il tuo prestito e a quel punto la tua leva equivale a zero.

Quindi la leva che opera a tuo vantaggio è una sorta di attrezzo spuntato, che diminuisce quando le azioni aumentano. Ma per quanto concerne il rovescio della medaglia? Cosa avviene quando le tue azioni diminuiscono?

Usando il medesimo scenario, se hai un investimento di 100 dollari in una posizione azionaria di 500 dollari e il prezzo delle tue azioni diminuisce del 10%, hai una perdita di 50 dollari, ovvero il 50% (la medesima leva di 5 a 1 che avevi quando le azioni erano aumentate). Ma ora i 50 dollari sono detratti dalla tua partecipazione di 100 dollari, lasciandoti soltanto 50 dollari di partecipazione su azioni del valore di 450 dollari. Ora hai appena un po' più di una partecipazione dell'11% e la tua leva ha un rapporto enorme di 9 a 1. Se le tue azioni calano ulteriormente del 10% fino a giungere a 405 dollari, perdi 45 dollari, ovvero il 90% della tua partecipazione restante. Molto prima di arrivare a questo punto, tuttavia, riceverai una richiesta di copertura e il tuo broker ti darà l'opportunità di sborsare i contanti per riportare la tua posizione alla copertura necessaria nel giro di ventiquattro-quarantotto ore; se non lo farai egli liquiderà la tua posizione (pignoramento).

E non dimenticare gli interessi che il broker ti farà pagare per il prestito (non hai pensato che te lo concedesse gratis, vero?). Questi interessi ordinariamente oscillano fra 1,3 volte e 2 volte il tasso dei migliori mutui per la casa offerti attualmente. In altri termini, è un interesse piuttosto alto.

Inoltre, se stai usando il versamento d'anticipo per avere un effetto di leva sui metalli, a tutto ciò che abbiamo detto devi aggiungere le spese di deposito e di intermediazione. Quando sommi gli interessi e le spese di deposito, le possibilità di realizzare un profitto diventano ancora più esigue. Per esempio, nel 2003-2004, quando il tasso dei fondi della Federal Reserve era appena dell'1% e i mutui per la casa erano al 5%, se non presentavi più del 12-15% di profitto annuale sui tuoi metalli acquistati con ricorso alla leva, eri "sott'acqua".

Il punto essenziale è che la spada a doppio taglio dell'acquisto con versamento d'anticipo è affilata come un coltello di burro quando le azioni sono in aumento, ma taglia come un laser per la laserchirurgia quando sono in diminuzione.

Futures e operazioni a premio

Come ho detto, la leva finanziaria è il regno dei professionisti. Se sei esperto nel suo uso, essa può amplificare le tue vincite enormemente; se sei inesperto, ne subirai *davvero* le conseguenze. I futures e le operazioni a premio sono tipi di leva finanziaria. I futures sono contratti per consegnare una commodity specifica, in una quantità concordata, a un prezzo concordato, a una data concordata in futuro. Sono negoziati come le azioni in numerose Borse merci in tutto il mondo. Quindi un contratto a termine non è nient'altro che un "pagherò".

Le materie prime (commodities) sono le cose tangibili che mangiamo, usiamo, e/o acquistiamo. Le materie prime che sono negoziate sono cose come il bestiame, il cacao, il caffè, il rame, il mais, il cotone e il greggio. Anche l'oro, l'argento e il platino sono negoziati nelle Borse delle materie prime come futures.

I futures sono strumenti speculativi a elevato leveraggio e le operazioni a premio sui contratti a termine usano la leva al massimo. L'euforia creata dai risultati finali può essere enorme, ma il dolore per le perdite può essere lancinante.

Se vuoi sperimentare l'euforia con molta meno sofferenza, sei pregato di istruire te stesso prima di usare la leva. Sono certo che esistano molti buoni programmi in circolazione, ma uno che conosco e che quindi raccomando è costituito dai corsi didattici di Rich Dad sulla negoziazione di operazioni a premio. Puoi trovare più informazioni sul sito RichDad.com

Quando investi nei futures devi considerare seriamente se sei tu ad avere il controllo del gioco, oppure se ce l'hanno gli esperti. Quando la grande corsa all'oro e all'argento del XXI secolo andrà avanti, coloro che fanno le regole cambieranno ancora una volta le regole. Nel 1980, la Commodities Exchange di New York (COMEX) e il Comitato per la negoziazione dei futures su materie prime (Commodity Futures Trading Commission, CFTC) hanno cambiato le regole imponendo "soltanto ordini di liquidazione" e hanno imposto un tetto massimo al prezzo dell'argento. "Solo liquidazione" significa che i partecipanti possono soltanto liquidare i futures esistenti. Non si possono creare nuovi contratti, quindi senza nuovi acquirenti il prezzo può solo diminuire.

Nelle Borse delle materie prime ha inizio un'inadempienza inevitabile, soprattutto per quanto concerne l'argento. È del tutto possibile che tu veda il blocco del prezzo dell'argento nelle Borse, mentre il prezzo dell'argento tangibile continua a salire rapidamente.

Questo si chiama deporto, quando il prezzo di una materia prima costa di più per una consegna oggi che per una consegna in futuro. Questo è accaduto all'argento quando un solo uomo, Warren Buffett, ha preso in consegna 129,7 milioni di once di argento derivanti dai contratti a premio nel 1998. Quando improvvisamente ha chiesto la consegna del suo argento, anziché chiudere i conti in contanti, c'è stata una corsa per trovare abbastanza argento in modo da soddisfare i suoi contratti. Non solo egli ha spinto da solo il prezzo dell'argento da 4,25 dollari a 7,75 dollari in appena sei mesi, ma, al massimo di punta, ha provocato un enorme deporto in cui l'argento per la consegna immediata veniva venduto sopra la pari in misura notevole.

Se ci fosse un'inadempienza delle Borse delle materie prime durante la prossima corsa all'oro e all'argento, credo che assisteresti a un cambiamento delle regole da parte delle Borse: esse imporrebbero soltanto ordini di liquidazione, o bloccherebbero perfino i prezzi di tutti i contratti aperti, mentre i prezzi dell'oro e dell'argento per la consegna immediata e l'argento "fuori Borsa" (argento che è nelle mani dei privati oppure in depositi che non fanno parte delle Borse delle materie prime) continua a schizzare in alto. In questo caso, chiunque stia facendo il loro gioco – che si tratti di futures, oppure attraverso un organismo che ti sta dando solo un'esposizione al prezzo dei metalli (mentre forse esso stesso è esposto ai futures) – ebbene, costui sarà lasciato in disparte. Ti ricordo questa clausola dell'ETF sull'argento: "La liquidità degli iShares può ridursi e il prezzo degli iShares può fluttuare indipendentemente dal prezzo dell'argento e può diminuire".

È in arrivo un'inadempienza dei futures sull'argento, dove i venditori di argento cartaceo non saranno in grado di procurarsi l'argento tangibile da consegnare. Quando quel giorno arriverà, essi – ovvero la Commodities Exchange di New York (CO-MEX), la CFTC e gli ETF – cambieranno *davvero* le regole. Saresti contento se tu avessi una grande posizione nell'argento e i pezzi grossi cambiassero le regole in modo da bloccare il prezzo del tuo argento, mentre il prezzo dell'argento di tutti gli altri continua la sua traiettoria intergalattica? Non fare il loro gioco. Fai il tuo gioco personale, con le tue regole personali.

Quindi gli ETF, i pool, i certificati, gli acquisti con versamenti d'anticipo, i futures e le operazioni a premio hanno tutti una cosa in comune: o andrai contro i professionisti, oppure consegnerai loro la tua valuta.

Come ci ricorda Eric Sprott, della Sprott Asset Management, l'establishment finanziario considera il piccolo investitore "il plancton del mondo finanziario". Quindi, se vuoi essere il plancton del mondo finanziario, vai avanti e usa la leva senza un'istruzione. Ma se lo fai, sappi solo che è piuttosto probabile che essi ti macellino, ti affettino e pranzino con la tua carcassa finanziaria.

La numismatica

La definizione di numismatica è lo studio o il collezionismo di monete, medaglie e banconote. L'aggettivo "numismatico" è il termine corretto per definire le monete da collezione e il termine deriva dal greco *numisma*, che significa "moneta corrente".

Quando mi fanno domande sulle monete numismatiche come investimento, di solito dico ai miei clienti che le monete numismatiche sono bellissime e in un mercato al rialzo alcune di esse vanno molto bene. Ma la parola chiave qui è "alcune". Quindi, se vuoi investire in queste monete, faresti meglio ad apprendere di più su di esse rispetto a quanto sappia il tuo commerciante.

Quando riferii questo a un cliente che mi aveva telefonato, lui disse: "Sì, lo so. Ho comprato monete presumibilmente rare per un valore di 250.000 dollari alcuni anni fa e, ora che il prezzo dell'oro è raddoppiato, non riesco ancora a trovare qualcuno disposto a darmi ciò che ho pagato per questo _____ di cose" (la parola mancante nella citazione non è pubblicabile, per inciso).

Tre strati di costo sono inclusi nel prezzo di una moneta numismatica: il contenuto in metallo, il sovrapprezzo numismatico e il profitto del commerciante. Invece i lingotti e le monete in oro da investimento hanno solo due strati: il contenuto in metallo e il profitto del commerciante.

I sovrapprezzi numismatici possono andare da alcuni dollari a diversi milioni di dollari, a seconda della moneta. Le monete più costose, quelle più rare in assoluto, probabilmente saranno sempre dei buoni investimenti perché ce ne sono soltanto alcune. Solo alcuni dei più ricchi collezionisti del mondo possono possederle. Per la stragrande maggioranza delle monete da collezione, il sovrapprezzo numismatico dipende in larga misura dalla condizione dell'economia e dall'umore del pubblico. I profitti dei commercianti sulle monete numismatiche possono oscillare fra il 15 e il 100% (e nel caso degli imbrogli discussi più avanti, del 1.000% o più), mentre i lingotti e le monete in oro da investimento non hanno un sovrapprezzo numismatico e ordinariamente comportano un profitto per il commerciante fra l'1 e il 5%.

Il valore delle monete in oro da investimento deriva solo dal prezzo sul posto, a livello mondiale, del metallo con cui sono fatte. In tal modo il numero potenziale di acquirenti in un dato momento può ammontare a milioni, e i prezzi offerti sono tutti all'incirca gli stessi. Il valore di una moneta numismatica, invece, deriva dalla brama, dalla passione, dalla smania, dal desiderio o dalla cupidigia di un acquirente specifico e il prezzo offerto può variare in modo bislacco.

Prima dell'epoca delle negoziazioni su computer e delle aste online, trovare l'acquirente giusto era in larga misura una questione di pura e semplice fortuna. Ma ancora oggi, in qualsiasi periodo, il mercato delle monete rare è molto esiguo, e il valore della tua moneta dipende dall'eventualità che tu e il compratore giusto riusciate a trovarvi reciprocamente. C'è un adagio che dice più o meno qualcosa di questo genere: "L'unica cosa più rara di una moneta rara… è un compratore di una moneta rara".

A meno che tu non la rivenda al tuo commerciante. I commercianti saranno sempre disposti a ricomprare le monete, ma il profitto che il commerciante ha realizzato sulle tue monete numismatiche tanto per cominciare è stato del 15-100%. Questo significa che il prezzo di mercato del tuo "investimento" deve aumentare del 15-100% perché tu sia semplicemente in pareggio. D'altra parte, se hai investito nei lingotti e il prezzo dell'oro o dell'argento aumenta appena dall'1 al 5%, hai realizzato un profitto.

Per essere equo, fin dall'inizio dei servizi di classificazione delle monete a metà degli anni Ottanta, tutto il settore numismatico ha fatto molta strada. I servizi di classificazione delle monete si sono avvicinati alla standardizzazione dei criteri che rendono speciali le monete. Ora essi esaminano, classificano e incapsulano le monete in un contenitore di plastica trasparente a prova di manomissione denominato *slab* (bustina per monete). Lo *slab* include un'area con un codice a barre, un numero di serie, la classificazione e il resto delle caratteristiche della moneta. Questo ha reso il mercato molto più liquido, perché ora puoi puntare su una moneta messa all'asta online oppure attraverso la rete di compravendita di un commerciante. E sai quello che stai comprando. Ma non è un sistema perfetto. La classificazione dipende da esperti e viene effettuata a occhio, e le opinioni degli esperti apparentemente variano in misura significativa da un servizio di classificazione all'altro.

Inoltre, alcune monete rare non sono così rare come la gente vorrebbe credere. I vari servizi di classificazione delle monete hanno classificato decine di milioni di monete nel corso degli anni, e ora è diventato popolare classificare le monete nuove di zecca che sono state appena coniate come le monete d'oro e d'argento da 10 dollari statunitensi (dollari Aquila). Ora un commerciante può acquistare di tutto, da un rotolo di centesimi a una cassa sigillata di monete d'oro da 10 dollari dalla zecca statunitense; poi li invia presso un servizio di classificazione delle monete dove saranno tolte dal contenitore con le mani inguantate, per poi essere classificate, inserite in una bustina e certificate con la scritta "mai circolati/e". Ora che gli sono stati conferiti i poteri magici forniti dalla classificazione, quel centesimo (di cui possono essere stati coniati miliardi di esemplari) può essere venduto ora a un prezzo che va dai 2 ai 500 dollari, o anche più. Di nuovo, tutto dipende dalla domanda e dal fatto di trovare quel mitico acquirente perfetto.

Penso che chiunque acquisti "monete da collezione nuove di zecca" venga bidonato. Una moneta centenaria che non è mai stata in circolazione è rara unicamente perché è stata un vero e proprio incidente. La moneta doveva essere messa in circolazione, ma è rimasta bloccata in fondo a un cassetto da qualche parte, faceva parte di un rotolo che in qualche modo è rimasto chiuso, oppure (nel caso del dollaro d'argento statunitense Morgan) il Tesoro ha messo in circolazione alcune di queste monete solo sessanta-ottanta anni dopo che erano state coniate.

Molto tempo fa ho letto un articolo che riportava una frase di questo genere: "Nella numismatica si guadagna molto denaro vendendo monete rare a individui che non sono collezionisti e, ogni volta che uno di essi acquista oggetti da collezione, la perdita futura del suo capitale è garantita quasi sicuramente".

Come ormai probabilmente hai supposto, non ho un'alta opinione della numismatica come investimento. La ragione è duplice. Se non sai ciò che stai facendo, probabilmente perderai e, come ho detto nei capitoli precedenti, credo che ci sia semplicemente una crisi valutaria che ci attende prima o poi in futuro.

La numismatica soleva essere nota come il passatempo dei re, ma oggi tutti vi si dedicano. Nell'ultimo grande mercato al rialzo alcune monete numismatiche hanno prodotto risultati spettacolari. Ma negli anni Settanta il ceto medio non si era appassionato al collezionismo di monete come oggi. In mezzo alla crisi valutaria del futuro mi aspetterei che il sovrapprezzo numismatico sulle monete di dubbia rarità possa svanire quando milioni di collezionisti cercheranno di convertire le monete in contanti. Quando starai per perdere l'automobile, o la casa, quella brama che avevi di quelle monete specifiche si farà da parte a favore della sopravvivenza.

Di nuovo, forse mi sbaglio. Dovresti fare le tue ricerche personali e decidere da solo. Più ricerche faccio su questo argomento, tuttavia, più mi convinco che (a eccezione delle monete più antiche e più rare) l'intero affare della numismatica sia poco più di un imbroglio. Tuttavia, ti esorto a fare le tue ricerche prima di lanciarti.

Se hai intenzione di acquistare monete numismatiche, dovresti farlo come passatempo. Comprale perché ti piacciono, non come investimento, e non sarai mai deluso. Impara a conoscere i tuoi negozi locali di monete (ci sono alcuni ottimi commercianti in circolazione che sono onesti e stimati), iscriviti a un club (ce ne sono centinaia), e impara il più possibile. Se lo fai, il tuo passatempo può finire per rendere bene come se fosse un investimento. Ma se non sarà redditizio, non te ne importerà.

Tradimento, frode, imbrogli, truffe, rackets, raggiri, abbindolamenti, tranelli, imposture e turlupinature!

Nel settore dei metalli preziosi la maggior parte dei commercianti è brava gente, onesta e laboriosa. Tuttavia, ci sono anche molti imbrogli e raggiri a cui stare attenti. Ho condensato per te qui alcuni esempi degli imbrogli migliori e più creativi per darti un'idea di quello che devi cercare. Ma ti avverto, sarà diverso ogni volta, e anche se questi esempi sono creativi, ci sarà sempre un qualche individuo astuto che si presenta e manda in pezzi il vecchio record della corruzione, portando le imposture a un livello completamente nuovo.

LE TRUFFE TELEFONICHE

Una delle più grosse truffe di monete rare fu scoperta quando, il 24 maggio 2001, il procuratore generale di New York annunciò l'incriminazione di sei residenti newyorchesi e di cinque società per avere gestito una truffa di monete rare che aveva frodato agli investitori perlomeno 25 milioni di dollari.

A quanto pare sei persone comproprietarie di cinque società, e che avevano aperto cinque organizzazioni illegali distinte per la vendita calda a mezzo telefono, commercializzavano monete numismatiche rare su scala nazionale.

Facevano pressioni sui clienti perché comprassero queste rare monete numismatiche. Ovviamente i venditori mentivano riguardo alla rarità e alla condizione delle monete, ma, se un cliente aveva dubbi, il venditore gli dava i numeri telefonici di diversi suoi concorrenti in modo che il cliente potesse ottenere una valutazione "indipendente". Il cliente non sapeva che la società presso la quale venivano acquistate le monete e tutti i negozi di monete in concorrenza in realtà non si facevano concorrenza... avevano tutti gli stessi titolari. Inutile a dirsi, i negozi di monete "in concorrenza" davano sempre una valutazione più alta rispetto a quanto avesse pagato il cliente, anche se il vero valore ammontava solo al 10-20% della cifra che era stata fatta pagare al cliente.

L'ufficio del procuratore generale stima che più di 1.000 vittime abbiano perso oltre 25 milioni di dollari; venti di esse hanno perso più di 100.000 dollari l'una e diverse hanno perso più di 750.000 dollari.

GLI ANNUNCI PUBBLICITARI TELEVISIVI E SULLE RIVISTE

Evita come la peste le offerte in televisione e sulle riviste. Non c'è semplicemente abbastanza profitto nel campo dei metalli preziosi per finanziare questo tipo di pubblicità. Aspetta un istante, permettimi di riformulare questa frase. Non c'è abbastanza profitto per un commerciante che sta offrendo metalli preziosi *a un prezzo equo* per finanziare questo tipo di pubblicità.

Come ho già accennato, il margine di utile normale sulle monete da collezione può andare dal 15% al 100% e l'utile su lingotti e monete in oro da investimento può andare dall'1 al 5%. Lo ripeto, non c'è semplicemente abbastanza profitto sui metalli preziosi per pagare questo tipo di pubblicità, a meno che, naturalmente, tu non stia pagando veramente troppo.

Riflettici per un istante. Se stai facendo pubblicità su una rivista stampata, la rivista di solito chiederà che il tuo annuncio sia nel suo ufficio perlomeno sessanta giorni prima che il numero arrivi nelle edicole. Il costo che il commerciante sta pagando per i lingotti varia di minuto in minuto con il prezzo sul posto dei metalli preziosi a livello mondiale. L'argento spesso varierà di oltre il 5% in un solo giorno e nel 2006 c'è stato un periodo di sessanta giorni in cui l'argento è aumentato del 55%.

Ora, se sei un commerciante che pianifica di vendere i lingotti grazie ad annunci pubblicitari su una rivista e devi stampare un prezzo oggi per i metalli preziosi che venderai fra più di un mese in un mercato che tende al rialzo e stai pianificando di vendere con un ricarico equo (dall'1 al 5%), allora stai pianificando di perdere denaro. A meno che, naturalmente, tu non abbia un piano alternativo, o dovrei dire, una motivazione recondita.

Se chiami quel numero 800, faranno del loro meglio per farti deviare verso qualche altra moneta numismatica ipoteticamente rara e dal prezzo costosissimo, monete commemorative o altri imbrogli. E, fra parentesi, a meno che tu non abbia il blocco dell'identificazione del chiamante, hai appena dato loro il tuo numero telefonico.

Un'altra truffa diffusa sui metalli preziosi è la moneta commemorativa. Quando vedi che vengono offerte alla televisione o negli annunci sulle riviste, c'è qualcosa di losco. È quasi certamente una truffa.

L'esempio migliore di truffa con monete commemorative che mi viene in mente riguarda la moneta che ha ricevuto l'onore di essere chiamata "Investimento stupido della settimana" dal programma *MarketWatch* della CBS: il *2004 Freedom Tower Dollar* (Dollaro d'Argento della Torre della Libertà del 2004).

Nel 2004, la National Collector's Mint, Inc. iniziò un'ampia campagna di annunci pubblicitari a livello nazionale e in televisione e sulle riviste per il *2004 Freedom Tower Dollar*. Gli annunci asserivano che la moneta era un "dollaro d'argento emesso dal governo e legalmente autorizzato" e una "monetazione territoriale statunitense" del Commonwealth delle Isole Mariana Settentrionali. Si lasciava intendere anche che le monete erano fatte con l'argento puro proveniente dai lingotti d'argento recuperati a Ground Zero.

Questo diede luogo a una risposta immediata da parte della zecca statunitense:

Il 2004 Freedom Tower Dollar non è una moneta o medaglia autentica della zecca degli Stati Uniti. In base alla Costituzio-

214

ne, il Congresso ha il potere esclusivo di coniare la moneta degli Stati Uniti... Ovviamente, il Commonwealth delle Isole Mariana Settentrionali, un possesso insulare statunitense, non ha l'autorità di coniare la sua moneta... Il Congresso non ha autorizzato il prodotto della National Collector's Mint, e il governo degli Stati Uniti non lo approva.

Il procuratore generale di New York ancora una volta venne in soccorso, ottenendo che un tribunale ordinasse di interrompere le vendite del *2004 Freedom Tower Dollar*, e intentò causa alla National Collector's Mint per le sue affermazioni fraudolente e ingannevoli.

Nell'azione legale si mostrava che le monete non erano fatte con argento puro o massiccio, ma piuttosto con una lega metallica poco costosa, placcata con circa un decimillesimo di un pollice d'argento valutato circa 1,4 centesimi. Il procuratore generale mostrò inoltre che le monete non erano una moneta legale e che non erano per niente una monetazione territoriale statunitense nel Commonwealth delle Isole Mariana Settentrionali, ma erano state invece coniate nel Wyoming.

La National Collector's Mint dovette pagare 369.510 dollari di sanzioni civili e dovette offrirsi di rimborsare chiunque avesse acquistato le monete. La società finì col versare 2,2 milioni di dollari di rimborsi.

Ma tutta quella pubblicità non andò sprecata. Senza lasciarsi sfuggire l'opportunità, ora la moneta viene offerta come "la moneta commemorativa più chiacchierata del mondo" e il *2005 Freedom Tower Dollar*, nuovo di zecca, viene promosso come "moneta legale non circolante delle isole Cook". Si deve ammirare la loro tenacia, suppongo.

MONETA CONTRAFFATTA

C'è un altro imbroglio losco che ruota quasi esclusivamente attorno alla numismatica.

Quasi il 99% di tutte le monete contraffatte sono monete numismatiche contraffatte, non monete in oro da investimento. Questo ha assolutamente senso, perché il valore di una moneta in oro deriva esclusivamente dal contenuto di metallo, e quindi un falsario deve falsificare il metallo (sostituire un metallo molto meno costoso al metallo prezioso) per realizzare un profitto sulla moneta. Questo rende il lavoro del falsario incredibilmente difficile, se non quasi impossibile, perché deve riprodurre il colore, la densità (peso per volume) e il suono del metallo specifico che egli sta cercando di riprodurre al fine di spacciarlo come autentico all'acquirente privo di sospetti.

Le monete numismatiche, invece, traggono il loro valore da qualità che sono molto più facili da riprodurre, come il design specifico, la rarità, l'epoca e la condizione. Quindi possono essere fatte con lo stesso metallo della moneta originale, agevolando moltissimo la riproduzione dell'aspetto, del suono e del tatto originari.

Un grandissimo numero di monete numismatiche false inizialmente non è costituito da monete contraffatte. In un primo tempo sono riproduzioni coniate legalmente, che dapprima vengono vendute come copie. Talvolta, però, l'acquirente originario della moneta la rivende sostenendo che è originale, e allora la moneta diventa falsa.

Altre monete sono fabbricate con lo scopo esplicito di spacciarle per un articolo autentico. Attualmente una valanga di queste monete false proviene dall'Asia.

Un'altra truffa è costituita dalle monete autenticate contraffatte. Di recente ho letto di persone che hanno acquistato online monete autenticate e inserite in uno *slab* solo per scoprire di essere state imbrogliate. Ci sono alcuni modi per fare questo. Il truffatore prende alcune monete autentiche e di alta qualità da collezione e le manda a un servizio di classificazione. Quando gli vengono rispedite, il truffatore toglie le monete dalla bustina presumibilmente a prova di manomissione e sostituisce le monete con monete autentiche di livello molto inferiore oppure con monete false; oppure il truffatore acquista le bustine direttamente dal produttore e poi vi inserisce all'interno qualunque cosa voglia. Questo è stato reso piuttosto agevole, in quanto attualmente le bustine sono disponibili online a meno di 2 dollari l'una.

Il truffatore ottiene un enorme vantaggio quando ti vende una moneta falsa inserita in una bustina, perché non puoi tenere la moneta in mano, valutarne il peso e la densità e sentire il suono del metallo.

USA LA DEBITA DILIGENZA!
Quindi, ora dirò un'altra cosa: se hai intenzione di acquistare monete da collezione, ti prego vivamente di usare la debita diligenza e di creare un rapporto con un commerciante su cui hai fatto indagini. Se acquisti da un commerciante di buona reputazione, non dovresti preoccuparti di nient'altro se non dello spread fra corso acquisto e corso vendita.

La confisca

Ricordi quando abbiamo detto come il governo statunitense ha reso illegale la proprietà privata dell'oro nel 1933? Beh, se pensi che non possa accadere di nuovo, ripensaci.

Tutto si riduce a questo: lo Stato crea le regole, cambia le regole e fa rispettare le regole. Anche se gli manca il diritto morale, può creare l'autorità legale. Anche se gli manca il conferimento di potere costituzionale, può ignorare la Costituzione. La Costituzione dice che solo le monete d'oro e d'argento possono essere moneta negli Stati Uniti, tuttavia il governo ha dichiarato illegale la moneta e ci ha appioppato la valuta. La Costituzione non ha impedito al governo di prendere l'oro della popolazione nel 1933. Se il governo sceglierà di dichiarare nuovamente illegale la proprietà privata dell'oro, purtroppo io e te non saremo in grado di fare nulla in proposito.

Molte volte dei disonesti commercianti di monete ti diranno che vendono certe monete che sono esenti da confisca. Tutta questa nozione è perpetuata da commercianti privi di scrupoli che cercano di istillare la paura nel tuo cuore, in modo da potersi riempire le tasche. Se abboccherai, acquisterai le monete sbagliate al prezzo sbagliato. Se il commerciante menziona anche solo il termine "non confiscabile", esci dalla porta, riattacca la cornetta, o passa al sito Web successivo. Questo argomento salta fuori un'infinità di volte e fondamentalmente l'intera faccenda è un mucchio di sciocchezze... non esiste qualcosa che lo Stato non possa confiscare. Il fatto stesso che un commerciante usi il termine "non confiscabile" è una buona soffiata che ti indica cosa stia architettando. Nella mia disamina delle politiche della FDR, ti ho dato una sinossi della "nazionalizzazione" e della "messa al bando" dell'oro posseduto privatamente, ma non ho mai usato il termine "confiscare", perché non è ciò che è accaduto.

Come prova delle mie accuse contro questi commercianti senza scrupoli, ti comunico questo semplice fatto. Le monete d'oro anteriori al 1933, che secondo le loro asserzioni non sono confiscabili, sono quelle stesse monete che il governo nazionalizzò. Queste monete sono soltanto il 77% delle monete che sfuggirono alla nazionalizzazione perché il pubblico le conservò, illegalmente.

Lo Stato potrebbe nazionalizzare l'oro e dichiararne illegale l'uso e la proprietà privata nuovamente? Certo! È probabile? A chi interessa? Non a me. Non me ne preoccupo. Me lo aspetto. Allora, se accadrà, avrò già protetto la mia base. Ma se non accadrà, beh, è ancora meglio.

Lo Stato nazionalizzerà l'oro e l'argento solo se la gente li chiede come pagamento. Se la gente chiede l'oro e l'argento come pagamento significa che siamo in mezzo a un'iperinflazione. Se siamo in un'iperinflazione, si sarà già verificato il grosso del trasferimento di ricchezza e sarà stato incredibilmente enorme. Quindi vendi semplicemente allo Stato i tuoi metalli preziosi e compra immediatamente qualcosa di tangibile (come moltissimi immobili), prima che la valuta diventi priva di valore.

Le monete estere

Ecco un altro raggiro che i commercianti useranno per rubarti qualche altro dollaro. Anche le vecchie monete estere sono promosse come "non confiscabili" e come sai, grazie alla nostra disamina in questo capitolo, sono un mucchio di fesserie. Ma l'oro nelle monete estere è buono proprio come l'oro nelle monete nazionali, vero? Quindi qual è il problema? Ce ne sono moltissimi! Ecco le tre aree più notevoli che destano preoccupazione:

1. Qualunque sovrapprezzo numismatico associato alle monete estere diminuisce al di fuori del paese d'origine. Quindi, se hai comprato Sovrane d'oro britanniche, Roosters (Galli) d'oro francesi o Mermaids (Sirene) d'oro danesi, quando giunge il momento di vendere, se vuoi ottenere il prezzo migliore devi trovare degli acquirenti in Gran Bretagna, Francia e Danimarca. Poi dovrai spedire le monete in questi paesi.

2. Le monete estere di solito hanno uno strano peso d'oro come 0,2354 di oncia troy e quasi mai un'oncia troy. Inoltre, essendo monete legali, su di esse è stampata un'unità di misura come "20 franchi", ma non è mai impresso il contenuto d'oro o la purezza. Questo rende difficile attribuire loro un contro-valore, oppure venderle a chiunque, se non a un professionista, perché la persona media non saprà quanto oro contengono, quindi non sa quanto valgono.

3. L'iscrizione sulle monete è nella lingua del paese d'origine.

Questi tre fattori rendono molto più difficile la vendita delle monete estere quando giunge il momento, e le rendono quasi inutili in una situazione di emergenza.

Le piramidi d'oro e d'argento

Il network marketing, o le società di marketing multilivello, talvolta offrono prodotti fantastici a un prezzo ragionevole e di solito sono società assolutamente lecite che possono offrire l'opportunità di realizzare un notevole reddito da casa. Tuttavia, molte persone maschereranno quello che non è nient'altro che uno schema piramidale, o dovrei dire un imbroglio, travestito da multilivello. Gli schemi piramidali sono illegali, e per la loro stessa natura impoveriscono circa nove persone per ogni persona che arricchiscono.

Per la loro stessa natura gli schemi piramidali (chiamati talvolta a palle di neve, o valanghe) richiedono che ci sia un grandissimo numero di perdenti per ogni grosso vincitore. È una strada verso la ricchezza per pochi, ma una strada verso la povertà per molti. Parecchie di queste società sono già spuntate nel campo dei metalli preziosi, e sono certo che ci saranno decine di altre imprese di questo tipo prima che questo mercato al rialzo termini. Tienitene alla larga e non fare acquisti da esse.

Obblighi di dichiarazione al Dipartimento delle entrate

OBBLIGHI DI DICHIARAZIONE DEGLI ACQUISTI DI METALLI PRE-ZIOSI *(quando acquisti)*

Ecco gli obblighi di dichiarazione relativi agli acquisti dei tuoi metalli preziosi da fornire allo Stato: non ce n'è nessuno.

Non c'è alcun limite alla quantità di metalli preziosi che puoi possedere e né il commerciante né il cliente sono tenuti a dichiarare l'acquisto di metallo prezioso, in nessuna quantità. Se il Dipartimento delle entrate volesse sapere esattamente chi sta acquistando metalli preziosi, avrebbe un modello da compilare per tale dichiarazione. Non ce l'ha. Non abboccare alle truffe.

DICHIARAZIONE DELLE TRANSAZIONI IN CONTANTI *(quando acquisti o vendi)*

Allo Stato non importa proprio niente delle transazioni sui metalli preziosi... a meno che non avvengano con grandi quantità di contanti. È davvero interessato se stai facendo acquisti con grandi somme di contanti, perché questo ti fa sembrare un terrorista, un trafficante di droga, un membro del crimine organizzato o forse non stai pagando le imposte. Prova solo ad andare dal concessionario locale della Lamborghini con una valigetta piena di contanti e vedi che cosa succede.

Qualunque transazione (o due o più transazioni collegate) che implichino dei contanti (o equivalenti di contanti) per somme di 10.000 dollari o più deve essere dichiarata al Dipartimento delle entrate dal venditore. Di nuovo, il commerciante deve dichiarare i *contanti*, non i metalli preziosi.

Gestisco tutto questo non accettando mai contanti, mai. Faccio affari solo attraverso bonifici bancari elettronici. Ce ne sono milioni su milioni ogni giorno e alcuni ammontano a miliardi di dollari. Le banche non li dichiarano e neanche i commercianti di metalli preziosi sono tenuti a farlo.

DICHIARAZIONE DELLE VENDITE **(quando vendi)**

Se decidi di convertire i metalli in contanti e vuoi rivendere la tua scorta nascosta di metalli preziosi al tuo commerciante, alcuni articoli richiedono la dichiarazione del commerciante e alcuni non la richiedono[1].

Il Dipartimento delle entrate è alquanto vago a questo proposito, ma le sue regole sembrano riguardare bizzarramente

---

[1] L'oro può essere acquistato in lingotti GOOD DELIVERY presso i banchi metalli, oppure presso fonderie che recuperano metalli o società come ITALPREZIOSI oppure tramite società che vi custodiscono il metallo prezioso. Il commercio di oro in Italia è regolamentato da un'apposita normativa intitolata "Nuova disciplina del mercato dell'oro, anche in attuazione della direttiva 98/80/CE del Consiglio, del 12 ottobre 1998" emanata con Legge 17 gennaio 2000, n. 7 pubblicata nella Gazzetta Ufficiale n. 16 del 21 gennaio 2000, la quale stabilisce cosa debba intendersi per oro e quali sono i requisiti richiesti per effettuare tale commercio in via professionale.

L'articolo 1 recita:

"1. Ai fini della presente legge con il termine 'oro' si intende:

a) l'oro da investimento, intendendo per tale l'oro in forma di lingotti o placchette di peso accettato dal mercato dell'oro, ma comunque superiore ad 1 grammo, di purezza pari o superiore a 995 millesimi, rappresentato o meno da titoli; le monete d'oro di purezza pari o superiore a 900 millesimi, coniate dopo il 1800, che hanno o hanno avuto corso legale nel Paese di origine, normalmente vendute a un prezzo che non supera dell'80 per cento il valore sul mercato libero dell'oro in esse contenuto, incluse nell'elenco predisposto dalla Commissione delle Comunità europee ed annualmente pubblicato nella Gazzetta Ufficiale delle Comunità europee, serie C, nonché le monete aventi le medesime caratteristiche, anche se non ricomprese nel suddetto elenco; con decreto del Ministro del tesoro, del bilancio e della programmazione economica sono stabilite le modalità di trasmissione alla Commissione delle Comunità europee delle informazioni in merito alle monete negoziate nello Stato italiano che soddisfano i suddetti criteri;

b) il materiale d'oro diverso da quello di cui alla lettera a), ad uso prevalentemente industriale, sia in forma di semilavorati di purezza pari o superiore a 325 millesimi sia in qualunque altra forma e purezza".

degli articoli che erano negoziati come contratti su merci negli anni Ottanta.

Secondo il Dipartimento delle entrate, la vendita di uno qualunque di questi articoli, in un'unica transazione, richiede al tuo commerciante di presentare il modello 1099B che dichiara la transazione di:

- 25 o più, Foglie d'Acero da un'oncia, monete d'oro del Sudafrica (contenenti un'oncia di oro puro) o Onzas messicane
- 1 o più, lingotti d'oro da 1 chilo (32,15 once troy)
- 1 o più, lingotti d'oro da 100 once

Tuttavia, a causa della vaghezza delle regole del Dipartimento delle entrate, l'Industry Council for Tangible Assets (ICTA) interpreta le regole più ampiamente. Secondo l'ICTA, il tuo commerciante è tenuto a dichiarare le vendite degli articoli summenzionati, più i seguenti:

- Lingotti d'oro di qualunque dimensione che raggiungano un totale di un chilo (32,15 once troy) o più
- Lingotti di platino di qualunque dimensione che raggiungano un totale di 25 once troy o più
- Lingotti di palladio di qualunque dimensione che raggiungano un totale di 100 once troy o più
- Lingotti di argento di qualunque dimensione che raggiungano un totale di 1.000 once troy o più
- E qualunque combinazione di monete con il 90% di argento che raggiungano un totale di 1.000 dollari di valore facciale o più

Gli obblighi di dichiarazione dei commercianti non riguardano le monete d'oro da 10 dollari (dollari Aquila in oro) o le monete d'argento da 10 dollari (dollari Aquila in argento) indipendentemente dalle quantità. Inoltre, gli obblighi di dichiarazione non riguardano le monete d'oro divisionali (meno di un'oncia). Questo vale anche per le monete estere, come pure per le monete commemorative e per le medaglie. In altri termini, se una cosa non è sulla lista, non viene dichiarata.

Ma nessuna di queste vendite che dovrebbe essere denunciata dal commerciante ha davvero importanza perché:

1. Se eri preoccupato riguardo alla dichiarazione, perché non vuoi che qualcuno (neanche lo Stato) sappia che possiedi l'oro e l'argento, smetti di preoccuparti. Anche se hai acquistato articoli che dovevano essere dichiarati, quando la tua vendita viene dichiarata non hai più quegli articoli.
2. Se stai giocando in base alle regole e hai realizzato un *capital gain* (plusvalenza o reddito di capitale), *tu* sei tenuto a dichiarare quel reddito, che il tuo commerciante lo abbia dichiarato o no. È qualcosa che tratteremo brevemente nella prossima parte.

Tutte le regole suddette sono valide nel momento in cui viene scritto questo libro. Ma ricordati che lo Stato crea le regole, cambia le regole e fa osservare le regole. E quando infine giunge il momento di vendere, devi consultare il tuo consulente fiscale.

DICHIARAZIONE DEI CAPITAL GAINS (dopo che hai venduto)

Così come avviene con le azioni, le obbligazioni e altri investimenti, sei obbligato a dichiarare le tue plusvalenze al Dipartimento delle entrate quando si tratta dei metalli preziosi. Non fare l'errore di confondere l'obbligo di dichiarazione del tuo commerciante con il tuo obbligo di dichiarazione. Se hai realizzato un *capital gain*, il Dipartimento delle entrate vuole saperlo. Quindi conserva tutte le ricevute e i documenti e procurati una consulenza fiscale corretta da un professionista.

Per coloro che vogliono farsi regole personali, ho soltanto queste poche parole: se scegli di giocare al gatto e al topo con lo Stato, ti sarà utile ricordare chi è il topo.

Procurati una consulenza fiscale corretta.

Capitolo 15

Chi sei e qual è il tuo piano?

"Il segreto del tuo successo finanziario è dentro di te. Se diventi uno che pensa criticamente e che non crede per fede ai 'fatti' di Wall Street, e investi con fiducia paziente, puoi trarre vantaggio costantemente anche dai peggiori mercati al ribasso. Sviluppando disciplina e coraggio, puoi rifiutarti di permettere ai mutamenti di umore altrui di governare il tuo destino finanziario. In definitiva, il modo in cui si comportano i tuoi investimenti è molto meno importante del modo in cui ti comporti".

BENJAMIN GRAHAM

Prima di investire, sarà molto più facile, più produttivo e molto meno stressante se decidi in primo luogo quali sono i tuoi obiettivi finali e poi immagini il modo migliore per raggiungerli. Non basta dire: "Il mio obiettivo è guadagnare molti soldi". Se ti lanci senza un obiettivo ben definito e un piano per arrivare là dove vuoi arrivare, stai andando incontro a molta ansia e sofferenza. Ho visto persone che si lanciavano e si ritiravano, compravano e vendevano, acquisivano una posizione piena nei metalli tangibili, poi decidevano che le azioni minerarie erano migliori, e poi si facevano prendere dal panico e vendevano dopo avere letto un bollettino d'informazioni in cui si diceva che avrebbe potuto esserci una contrazione.

Se credi nella tesi che ho esposto a favore dei cicli e se intendi diventare un investitore in base ai cicli, allora per definizione dovresti aspettarti la durata del ciclo. Non farti spaventare da ogni fase discendente e non cambiare direzione a metà.

Ero solito preoccuparmi costantemente chiedendomi se avevo fatto la cosa giusta riguardo ai miei investimenti. Nel 2002 e all'inizio del 2003, nei portafogli che controllo per alcuni amici scelti e per i familiari, ho destinato circa l'80% di quei fondi al settore dei metalli preziosi. Nel 2004 e nel 2005 gli immobili erano il settore che andava a ruba e per un breve istante mi sono chiesto: "Dovrei investire questi fondi negli immobili anziché nei metalli preziosi?" Poi sono rinsavito. Ho esaminato tutte le mie ricerche e ho detto: "Questa mania immobiliare è solo una bolla in un ciclo maturato nel corso degli ultimi vent'anni".

Mentre scrivo questo, il mercato dei mutui ad alto rischio sta scoppiando, le banche centrali in tutto il mondo stanno accorrendo in soccorso con lanci dall'elicottero di centinaia di miliardi di dollari e molti degli acquirenti che si sono lanciati all'apice della bolla vengono fatti a pezzi. In effetti, l'11 marzo 2008, la Federal Reserve è scesa in picchiata con un salvataggio senza precedenti di 200 miliardi d dollari per il settore finanziario, permettendo alle istituzioni finanziarie di barattare titoli rischiosi garantiti da ipoteca con obbligazioni garantite dalla Federal Reserve. Come probabilmente ormai hai immaginato, la Fed non possiede il denaro disponibile per fare questo. Da dove verrà dunque? Dal nulla. Proprio così, altri 200 miliardi di dollari saranno aggiunti a un'economia in cui il dollaro sta già diventando un oggetto di derisione. Questo naturalmente provocherà una pressione ancora più inflazionistica sul dollaro, ed è semplicemente un ulteriore esempio della Federal Reserve che trasmette i costi degli errori del grande capitale su di te e su di me sotto forma della sua imposta nascosta preferita: l'inflazione.

Nel 2005-2006, ho iniziato di nuovo a essere in dubbio, in quanto i metalli vili come il nichel, il piombo e lo zinco hanno cominciato ad avere risultati migliori rispetto ai metalli preziosi. Li ho visti schizzare verso l'alto, ma mi sono ricordato del mio piano e del fatto che i metalli vili non sono moneta, non saranno mai moneta, e se l'economia si sgonfierà i metalli vili si dilegueranno.

Hai bisogno di un piano!

Più studio, più sono assolutamente convinto che in questa parte del ciclo non ci sia un settore migliore di quello dei metalli preziosi. Non metto più in dubbio le mie scelte, e ogni domanda che mi viene in mente ha sempre la medesima risposta: investire nei metalli preziosi è l'investimento più sicuro e più intelligente per il mio piano. Sviluppa un piano, mettilo per iscritto, e attieniti ad esso. Un po' più avanti in questa parte ti parlerò del mio piano.

Tuttavia, il semplice fatto di scrivere un piano non significa che tu non possa modificarlo. È una cosa positiva affinare e chiarire il tuo piano e, se scopri che il piano è difettoso, allora modificarlo è una necessità. Il successo o l'insuccesso possono dipendere non solo dalla qualità del tuo piano, ma anche dal suo affinamento continuo e dalla sua esecuzione.

Un buon piano di investimento ti aiuterà a tenere duro, aumentando in tal modo la tua possibilità di successo. I professionisti usano l'avidità e la paura per manipolare il mercato. Può essere difficile cavalcare il rialzo e rimanere nel gioco. Questo si chiama "scalare il muro della preoccupazione". Se hai un piano scritto chiaramente definito, puoi consultarlo quando hai dei dubbi, e sarà molto più probabile esaminare con attenzione quei dubbi svolgendo ricerche appropriate e usando la debita diligenza anziché prendere una decisione precipitosa.

Un piano dovrebbe avere un obiettivo, una strategia (il quadro generale del modo in cui hai intenzione di andare da A a B) e una tattica (i metodi specifici da usare per attuare la strategia).

A titolo di esempio, ecco il mio piano:

OBIETTIVO
Accumulare un numero X di condomini in grado di produrre un cashflow elevato.

STRATEGIA
Investire tenendo conto dei cicli e identificare gli investimenti che offrono la performance migliore in ogni ciclo. La

mia ricerca ha mostrato un'alta probabilità che i metalli preziosi siano gli investimenti con la massima performance nell'attuale ciclo di mercato.

TATTICA

Nella prima fase della mia strategia userò la tattica di investire nel settore dei metalli preziosi. La mia posizione di base sarà nei metalli tangibili, con una forte preponderanza dell'argento. Conseguirò la leva finanziaria attraverso una posizione in un ampio paniere di azioni nel campo dell'attività mineraria e della prospezione. Acquisirò una leva ulteriore fondando un'azienda che a mio avviso prospererà nel clima economico che prevedo. Mi preparerò anche per la seconda fase della mia strategia continuando la mia istruzione negli investimenti immobiliari. Proseguirò la mia indagine, come investitore in base ai cicli, per istruire me stesso ed essere vigile, in modo da identificare il momento in cui questo ciclo smetterà di crescere e prepararmi al prossimo cambiamento di ciclo.

Sviluppa il tuo piano

Per sviluppare un piano di investimento che sia giusto per te, in primo luogo devi chiederti: *chi sono?* Dai un'occhiata alla tua personalità e determina che tipo di investitore sei. Ecco alcune buone domande da fare a te stesso:

- Qual è la mia tolleranza di rischio?
- Sono uno speculatore o un investitore?
- Quanto voglio essere coinvolto attivamente con i miei investimenti?
- Cos'è più importante per me: il potenziale per realizzare enormi guadagni, oppure una buona notte di sonno?
- Sono giovane o vecchio?
- Sto investendo per costruire ricchezza ora, o per il pensionamento? Se sono già in pensione, sto cercando la sicurezza e la crescita potenziale, oppure ho bisogno di reddito?

Nel momento in cui scrivo questo libro, sono convinto che i metalli preziosi dovrebbero offrire enormi guadagni *e* una buona notte di sonno. Di fatto, a mio avviso è l'unico investimento che offre una buona notte di sonno.

Una volta che hai risposto a queste domande, allora puoi definire il tuo obiettivo e sviluppare una strategia per conseguirlo.

Ecco un foglio per appunti che può aiutarti. Cerchia una scelta per ogni categoria. Se c'è una categoria che ho omesso e che è importante per te, aggiungila. Questo dovrebbe aiutarti a capire quale strategia è migliore per farti arrivare al tuo obiettivo.

Per esempio, riguardo alla ragione dell'investimento, se hai cerchiato "1, Bisogno di reddito", allora smetti di leggere questo libro e vai a trovare qualche immobile che offra un cashflow. L'oro e l'argento non offrono un cashflow, e pochissimi titoli di società minerarie pagano dividendi.

Credo che le più importanti di queste categorie siano la categoria "Tolleranza al rischio" e "Coinvolgimento". Se conosci la tua tolleranza per il rischio e il livello di coinvolgimento che sei disposto ad accettare, allora diventa molto più facile decidere come investirai nei metalli preziosi.

Il tipo di investitore che sei ha un impatto ancora più ampio sulla quantità di lavoro necessaria rispetto al tipo di investimento che scegli. Credo che un investitore che acquisisce una posizione per tempo e tiene duro abbia una possibilità molto maggiore di conseguire enormi ricompense rispetto a uno speculatore che cerca di acquistare durante le flessioni e vendere ai valori massimi, perché inevitabilmente verrà il giorno in cui venderai durante quello che riterrai un livello massimo. Ma poi salta fuori che il valore massimo non lo è affatto, è semplicemente una leggera stasi, e il prezzo decolla di nuovo mentre tu aspetti il prossimo ripiegamento. Quando giungerà finalmente il livello massimo, gli utili che non hai realizzato perché hai disinvestito precocemente azzerano tutti gli utili che hai realizzato quando ti sei tirato fuori nelle fasi discendenti... e più ancora. Il risultato è che avrai amplificato la quantità di tempo e sforzo usati, solo per ridurre il tuo rendimento potenziale.

Tolleranza al rischio										
Sicurezza	1	2	3	4	5	6	7	8	9	10	Brividi

Metalli tangibili – Fondi comuni – Grossi titoli azionari – Piccoli titoli azionari – Futures e operazioni a premio

Coinvolgimento										
Nessuno	1	2	3	4	5	6	7	8	9	10 Quotidiano
Investitore					Swing Trader[1]					Day Trader[2]

Ragione per investire										
Bisogno di reddito	1	2	3	4	5	6	7	8	9	10 Ricchezza futura

Età										
Vecchio	1	2	3	4	5	6	7	8	9	10	Giovane

Dimensione del portafoglio										
Grande	1	2	3	4	5	6	7	8	9	10	Piccola

I metalli preziosi tangibili sono di gran lunga l'investimento più sicuro e che richiede la minore quantità di lavoro nel settore dei metalli preziosi e offrono comunque il potenziale per realizzare utili enormi. Comprali semplicemente ora, tienili da parte finché non saranno diventati sopravvalutati e non daranno luogo a una bolla, poi vendili.

Poiché i metalli tangibili sono un investimento così incredibilmente sicuro e facile, hanno costituito perlomeno dal 50 al 70% dell'allocazione nei portafogli che controllo dal 2003. Per alcuni miei clienti che hanno meno tolleranza al rischio e sono particolarmente preoccupati per il dollaro statunitense, talvolta

[1] Speculatore di brevissimo periodo (N.d.T.).
[2] Chi fa operazioni speculative che iniziano e terminano nella stessa giornata (N.d.T.).

raccomando che i loro portafogli contengano il 75%, o addirittura il 100%, di metalli preziosi tangibili e, come ho detto prima, ho una forte preferenza per l'argento. Ma non credermi semplicemente sulla parola. Fai le tue ricerche, e prendi le decisioni di investimento che ritieni più adatte ai tuoi obiettivi.

I titoli di società minerarie e i fondi comuni introducono il rischio, mentre l'oro e l'argento non possono fallire. Una miniera può avere vertenze sindacali, problemi relativi a permessi e licenze, può essere chiusa da organismi ambientalisti (come l'Ente per la tutela dell'ambiente, Environment Protection Agency, EPA) e può risentire di una cattiva gestione, di una cattiva contabilità e di una moltitudine di altri problemi che non sembrano mai cessare, inclusa la nazionalizzazione. Molte miniere sono situate in paesi che in passato hanno avuto problemi economici e colpi di Stato militari.

Nondimeno, mi piacciono i titoli delle società minerarie. Se vuoi avere un effetto di leva sui metalli, usa i titoli delle società minerarie. I titoli delle società minerarie minori possono offrirti una grossa leva, ma quest'ultima è accompagnata dal rischio, sebbene io creda che i titoli di grosse imprese di fatto offrano più sicurezza e meno rischio dei fondi comuni. Per esempio, quando un fondo comune presenta un profitto, il management e tutti gli altri nel fondo vengono pagati per primi, e tu ottieni quello che rimane. Quando un fondo comune subisce una perdita, però, questi individui vengono pagati comunque e poi trasferiscono la perdita, più le spese gestionali, su di te. I fondi comuni comportano meno lavoro rispetto ai titoli azionari, ma non in misura significativa. Tutto quello di cui hai bisogno per i titoli è un conto commerciale, e buone informazioni.

Negoziare titoli, tuttavia, può essere un gioco pericoloso. Quando investi nei titoli azionari, se sei sicuro del tuo investimento (e dovresti investire soltanto se sei sicuro), devi perseverare per un lungo periodo. Prima di mettere per iscritto il mio piano, per un paio di volte ho ceduto all'avidità e alla paura, e ho venduto una parte della mia posizione nei titoli di grosse società minerarie. Ho ascoltato alcuni "bravi" analisti tecnici che stavano predicendo un grave arretramento dei titoli di società minerarie. Sono stato colto dal panico, temendo che avrei perso una parte degli utili realizzati e ho ceduto all'avidità, pensando che in seguito avrei potuto ricomprare le mie partecipazioni nei metalli preziosi a un prezzo inferiore. Ogni volta il destino e i mercati hanno cospirato per punirmi e mi hanno dato una sonora batosta che non dimenticherò mai.

Il mercato è decollato come un razzo, facendo esattamente l'opposto di ciò che predicevano questi "esperti". Mentre i prezzi dei titoli di società minerarie salivano sempre più, la paura di ricomprare e poi di vedere infine il verificarsi delle predizioni di crollo degli analisti (il che avrebbe provocato perdite ancora più grosse) mi ha impedito di rientrare nel mercato.

Quando infine ho ricomprato i titoli, i prezzi erano molto più alti. Quindi non ho potuto acquistare la stessa quantità di azioni che avevo venduto. Quando ho sommato la perdita fiscale e gli utili che avevo perso nel periodo in cui non avevo investito totalmente, sono rimasto sbigottito. Le azioni che avevo venduto erano andate molto bene in precedenza, quindi la vendita era un'operazione tassabile. Le mie partecipazioni nelle azioni che ho negoziato sarebbero state doppie rispetto a come sono oggi se non le avessi negoziate, e non avrei dovuto sostenere l'esposizione fiscale in cui sono incorso. Questa è stata la mia punizione per non avere messo per iscritto il piano e per non averlo seguito. Non negozierò né venderò mai più sulla base di un'analisi tecnica. L'analisi tecnica ha ragione il 55% o il 60% delle volte, ma i fondamentali hanno ragione il 100% delle volte e si dimostrano sempre giusti nel corso del tempo.

Metti per iscritto il tuo piano e seguilo. Quando hai dei dubbi, leggilo.

Warren Buffett una volta ha detto: "Metti tutte le tue uova in un unico paniere e poi sorveglia con attenzione quel paniere". Per me questo è un consiglio molto sensato. Investendo l'80% o più nei metalli preziosi e nei titoli delle società minerarie di metalli preziosi, ho messo tutte le mie uova in un solo paniere. Ma per garantire il successo della mia strategia di investimento, devo sorvegliare il mio paniere con attenzione, valutando sempre di nuovo la mia strategia per massimizzare i rendimenti.

Mi sento a mio agio con il mio piano, mi va bene come un maglione caldo e un paio di vecchie scarpe. L'unica volta in cui il mio piano non ha funzionato per me è stato quando non l'ho seguito. Quindi sono abbonato a diversi bollettini d'informazioni e quando raccomandano un investimento uso la debita diligenza e poi lo acquisto se corrisponde al mio piano e se credo che i fondamentali siano buoni.

Una buona squadra fa parte di un buon piano

Come dice Robert Kiyosaki: "Investire è uno sport di squadra". Dice anche: "Ingaggia i migliori consulenti e pagali bene".

Come ingaggiare una squadra che ti aiuti a fare scelte di investimento nel settore dei metalli preziosi?

Il modo più semplice per mettere insieme una squadra fantastica è abbonarsi ad alcuni bollettini fantastici. Tuttavia, dovresti procurarti dei consigli in primo luogo, perché alcuni bollettini non sono così fantastici. Puoi procurarti dei consigli dalle altre parti della tua squadra. E le altre parti della tua squadra non devono necessariamente essere delle persone. Possono essere dei libri sugli investimenti come questo, oppure uno qualunque dei libri della serie Rich Dad (molti avranno una sezione sulle risorse in fondo) e i siti Web e finanziari specializzati nel settore dei metalli preziosi. Molte buone risorse sono elencate nella sezione sulle risorse di questo libro. Inizia a leggerle per istruire te stesso e lentamente graviterai verso i migliori scrittori di bollettini di informazioni adeguati al tuo stile.

Nel 2001 ho iniziato a studiare le Borse e l'economia globale. Entro il 2002 avevo messo insieme la mia squadra e avevo studiato abbastanza il settore dei metalli preziosi da sapere che i metalli preziosi avevano concluso il loro mercato ventennale al ribasso e stavano appena iniziando un nuovo mercato al rialzo a lungo termine, e che i mercati al rialzo dei titoli azionari e degli immobili erano finiti. Ho iniziato a comprare l'oro a 300 dollari all'oncia e l'argento a 4,10 dollari. Mentre scrivo queste parole l'oro viene venduto a circa 1.000 dollari l'oncia e l'argento viene venduto a circa 20 dollari l'oncia.

Sono così grato per avere trovato la mia squadra e per avere ascoltato i suoi consigli all'inizio di questo mercato al rialzo.

Perciò, ora che ti ho parlato del mio piano, qual è il tuo?

Capitolo 16

Dedichiamoci alle cose tangibili

Molte persone cadono in una trappola quando pensano che non devono possedere fisicamente i metalli preziosi. Pensano di poter avere un migliore effetto di leva sulla loro posizione acquistando i titoli di società minerarie, oppure pensano che i futures o gli ETF che possiedono siano buoni come l'oro. Come ho accennato, questo è un puro e semplice modo di pensare maleodorante.

Tanto per cominciare, se stai pensando: "I titoli di società minerarie mi daranno la leva finanziaria; comprerò solo le azioni", allora riflettici sopra di nuovo. In primo luogo, se tutti comprassero solo i titoli di società minerarie e nessuno comprasse l'oro e l'argento tangibili, allora il prezzo dell'oro e dell'argento non aumenterebbe. Di fatto, diminuirebbe a causa della mancanza di domanda, mentre tutti i fondi extra, disponibili per il settore minerario (perché tutti sanno comprando azioni), stimolerebbero un'offerta accresciuta. In secondo luogo, i titoli di società minerarie sono *titoli*. Non sono l'oro e l'argento. Sono azioni in una *società* che sottopone a processo di lavorazione l'oro o l'argento. Come tali, sono soggette a condizioni di mercato come la crisi valutaria oppure il crollo della Borsa. L'oro e l'argento, invece, potrebbero andare alle stelle mentre i titoli delle società minerarie perdono valore.

Ma oltre a ciò ci sono molte ragioni per cui il possesso tangibile dell'oro e dell'argento è il modo fondamentale per investire in questa parte del ciclo in cui ci troviamo. Esse sono le seguenti:

1. Da cinquemila anni l'oro e l'argento sono gli unici attivi che non sono mai falliti. Essendo attivi tangibili con un valore intrinseco, il loro potere d'acquisto non si azzererà mai.

2. Sono attivi finanziari che possono essere completamente privati senza fare parte del sistema finanziario. Perfino gli immobili hanno bisogno del sistema finanziario per trasferire il diritto di proprietà. L'oro e l'argento non ne hanno bisogno.

3. Sono uno dei pochi attivi finanziari che non sono contemporaneamente la passività di qualcun altro. Le azioni, le obbligazioni e i derivati come i futures e gli ETF richiedono la performance dell'emittente o della controparte. Perfino il contante richiede la performance dello Stato che lo emette per avere valore. Se lo Stato fallisce, fallisce anche la sua valuta. L'oro e l'argento non falliscono mai.

4. Possono essere posseduti completamente. Non puoi mai possedere completamente gli immobili, per esempio; se pensi di poterli possedere, prova solo a non pagare le imposte immobiliari per alcuni anni.

5. Sono investimenti in beni rifugio che aumentano durante sconvolgimenti economici, guerra, terrorismo e disastri naturali.

6. Hanno un curricolo comprovato che ne dimostra una buona performance durante l'inflazione o la deflazione.

7. Hanno un'alta densità di valore. Questo significa che, a differenza del rame o del petrolio, una piccolissima quantità di oro o di argento fornisce un potere d'acquisto significativo.

8. Hanno un basso spread fra corso acquisto e corso vendita, a differenza dei diamanti o delle monete da collezione, che possono avere uno spread dal 15 al 100%.

9. Ogni oncia ha lo stesso valore. Ogni diamante o moneta da collezione, invece, è diverso e richiede un esperto per valutarne il valore.

10. L'oro e l'argento tangibili sono denaro in sé è di per sé.

La mia raccomandazione è che tu acquisisca una posizione di base nell'oro e nell'argento tangibili prima di diversificare con titoli di società minerarie, operazioni a premio, contratti a termine, ETF o qualunque altro investimento connesso con l'oro e con l'argento. Tutti gli investitori in metalli preziosi dovrebbero avere una posizione di base nell'oro e nell'argento tangibili che essi non commerciano. Una posizione di base può essere conservata per molti anni. La dimensione della tua posizione di base sarà un fattore fondamentale per determinare i modi diversi in cui viene conservata. Eccone alcuni.

Preparati per una battaglia

Come ho accennato, la prima cosa che dovresti fare per acquistare i metalli preziosi è trovare un commerciante fidato che ti offra un buon servizio e una buona consulenza. Per comprare l'oro e l'argento tangibili fondamentalmente ci sono due tipi di commercianti fra cui scegliere: i commercianti di lingotti online o i negozi di monete.

Come in qualunque mercato, il prezzo e la qualità del servizio variano fra i commercianti, quindi trovarne uno fidato è un primo passo cruciale. Idealmente dovrebbero essercene diversi raggiungibili con un breve tragitto in auto. Ma i commercianti di lingotti sono rari e perlopiù i lingotti vengono acquistati online o al telefono e consegnati per posta. A causa del margine di utile estremamente basso sui lingotti, non conosco nessun negozio che venda solo lingotti e in cui si possa entrare senza appuntamento. Per trovare un commerciante esclusivamente di lingotti dovrai andare online. Il modo più facile per trovare questi commercianti è cercare "oro e argento" su Google, e verranno fuori dozzine di commercianti. Non evidenzierò mai abbastanza, tuttavia, com'è importante che tu faccia le tue ricerche prima di servirti di qualunque commerciante che trovi online. Puoi trovare più informazioni sul mio sito Web, GoldSilver.com.

La qualità del servizio fra i commercianti può variare ampiamente, quindi dovresti andare al Better Business Bureau online sul sito bbb.org e fare una ricerca per vedere chi si è lamentato, chi non lo ha fatto e come si sia risolta la cosa. Inoltre, controlla per verificare se il commerciante è un membro dell'Industry

Council for Tangible Assets (ICTA). Puoi fare una ricerca in base al nome del commerciante o allo Stato sul sito ictaonline.org.

Inoltre, quando acquisti online, accertati che il prezzo finale che ti viene quotato includa la spedizione, la movimentazione e che il tuo acquisto sia completamente assicurato per tutto il tragitto fino alla consegna.

Molti commercianti di monete numismatiche offrono lingotti, ma a causa del basso margine di utile i negozi di monete ti faranno pagare di più rispetto ai commercianti online, oppure ti venderanno i lingotti per attirarti e farti entrare nel negozio. Una volta che sei all'interno ti mostreranno molta roba numismatica davvero carina e davvero costosa che puoi acquistare. Prima di comprare queste monete, torna al capitolo "Attenzione ai trabocchetti" e leggi la parte sulla numismatica.

Forma o funzione

Una delle decisioni più importanti da prendere riguardo all'oro e all'argento in tuo possesso è: *Sotto quale forma dovrei comprarlo? Lingotti, vecchie monete d'argento statunitensi, Foglie d'Acero in oro oppure monete d'oro da 10 dollari statunitensi (dollari Aquila)?* Per rispondere a questa domanda devi chiederti perché vuoi tenere l'oro e/o l'argento a casa in primo luogo. Per quanto concerne la maggior parte delle persone, tengono l'oro e l'argento in casa perché vogliono avere un investimento molto privato e anche una moneta d'emergenza e una ricchezza trasportabile.

Per un deposito domestico la mia preferenza va alle monete da 10 dollari statunitensi sia per quanto riguarda l'oro che per quanto riguarda l'argento. Sono fra le forme più riconoscibili di oro e di argento. Hanno un aspetto ufficiale e su di esse c'è scritto: "Stati Uniti d'America" e "un'oncia troy di oro fino" oppure "un'oncia troy di argento fino". Sono sotto forma di incrementi da un'oncia (ricordati che puoi vendere il tuo oro e argento in un negozio di monete in cambio di contanti, ma quando l'argento supera i 100 dollari all'oncia, anche un lingotto d'argento da 100 once supererà il limite di cassa). E infine, le monete da 10 dollari statunitensi sono estremamente private perché non c'è nessun obbligo di dichiarazione quando vendi.

Mettere in deposito l'oro e l'argento

Una volta che hai l'oro e l'argento devi decidere dove li conserverai. Questo è sempre stato un problema, ed è un buon problema, ma non esiste nessuna risposta facile.

CASSETTA DI SICUREZZA

Molte persone tendono a pensare che il posto migliore in cui conservare l'oro e l'argento sia una cassetta di sicurezza in banca, credendo che sia *davvero* una cassetta "di sicurezza". Questa può essere o può non essere una buona idea; devi decidere da solo. Posso dirti questo: quando si sono verificati gli attacchi terroristici l'11 settembre 2001, l'oro è aumentato del 9% e l'argento è aumentato dell'11%, ma se si trovava in una banca non potevi prenderlo. Durante quella settimana le Borse erano chiuse, le banche erano chiuse, e le casse continue di prelievo hanno esaurito i contanti. Ma i commercianti di metalli preziosi erano aperti e potevi entrare nei loro negozi con l'oro o l'argento, e uscirne con banconote da 100 dollari. I commercianti di metalli preziosi hanno svolto la funzione delle banche quella settimana, ma solo per coloro che potevano prendere il loro oro e argento.

Un'altra ragione per riconsiderare le cassette di sicurezza proviene da una storia che mi è stata raccontata dalla direttrice del mio ufficio. Ella opera con un'importante banca nazionale che aveva preso la decisione di chiudere la filiale locale dove lei teneva il conto e l'ha informata che il suo conto sarebbe stato trasferito in una filiale vicina. La transizione si è verificata senza complicazioni e, dopo avere operato per diversi mesi con la nuova filiale, ella ha avuto bisogno di ritirare qualcosa dalla sua cassetta di sicurezza. Con suo orrore l'hanno informata che sebbene il suo conto fosse stato trasferito in quella filiale, la cassetta di sicurezza non era stata trasferita, e in aggiunta la banca non aveva idea di quale fosse la filiale in cui era finita. Alla fine la cassetta è stata trovata, ma solo dopo una lunga ricerca.

Infine, le cassette di sicurezza non sono assicurate. I più pensano che l'assicurazione della Compagnia Federale di Assicurazione sui Depositi (Federal Deposit Insurance Corporation, FDIC) copra le cassette di sicurezza. Non è così.

Credo che tutti dovrebbero custodire privatamente l'oro e l'argento, in un luogo su cui puoi mettere le mani, perché si tratta di uno dei pochi attivi finanziari che possono essere completamente privati e che non fanno parte del sistema finanziario. Sii consapevole semplicemente del fatto che se scegli di depositare i tuoi metalli preziosi in banca, stai esponendo l'investimento più privato ai sistemi finanziari e bancari più pubblici, e alle leggi che li governano.

Alcune opzioni alternative da prendere in considerazione sono le seguenti:

UNA CASSAFORTE NASCOSTA NEL PAVIMENTO O IN UNA PARETE
Forse prima dovresti anche discutere di questo argomento con il tuo agente di assicurazioni, ma se vuoi conservare una qualche quantità significativa di oro e argento a casa, una buona cassaforte è un buon investimento. Rivolgiti a una società specializzata in casseforti a un alto livello professionale.

DEPOSITO IN UN CAVEAU
Se giungi alla conclusione che non ti senti a tuo agio nel conservare l'oro o l'argento in casa, ci sono diversi tipi di conti di deposito a disposizione per i metalli preziosi a vari livelli di sicurezza.

Deposito in caveau segregato. Questo è il più alto livello di sicurezza disponibile, e ho esperienza in proposito perché la mia società offre questo tipo di deposito presso la Brink's (sì, è la stessa Brink's che ha le auto blindate che consegnano la valuta alle banche). La Brink's non fa parte del sistema bancario e non è sottoposta alle stesse leggi e alla stessa giurisdizione delle banche. Durante la settimana dell'11 settembre, il governo ha fatto cessare l'attività al sistema bancario, ma la Brink's era ancora aperta, faceva affari e spediva e riceveva l'oro e l'argento.

In realtà, questa società è aperta 364 giorni all'anno (chiude solo il giorno di Natale). Molti commercianti possono offrire un servizio simile a questo.

Una volta che vengono ricevute le scorte secondo il tuo ordine, il tuo oro e argento saranno contati sotto l'occhio attento di un ispettore e sotto la sorveglianza di una telecamera che registra su videotape. Sia la persona che effettua il conteggio, sia l'ispettore devono firmare una lista di inventario, e poi i tuoi metalli preziosi sono collocati in un contenitore e sigillati. Poi viene apposta un'etichetta con il tuo nome, numero di conto e contenuto e i tuoi metalli preziosi sono depositati in un caveau ben protetto.

Se un giorno vuoi che i metalli ti vengano spediti, devi solo fare una telefonata e saranno in viaggio nel giro di quarantott'ore (esclusi i fine settimana). Anche se sono passati dieci anni, riceverai gli stessi lingotti e le stesse monete esatte che hai acquistato.

Un altro vantaggio è che quando vuoi rivendere i tuoi metalli, sono già nel sistema del caveau. Quindi non devono essere certificati di nuovo da un esperto (risparmierai in tal modo le spese connesse). Si tratta di attivi liquidi e veloci. Non si perde tempo durante il trasporto perché sono già nel caveau. Quando vendi, l'assegno di solito ti sarà spedito per posta; oppure sarà effettuato un bonifico elettronico nel giro di settantadue ore. Talvolta, se rivendi al commerciante di prima mattina, i fondi possono essere trasferiti sul tuo conto con un bonifico elettronico e puoi averli a disposizione (per compilare un assegno) in appena ventiquattro ore.

Le scorte sono accantonate a tuo nome e non compaiono come un attivo sui libri contabili del commerciante. Se la società dovesse cambiare proprietario, fallire o chiudere i battenti per qualunque ragione, i tuoi metalli preziosi sono ancora al sicuro. Sono comunque tuoi. Visita il sito GoldSilver.com per avere più informazioni.

Deposito in caveau allocato. Questo è il secondo livello più alto di sicurezza nel campo dei depositi. Il deposito in caveau allocato garantisce che ci sono once di argento e di oro nel caveau allocate per te, ma non once specifiche. Le forme di oro e argento che sono usate nel deposito allocato solitamente sono grandi, nonché efficienti in termini di costo. Quando vendi, i conti allocati di solito vengono liquidati in contanti. Se vuoi prendere in consegna il metallo, esso ti sarà consegnato sotto forma di un grande lingotto, oppure molto probabilmente pagherai un compenso per farlo convertire nella forma che preferisci.

Passiamo ai prodotti virtuali

Raggrupperò insieme qui qualunque genere di oro o argento che può essere acquistato e venduto all'istante su Internet, che non puoi mai vedere o toccare e che secondo quanto si asserisce è depositato in un caveau totalmente assicurato. Abbiamo già esaminato molti di questi prodotti nel corso del libro, quindi non scenderò troppo nei dettagli.

FONDI INDICIZZATI QUOTATI (*exchange-traded funds*, ETF)

Sono la forma più conosciuta di "oro digitale" e sono stati trattati precedentemente nel capitolo "Attenzione ai trabocchetti", dove ho messo in guardia contro gli ETF. Sebbene asseriscano di avere metalli "accantonati", devi ricordarti che, anche se hanno i metalli, questi sono accantonati per l'ETF e non per te. Un'altra cosa da considerare è che gli ETF sono gestiti dal sistema bancario e quindi ne fanno parte. Quindi, se usi gli ETF, stai facendo il loro gioco.

Tuttavia, se hai intenzione di speculare sull'oro o sull'argento, invece di conservarlo come investimento a lungo termine, allora questi sono gli strumenti adatti a te. Hanno di gran lunga il più basso spread fra corso acquisto e corso vendita, la liquidità più alta, e possono essere comprati e venduti proprio come un'azione su qualunque piattaforma di intermediazione. I loro simboli di teleborsa sono GLD per l'oro e SLV per l'argento[1].

---

[1] In Italia gli ETF principali sono *ETFS Gold* che ha come sottostante l'indice DJ-AIG Gold Sub-index e il *LYXOR GOLD BULLION* che garantisce il compratore con oro fisico depositato presso il caveau di Londra della banca HSBC. Per l'argento *ETFS Silver*, ETFS Leveraged Silver e ETFS Physical Silver. Vedi per maggiori informazioni www.borsaitaliana.it.

Ci sono diverse Borse di metalli preziosi a disposizione degli investitori. Le Borse digitali di metalli preziosi tengono in deposito i metalli preziosi e i loro clienti effettuano operazioni di compravendita sui metalli all'interno di questo sistema borsistico privato.

Il cliente va sul sito Web della Borsa, crea un conto e provvede di fondi il conto mediante un bonifico elettronico. Devi anche verificare la tua identità. Una volta che il conto è provvisto di fondi, puoi acquistare i metalli a prezzi competitivi. Non puoi negoziare i metalli in queste Borse private attraverso la piattaforma di contrattazione o il conto di intermediazione che forse usi attualmente. Invece, devi entrare nel loro sito Web e negoziare all'interno del loro sistema. Questo significa che non stai negoziando sui mercati mondiali, ma stai negoziando con gli altri clienti all'interno del sistema. Quindi i prezzi possono essere diversi rispetto ai prezzi del mercato aperto globale.

La valuta digitale in metalli preziosi è un metodo online usato per acquistare o vendere all'istante oro e argento, ventiquattr'ore al giorno, sette giorni alla settimana, trecentosessantacinque giorni all'anno. È facile, le spese di deposito sono bassissime e può essere usato anche per pagare in oro chiunque abbia un indirizzo di posta elettronica.

Posso parlare per esperienza personale in questo caso, in quanto uso una di queste società ormai da qualche tempo.

Avere un conto presso la società con cui faccio affari in qualche modo è come avere un conto bancario, un conto per la negoziazione di valuta, un sistema di pagamento e un conto di deposito di metalli preziosi, tutto in un unico conto. Puoi possedere qualunque combinazione di dollari statunitensi, euro, sterline britanniche, dollari canadesi, oro e argento, e/o speculare fra di essi. Mentre tieni in deposito queste valute ti viene pagato un interesse a un tasso paragonabile a un conto di risparmio e, quando tieni in deposito l'oro o l'argento, le tue spese di deposito e di conto sono fra le più competitive nel settore. I metalli sono allocati per il cliente, assegnati al cliente e di proprietà del cliente. Quindi sei il proprietario assoluto del tuo oro e argento... non lo è nessun altro.

Credo che questo sia il modo migliore per possedere i metalli preziosi al di fuori del tuo paese. Come sempre, tuttavia, usa la debita diligenza prima di avvalerti di una società. Puoi trovare più informazioni su questi tipi di società sul sito Gold-Silver.com

L'ORO E L'ARGENTO NEL TUO CONTO PENSIONAMENTO INDIVI-DUALE (Individual Retirement Account, IRA)
Se il tuo conto pensionamento individuale è uno dei tuoi strumenti di investimento primari, potresti chiederti se c'è un modo per depositarvi l'oro o l'argento. Ci sono due modi per possedere l'oro e l'argento nel tuo conto pensionamento individuale: attraverso azioni ETF o attraverso un deposito allocato.

Dato che gli ETF sono negoziati nelle Borse pubbliche come azioni, puoi farle acquistare all'amministratore del tuo IRA perché facciano parte del tuo portafoglio.

Se desideri utilizzare un deposito allocato per il tuo IRA, dovrai accertarti che la società che amministra il tuo IRA ti permetta di investire in metalli preziosi tangibili. Se la tua società non ti permette di investire in metalli preziosi, allora dovrai creare un conto pensionamento individuale presso un depositario che conservi i tuoi investimenti in metalli preziosi. Una volta che hai un conto presso uno di essi, la maggior parte dei commercianti di metalli preziosi può evadere il tuo ordine. Allora un depositario (di solito una banca importante) conserverà i tuoi metalli nel deposito allocato e riceverai un rendiconto mensile. Visita GoldSilver.com per avere più informazioni.

Alcune parole finali

Ancora una volta, nei portafogli che controllo, i metalli preziosi tangibili costituiscono all'incirca dal 50 al 70% degli investimenti. Pressappoco dal 20 al 40% è destinato ad azioni su metalli preziosi, dal 5 al 10% è suddiviso fra azioni sull'energia e azioni in altre merci, e il restante 5% è in contanti (sai cosa penso dei contanti). Finora questa combinazione ha funzionato bene per me.

La mescolanza di metalli fisici che preferisco per la porzione custodita in casa del mio stanziamento tangibile è del 10-50% di oro e del 50-90% di argento. La quantità che conservi in casa dipende dalla dimensione del tuo investimento, ma ordinariamente si aggira fra le 3 e le 100 once di oro e fra le 100 e le 10.000 once di argento. Qualunque sia la quantità, l'obiettivo è averlo a portata di mano dov'è possibile accedere ad esso in qualunque momento, indipendentemente dalle circostanze economiche o politiche.

Per quanto concerne i miei metalli fisici rimanenti, ne custodisco una buona parte in vari depositi di sicurezza situati negli Stati Uniti e poi il resto in un conto estero. Per me c'è sicurezza nella diversità geografica.

Un'altra cosa riguardo all'argento: compra sempre argento fino da 999 millesimi. Questo è quello che chiamo argento "di qualità da investimento". È l'argento di cui ha bisogno l'industria e, visto che la riserva mondiale si sta assottigliando, è l'argento che la gente pagherà a caro prezzo. *Non* acquistare vecchie monete statunitensi contenenti il 90% di argento (a meno che tu non le collezioni come passatempo) o altre forme di argento non puro come lo *sterling silver* (argento pregiato da 925 millesimi).

Se rivenderai a un commerciante argento che non è fino nella misura di 999 millesimi, di solito il commerciante lo manderà in una raffineria. Fra il 1979 e il 1981, quando il prezzo dell'argento era piuttosto alto, così tante persone vendevano vecchia argenteria, gioielli e affini insieme a monete con il 90% di argento, che tutti i raffinatori di argento sono stati strapieni di lavoro per più di un anno. Sono abbastanza sicuro che questo accadrà di nuovo e in questo caso il tuo argento-ciarpame potrebbe essere venduto a un prezzo notevolmente scontato rispetto all'argento puro.

Una delle cose che mi piacciono maggiormente riguardo all'acquisto dell'argento e dell'oro tangibili in vista di un deposito domestico, un deposito vincolato presso un depositario, e/o un deposito all'estero in un conto allocato, è che non stai facendo il gioco del settore finanziario societario. Stai tenendo invece il tuo denaro e i tuoi investimenti in forma privata, lontano da occhi curiosi. Sai che quello che possiedi è reale. Puoi toccarlo e la cosa migliore è che è denaro reale.

Capitolo 17

Tutto è illuminato dalla luce del passato

"Sebbene la storia non si ripeta mai del tutto, e proprio perché nessuno sviluppo è ineluttabile, possiamo in qualche misura imparare dal passato per evitare una ripetizione del medesimo processo. Un individuo non deve essere un profeta per essere consapevole dei pericoli incombenti. Una combinazione accidentale di esperienza e interesse spesso rivelerà a un uomo alcuni eventi sotto certi aspetti che pochi vedono ancora".

F.A. Hayek, *The Road to Serfdom*, 1944

Che ti piaccia o no, l'impero degli Stati Uniti d'America ora è in declino. Sì, gli Stati Uniti sono un impero. La nostra presenza militare e il nostro potere giungono in tutto il mondo e gli Stati Uniti sono l'unica nazione sulla terra che a causa dello status del dollaro come valuta di riserva del mondo ha la capacità di tassare tutte le altre nazioni attraverso la creazione di valuta.

A quanto pare la storia sembra sempre destinata a ripetersi e, proprio com'è accaduto a tutti gli imperi precedenti, in mezzo a un'incertezza economica crescente gli americani hanno partecipato alla vendita sottocosto delle loro libertà nel corso di questo processo. Dovrebbe essere chiaro ormai che gli Stati Uniti non sono diversi dall'antica Grecia, dall'antica Roma o da qualunque altro impero che abbia finanziato la sua espansione attraverso la creazione di valuta a corso forzoso.

Le opere pubbliche, i programmi sociali e la guerra, pagati da una spesa in disavanzo, costituiscono una miscela letale ed è sempre stato così. Nel corso del tempo questa miscela ha provocato la fine degli imperi. Per questo, e per una miriade di altri motivi, i giorni del dollaro come valuta di riserva del mondo (e in tal modo la capacità dell'America di dettare la politica economica mondiale attraverso la creazione di valuta a corso forzoso) sono contati.

E non sono l'unico "pazzo" a dirlo. Durante la dichiarazione di Ben Bernanke dinanzi alla Commissione Economica Congiunta del Congresso l'8 novembre 2007, il senatore Charles Schumer ha commentato: "Francamente, penso che siamo in un momento di crisi economica derivante da quattro aree chiave: i prezzi delle case in diminuzione, la mancanza di fiducia nella solidità del credito, il dollaro debole e prezzi elevati del petrolio. Ognuno di questi problemi da solo sarebbe una minaccia sufficiente per il nostro benessere economico; ma, riuniti insieme, fondamentalmente sono i quattro cavalleggeri della crisi economica".

Tutto questo è una cattiva notizia per gli Stati Uniti, ma è una notizia *fantastica* per gli investitori in metalli preziosi. "È terribile", dici. Sì, ma il governo degli Stati Uniti insiste nel distruggere la prosperità di cui godeva un tempo. Non posso fermarlo e non puoi fermarlo nemmeno tu. Quindi, possiamo sfruttare al meglio la situazione e approfittare del trasferimento di ricchezza futuro.

Un tempo un adagio diceva: "Investi il 10% dei tuoi soldi nell'oro e prega perché non funzioni". Nei portafogli che controllo, ho investito dal 50 al 70% in metalli tangibili, dal 20 al 40% in azioni di società minerarie e dal 5 al 10% in azioni di società nel settore dell'energia. Nell'interesse del tenore di vita del mondo, prego perché non funzioni. Spero quasi di andare in rovina, ma non accadrà. Si sta verificando ora un enorme trasferimento di ricchezza ed esso si ingrandirà.

Vorrei che non fosse così, ma il tenore di vita, soprattutto negli Stati Uniti, diminuirà marcatamente. Man mano che la volatilità e lo sconvolgimento economico avanzano, il trasferimento di ricchezza aumenterà marcatamente. Il fatto che la ricchezza venga trasferita verso di te o lontano da te dipende totalmente da te... è una tua decisione. L'economia diventerà molto brutta per la maggior parte della gente, ma può diventare molto buona per te.

È possibile che il dollaro fallisca? I tempi stanno cambiando rapidamente. Le informazioni, le idee, i sentimenti, le conoscenze, le opinioni e la comprensione stanno cambiando più rapidamente che in qualunque altro periodo della storia, perlopiù a causa dei mass media e di Internet. È in corso un'illuminazione e una delle aree di consapevolezza e comprensione crescenti è costituita dall'immoralità della creazione di valuta e dal trasferimento di ricchezza che esso causa.

Il paradosso è che mentre più persone prendono coscienza del fatto che la valuta ruba loro silenziosamente la ricchezza e allora iniziano a lanciarsi verso il denaro, quantità enormi di ricchezza vengono trasferite dai ritardatari a coloro che hanno acquistato i loro metalli preziosi in precedenza.

Non sono l'unico che ritiene possibile il fallimento del dollaro, e di conseguenza il fallimento di tutte le valute a corso forzoso. La storia assegna una percentuale di sopravvivenza dello 0% a una valuta a corso forzoso e oggi tutte le valute del mondo sono a corso forzoso.

Come sarebbe quindi il trasferimento di ricchezza se tutte le valute a corso forzoso fallissero? E in che modo questo influirebbe su di te?

Pensa alla tua città. Ora cerca di indovinare quante persone in realtà hanno una porzione sostanziale della loro ricchezza nei metalli preziosi. È una persona su mille, su duemila, su cinquemila o su diecimila? Qualunque sia il numero, se le valute del mondo dovessero crollare, il potere d'acquisto di coloro che non hanno metalli preziosi sarebbe trasferito a coloro che li possiedono e questo è un numero incredibilmente enorme.

Uno dei motivi per cui ho scritto questo libro è che ci sono alcuni grossi operatori finanziari che stanno acquisendo posizioni enormi nei metalli preziosi proprio ora. Mi preoccupa il fatto che solo un piccolo numero di grossi speculatori, che sono già "ultraricchi" comunque, finisca con l'avere tutti i biscotti. Un trasferimento di ricchezza di questa ampiezza potrebbe essere una strada verso la servitù della gleba per le masse. Quindi mi sono assegnato la missione di mettere la maggiore quantità possibile di oro e di argento nelle mani del maggior numero di investitori privati.

Più che in qualunque altro periodo della storia umana, puoi migliorare il tuo tenore di vita in misura esponenziale durante questo sconvolgimento, senza esporti a un grandissimo rischio. Quasi tutti i professionisti finanziari, e anche quelli nella comunità dei metalli preziosi, ti diranno che i metalli preziosi non sono un investimento, ma piuttosto un rifugio sicuro. Un'assicurazione sulla ricchezza, se preferisci.

Tuttavia, sebbene sia vero che l'oro e l'argento sono sempre, e in tutte le epoche, *il* rifugio sicuro e la protezione contro il subbuglio economico, ci sono questi momenti così brevi nella storia in cui l'oro e l'argento sono contemporaneamente l'assicurazione che rappresenta un rifugio sicuro, e l'investimento con la migliore performance dell'epoca, facendo conseguire guadagni davvero enormi nel potere d'acquisto assoluto.

Questa volta, però, il trasferimento di ricchezza futuro si verifica sullo sfondo di squilibri globali che eclissano quelli precedenti e ciò si unisce al fatto che per la prima volta tutte le valute del mondo sono a corso forzoso e stanno mostrando segni di debolezza, crepe da stress nel sistema finanziario globale.

È impossibile per me sottolineare abbastanza quanto sia incredibilmente raro questo momento nella storia. Questa non è solo un'opportunità che capita una volta nella vita. È un'opportunità che capita una volta nell'esistenza umana e non si ripresenterà mai più. Il trasferimento di ricchezza futuro non avrà uguali a quelli che il mondo ha già visto. Non mi metto in una situazione difficile qui se dico quanto segue: se dopo aver letto questo libro non agirai, lo rimpiangerai per il resto della vita.

Questa lotta terminerà quindi con la vittoria dei metalli preziosi in seguito a una decisione tecnica, quando l'oro e l'argento raggiungeranno livelli astronomici mettendo al tappeto le monete a corso forzoso ma permettendo loro di sopravvivere ancora? Oppure sarà un colpo da K.O. e la morte delle monete a corso forzoso? La differenza deciderà se il trasferimento di ricchezza sarà semplicemente enorme, o assolutamente gigantesco. Ma in realtà non ha importanza, perché: *non esiste alcuno scenario possibile in cui l'oro e l'argento non aumentino.*

Il grafico finale che ti mostrerò è uguale al grafico 2, 3 e 4, la Base Monetaria più il Credito Rotativo in confronto al valore in dollari delle Riserve Aurifere statunitensi, solo che questa volta il grafico giunge fino al 2008. Ciò che è realmente sbalorditivo riguardo a questo grafico è che esso mostra chiaramente che l'oro ha iniziato ancora una volta a mettere al tappeto la valuta così come ha fatto un'infinità di volte negli ultimi 2400 anni. Perché l'oro faccia ciò che ha fatto nel 1934 e nel 1980, il prezzo in dollari dell'oro deve superare i 6.900 dollari per influire sulla Base Monetaria più il Credito Rotativo in Essere. E questo, amici miei, è eccezionale!

Queste sono solo le cifre a cui si giungerà se si smetterà di stampare la valuta e di creare credito oggi, e se il dollaro sopravvivrà. Se il dollaro non sopravvivesse, allora il prezzo dell'oro in dollari sarebbe infinito.

Chiarezza di visione

Ho sempre avuto una vista da 20/10. Questo significa che riesco a vedere qualcosa a sei metri di distanza con la stessa chiarezza con cui la persona media può vederla da tre metri di distanza. In altri termini, quando guardo qualcosa a sei metri di distanza, la mia vista è doppiamente chiara.

Mi sento privilegiato perché, poco dopo l'11 settembre 2001, una mia amica, Cameron Hamza, mi presentò a un gruppo di uomini con la vista più chiara della mia. Uomini come Richard Russell, Jim Puplava, Jim Rogers e Marc Faber. Li ho ascoltati con attenzione e li ascolto da allora.

Dall'inizio di questo secolo questi uomini sono saltati su e giù, additando l'orizzonte, dicendo a tutte le persone disposte ad ascoltare: "Guardate... sta arrivando qualcosa". "Dove?" chiedevamo tutti. "Laggiù, quel puntino all'orizzonte. Guardate, è enorme. Non riuscite a vederlo?"

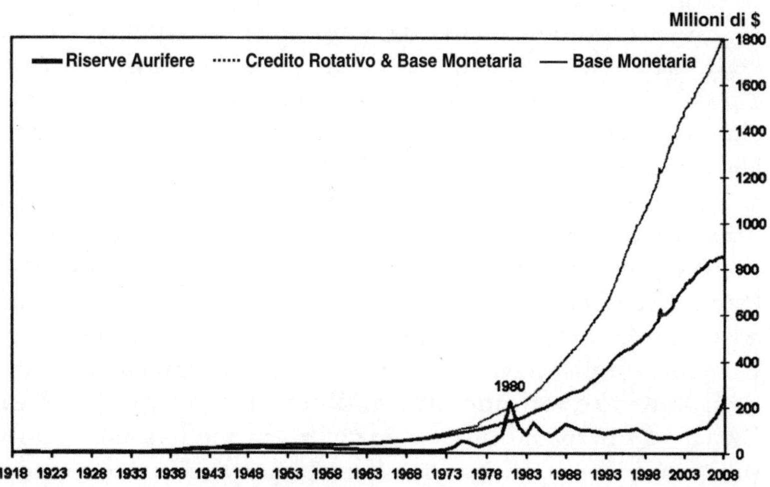

Fonte: St. Louis Federal Reserve Bank

Gli individui con la vista nella media non riescono a vedere ciò che essi vedono, quindi li ignorano, definendoli eccentrici e cose del genere. Ma io sono riuscito a vedere una macchia indistinta, quindi ho esaminato in modo più approfondito. Ho studiato; ho letto; mi sono istruito; e ho ascoltato un numero ancora maggiore di uomini con una vista più chiara della mia. Uomini come David Walker, Richard Duncan e Ron Paul. E man mano che la mia messa a fuoco si è affinata, anch'io sono riuscito a vederlo.

Ho iniziato a radunare più uomini dotati di una visione chiara. Uomini che potevano mostrarmi come proteggermi da ciò che sta arrivando. Uomini come James Turk, David Morgan, John Embry, Ted Butler e Ian Gordon. Poi tutti gli uomini dotati di una visione chiara si sono riuniti e hanno formato una piramide umana, e allora mi hanno detto di salire fino in cima in modo da poter vedere al di là dell'orizzonte. "Eccola!" ho gridato. "È grossa, ed è davvero brutta. È la più grossa tempesta

251

economica che questo pianeta abbia mai conosciuto, un ciclone colossale, una bufera di proporzioni inimmaginabili, ed è diretta proprio verso di noi!"

"Sì", hanno detto, "lo sappiamo. Cerchiamo di dirlo alla gente da anni, ma pochi sono disposti ad ascoltare". Scrivo questo libro per gli uomini con una visione chiara, e per quelli che essi stanno cercando di avvisare. Ora aggiungo la mia voce alle loro voci.

Ho incontrato Robert Kiyosaki nel 2005. Stava tenendo uno dei suoi eventi dal vivo preferiti: uno studio di un libro nel corso del quale da cento a duecento persone si sono preparate tutte leggendo il libro assegnato e poi si sono radunate per discutere, analizzare e interpretare il libro stesso, il mondo e la loro vita. È sempre un fine settimana di rivelazione e ispirazione.

Il libro che stavamo studiando era *The Dollar Crisis* di Richard Duncan. Il libro sintetizza in che modo siamo giunti sull'orlo di questo dirupo di rovina finanziaria e in che modo anni di condotta illecita sul piano fiscale avevano accumulato un'energia che ben presto avrebbe riversato la sua furia su di noi sotto forma di un monsone monetario di una grandezza ancora ignota.

Mentre studiavamo la crisi, nuvole temporalesche oscurarono la stanza, il vento sferzò le pagine dei libri e la pioggia cominciò a scrosciare sul nostro corpo. Ma in mezzo alla tempesta, Robert era lì in piedi, da solo sotto la luce del sole, non scomposto dal vento e non toccato dalla pioggia.

"Vieni pure!" gridò. "Gli investitori veri non fuggono davanti alla crisi. Corrono verso di essa! Vieni pure!"

Allora mi resi conto che il senso di panico che provavamo era totalmente infondato. C'era la luce dove si trovava Robert e oscurità in tutto il resto della stanza, perché la sua visione era più chiara della nostra. La sua chiarezza di visione era a un livello completamente diverso, un livello che il resto delle persone presenti nella stanza non aveva ancora raggiunto. Egli aveva una chiarezza di visione che non poteva essere conseguita attraverso lo studio e la conoscenza, ma solo attraverso un cambiamento di contesto. Il suo contesto gli aveva dato una percezione completamente diversa delle cose future. Gli aveva permesso non solo di vedere attraverso l'oscurità, ma di spazzare via l'oscurità, inondando il suo mondo di luce. Non c'era oscurità dove egli si trovava, perché non c'era alcuna oscurità nel suo mondo.

In quel momento mi fece un dono realmente grande: un cambiamento di contesto. Le nuvole si dissolsero, la pioggia cessò e il vento scomparve. Era come se mi fossi svegliato da un brutto sogno. Il dono che Robert mi elargì fu la rivelazione che la più grande opportunità nella storia dell'umanità era stata appena posta ai miei piedi. Tutto quello che dovevo fare era chinarmi e raccoglierlo.

La conoscenza è potere. È un potere che può essere indossato come un'armatura. La verità può essere un'arma. Un'arma che può essere brandita come una spada, tagliando la propaganda e la cattiva informazione, denudandole in modo che tutti possano vederle. Armato di questi strumenti, marcio a precipizio verso la tempesta, non con paura ma con entusiasmo.

Ora sei armato di questa conoscenza, mentre il 99% della popolazione rimane in quella comoda beatitudine fornita dall'ignoranza, badando semplicemente alla propria vita quotidiana. Questa conoscenza ti conferisce potere. Ora sei indubbiamente davanti al branco.

Ho detto spesso che questo periodo di tempo è come raggiungere la cima del punto più alto delle montagne russe e fissare in basso verso l'abisso nero sottostante. Puoi restare atterrito oppure rimanere seduto nell'attesa ansiosa dei brividi che devono ancora venire.

Beh, ben presto il pubblico generale alla fine si sveglierà e scoprirà che anch'esso si trova su quelle montagne russe. Questi individui non sapranno semplicemente dove sono. Saranno disorientati e confusi e il terrore puro e semplice li afferrerà quando raggiungeranno la cima del punto più alto e scorgeranno per la prima volta l'abisso nero che ben presto li inghiottirà.

Mentre scenderanno verso il fondo, il valore di beni, servizi, azioni e immobili scenderà in picchiata con loro e, presi dal panico, si precipiteranno ad acquistare oro e argento. Quando il pubblico sarà alla ricerca disperata di metalli preziosi, il loro valore avrà raggiunto il livello massimo. E quando le montagne russe giungeranno in fondo, giungerà in fondo anche il valore delle azioni e degli immobili. Vendendo l'oro e l'argento quando il pubblico ne ha più bisogno, la piena forza del trasferimento di ricchezza sarà giunta a compimento e tu avrai ottenuto risultati molto, molto buoni.

Ma ora, invece di effettuare la corsa con loro, puoi stare in fondo alla discesa che stanno per imboccare. Anche se il pubblico percepirà il fondo come un abisso nero, è solo perché è privo della tua chiarezza di visione. Con i tuoi nuovi strumenti di verità e conoscenza, il tuo contesto e la tua percezione sono stati alterati. Il sole splenderà là dove ti trovi.

L'oro e l'argento si sono rivalutati nel corso dei secoli e hanno costretto la carta moneta a corso forzoso a rendere conto di sé. Facendo ciò, l'oro e l'argento portano in giudizio il denaro fraudolento. Lo hanno sempre fatto e lo faranno sempre.

Ancora una volta, la resa dei conti è iniziata e non si fermerà finché non sarà completata.

È sicuro come il levarsi del sole.

Risorse

Siti Web formativi

RichDad.com
GoldSilver.com
Silver-Investor.com
FinancialSense.com
DollarCollapse.com
SilverStockReport.com
GATA.org
LemetropoleCafe.com
ShadowStats.com
NowAndFutures.com
Sharelynx.com
321gold.com
Gold-Eagle.com
TheBullAndBear.com
SilverStrategies.com
SilverBearCafe.com
GoldSeek.com
SilverSeek.com
PrudentBear.com
MarketOracle.com
Korelin Economic Report: kereport.com
Free Market News Network: fmnn.com
Jim Sinclair's MineSet: jsmineset.com
Ludwig von Mises Institute: mises.org
The Grandfather Economic Report: http://mwhodges.
home.att. net/

Theodore Butler: ButlerResearch.com (guarda in "free archives")

Sprott Asset Management: Sprott.com (guarda in "market outlook")

Bollettini d'informazioni a pagamento

Dow Theory Letters: DowTheoryLetters.com
The Morgan Report: Silver-Investor.com
Freemarket Gold & Money Report: fgmr.com
Casey Research: CaseyResearch.com
The Aden Forecast: AdenForecast.com
The Dines Letter: DinesLetter.com
Resource Opportunities: ResourceOpportunities.com
Jay Taylor's gold and technology Report: MiningStocks.com
Gold Mining Stock Report: GoldMiningStockReport.com

Come essere un organo di controllo

U.S. Government Accountability office: Gao.gov
U.S. Treasury: ustreas.gov
Federal Reserve: federalreserve.gov, Statistics: federalreserve.gov/releases
Federal Reserve system (tutte le filiali), federalreserveonline.org
Ron Paul: dailypaul.com;: house.gov/paul; ronpaul.org

Convegni

Cambridge House Recourse Investment Conferences: CambridgeHouse.ca
IIC Resourse Investor Conferences: iiconf.com
The Money Show: MoneyShow.com
New Orleans Investment Conference: NewOrleansConference.com
The Silver Summit: TheSilverSummit.com

Altro

CPM Group: cpmGroup.com
GFMS: gfms.co.uk
World Gold Council: Gold.org
Silver Institute: SilverInstitute.org

Letture suggerite

Tutti i libri sottoelencati sono stati usati come testi consultati e materiale di partenza per questo libro.

ABCs of Gold Investing, Michael J. Kosares
A History of Money from Ancient Times to the Present Day, Glyn Davies
A Monetary History of the United States, 1867-1960, Milton Friedman e Anna Jacobson Schwartz
America's Great Depression, Murray N. Rothbard
Big Fortunes in Gold and Silver, Howard Ruff
Buy Gold Now, Shayne McGuire
Buffettology, Mary Buffett e David Clark
The Case Against the Fed, Murray N. Rothbard
The Coming Economic Collapse, Stephen Leeb
The Coming Collapse of the Dollar, James Turk e John Rubino
The CPM Gold Yearbook 2008, CPM Group
The CPM Silver Yearbook 2008, CPM Group
Crash Proof, Peter Schiff; trad. it. *A prova di crash*, Le Fonti, Milano 2009.
The Creature from Jekyll Island, G. Edward Griffin
The Dollar Crisis, Richard Duncan
The Economic Consequences of the Peace, John Maynard Keynes
Empire of Debt, Bill Bonner e Addison Wiggin
Essays on the Great Depression, Ben S. Bernanke
Extraordinary Popular Delusions and the Madness of Crowds, Charles Mackey, 1841

Fiat Money Inflation in France, Andrew D. White
Financial Armageddon, Michael J. Pnazner
Financial Reckoning Day, William Bonner e Addison Wiggin
Get the Skinny on Silver Investing, David Morgan
The Great Bust Ahead, Dan Arnold
Manias, Panics and Crashes, Charles P. Kindelberger e Robert Aliber
Mobs, Messiahs and Markets, William Bonner, Lila Rajiva
Rich Dad's Increase Your Financial IQ, Robert T. Kiyosaki; trad. it. *Aumenta il tuo QI finanziario*, Gribaudi
Rich Dad's Prophecy, Robert T. Kiyosaki con Sharon L. Lechter
Rule by Secrecy, Jim Marrs
Secrets of the Federal Reserve, Eustact Mullins
Secrets of the Temple, William Greider
Silver Bonanza, James U. Blanchard III e Franklin Sanders
What Has Government Done to Our Money?, Murray N. Rothbard

Sull'autore

Mike Maloney è un consulente di Robert Kiyosaki per gli investimenti in metalli preziosi dal 2005 e tiene conferenze in tutti gli Stati Uniti sui vantaggi degli investimenti in metalli preziosi. Come studioso di economia, Mike è considerato un esperto di cicli economici e dello sfruttamento delle opportunità che essi forniscono.

Come imprenditore, Mike è impegnato in imprese di vendita, di manifattura e di produzione di *trade shows* da oltre vent'anni. Come designer vincitore di premi, i design rivoluzionari dei suoi impianti stereo sono in mostra al Royal Victoria and Albert Museum di Londra.

Dal 2002 Mike si è specializzato nella formazione agli investimenti nell'oro e nell'argento e ha avuto il privilegio di interagire con leader influenti del governo e dell'economia, come il membro del Congresso e candidato presidenziale Ron Paul.

Mike è proprietario e fondatore di GoldSilver.com, un operatore commerciale online di metalli preziosi che si specializza nella consegna dell'oro e dell'argento sulla soglia di casa del cliente, provvede a un deposito speciale garantito, o al collocamento nel Conto Pensionamento Individuale del cliente. Inoltre, GoldSilver.com fornisce ricerche e commenti impagabili ai suoi clienti, assistendoli nella loro impresa di creazione di ricchezza.

GoldSilver.com di Michael Maloney è una società didattica e un operatore commerciale di metalli preziosi.

Crediamo che l'oro e l'argento siano gli investimenti principali per l'attuale ciclo finanziario.

GoldSilver.com offre oro e argento:

Consegnato alla porta della tua casa

* * *

Depositato in un caveau

* * *

Nel tuo Conto Pensionamento Individuale

Iscriviti a un bollettino d'informazioni gratuito presso:

www.goldsilver.com

Ringraziamenti

Vorrei esprimere la mia gratitudine a mia madre, Mae Maloney, per il suo incoraggiamento, e a mia sorella Pamela Maloney per avermi presentato a Robert Kiyosaki. Vorrei ringraziare Cameron Hamza, che mi ha introdotto sulla via dei metalli preziosi; i miei soci in affari Brent Harmes e Richard Beers per il loro sostegno a questo progetto; le mie redattrici Jake Johnson e Leila Porteous per avere reso leggibile questo libro; Blair Singer per avermi mostrato come costruire una squadra vincente; James Turk di GoldMoney per le sue intuizioni; il mio amico David Morgan di Silver-Investor.com per il suo sostegno e aiuto; Kelly Ritchie, Ken McElroy e Garrett Sutton per avermi ispirato; e Mona Gambetta e il team di Rich Dad per averlo reso possibile. Un grande, enorme grazie a tutti voi.

Indice

i Quadranti del CASHFLOW

Guida per la libertà finanziaria

Robert T. Kiyosaki con **Sharon L. Lechter**

autori di *Padre Ricco, Padre Povero*

Padre Ricco

Bestseller
di
NEW YORK TIMES
e
WALL STREET
JOURNAL

GUIDA AGLI INVESTIMENTI

Quello in cui i ricchi investono

Robert T. Kiyosaki con Sharon L. Lechter
autori di *Padre Ricco, Padre Povero*

A SCUOLA DI BUSINESS

PER CHI VUOLE AIUTARE GLI ALTRI

Robert T. Kiyosaki con **Sharon L. Lechter**
autori di ***Padre Ricco, Padre Povero***

Padre Ricco

PRIMA DI LASCIARE
IL TUO POSTO DI LAVORO

10 lezioni di vita reale che ogni imprenditore dovrebbe conoscere per fare un business multimilionario

Robert T. Kiyosaki con Sharon L. Lechter
autori di *Padre Ricco, Padre Povero*

GUIDA PER DIVENTARE RICCHI

Senza TAGLIARE LE CARTE DI CREDITO

Robert T. Kiyosaki con **Sharon L. Lechter**

autori di *Padre Ricco, Padre Povero*

Padre Ricco

AUMENTA IL TUO

QI

FINANZIARIO

DIVENTA PIÙ
INTELLIGENTE
CON IL TUO DENARO

AUTORE DEL BESTSELLER *Padre Ricco, Padre Povero*

ROBERT T. KIYOSAKI

Prefazione di Donald J. Trump